나에게로 가는 길

# 나에게로 가는 길

지은이 | 이안 모건 크론 · 수잔 스테빌
옮긴이 | 강소희
초판 발행 | 2017. 9. 25
4쇄 발행 | 2020. 3. 13.
등록번호 | 제1988-000080호
등록된 곳 | 서울특별시 용산구 서빙고로65길 38
발행처 | 사단법인 두란노서원
영업부 | 2078-3333  FAX | 080-749-3705
출판부 | 2078-3332

책값은 뒤표지에 있습니다.
ISBN  978-89-531-2863-7 03230

독자의 의견을 기다립니다.
tpress@duranno.com  www.duranno.com

두란노서원은 바울 사도가 3차 전도 여행 때 에베소에서 성령 받은 제자들을 따로 세워 하나님의 말씀으로 양육
하던 장소입니다. 사도행전 19장 8 - 20절의 정신에 따라 첫째 목회자를 돕는 사역과 평신도를 훈련시키는 사역,
둘째 세계선교TIM와 문서선교단행본 · 잡지 사역, 셋째 예수문화 및 경배와 찬양 사역, 그리고 가정 · 상담 사역 등을 감
당하고 있습니다. 1980년 12월 22일에 창립된 두란노서원은 주님 오실 때까지 이 사역들을 계속할 것입니다.

# 나에게로 가는 길

이안 모건 크론 · 수잔 스테빌 지음

강소희 옮김

두란노

내가 누구인지,

하나님이 누구신지 알게 하신

주님께 감사드립니다.

_어거스틴(Augustine)

# 잃은 자신을
# 찾습니다

목사는 물론이고 일반 평신도들도 '성령과 기질' 등 성격 유형에 관한 책을 한두 권은 읽고 DISC나 '피플퍼즐' 등 성격 유형에 관한 훈련을 받은 적이 있을 것입니다. 한 걸음 더 나아가 MBTI라든가 테일러 존슨 성격 분석검사(Taylor-Johnson Analysis) 등 성격 내지 기질 테스트를 받기도 했을 것입니다.

저도 신학원에서 상담을 부전공으로 했기 때문에 이런 책에 관심이 많았는데, 나이가 들면서 이제는 저 자신을 충분히 이해한다고 생각하고, 사람을 유형에 따라 분류하는 것에 대해 왠지 거부감이 생겨서 이런 책들에 대한 관심이 줄었습니다.

그런데 제 아들이 이안 모건 크론과 수잔 스테빌이 공저한 《나에게로 가는 길》(*The Road Back to You*)이라는 책을 주며 꼭 읽어 보라고 했습니다. 미국의 크리스천 젊은이들이 많이 읽는 책이라는 말도 덧붙였습니다. 아들이 강력하게 권하는 바람에 마지못해 읽기 시작했는데, 어느 순간 제가 책에 푹 빠져있더군요. 결국 한번 읽고 다시 정독하게 되었습니다.

### 초대교회 교부들이 영적 훈련을 위해 사용했던 에니어그램

이 책은 초대교회 교부들이 영적 훈련을 위해 사용하기도 했던 에니어그램(enneagram)에 관한 내용을 다루고 있습니다. 'enneagram'은 헬라어로 아홉이라는 의미의 ennea와 도표라는 의미의 gram이 합성된 단어입니다. 사람을 아홉 가지 유형으로 구분하는데, 각 유형의 사람이 대인 관계나 일의 처리에서 어떤 감정의 지배를 받는지를 설명하고 있습니다. 그 기저가 되는 세 가지 감정은 '두려움, 분노, 기분'입니다. 이러한 세 가지 감정이 다양한 형태로 사고하고 행동하고 표현된다고 하더군요.

이 책은 각 유형에 번호를 붙여 부릅니다. 1번 유형은 완전주의자(Perfectionist), 2번 유형은 조력자(Helper), 3번 유형은 능력자(Performer), 4번 유형은 낭만가(Romanticist), 5번 유형은 관찰자(Investigator), 6번 유형은 의리파(Loyalist), 7번 유형은 열정가(Enthusiast), 8번 유형은 모험가(Challenger),

9번 유형은 화해자(Peacemaker)입니다. 이 중에서 모험가·화해자·완전주의자의 주 동기는 '분노'이고, 조력자·능력자·낭만가의 주 동기는 '기분'이고, 관찰자·의리파·열정가의 주 동기는 '두려움'입니다.

　　구체적 사례가 이 책의 가장 큰 강점일 것입니다. 일상 생활 속에서 겪을 수 있는 경험담을 생생하게 풀어 주어서, 상황에 따른 내 주변의 사람들이 떠오르기도 합니다. "아, 이 사람이 바로 이 유형이구나!" "아, 그 사람이 이래서 그런 식으로 반응을 했구나!"

　　그런데 나는 어떤 유형인가에 대해서는 고민이 좀 되었습니다. 그때 저자가 책 서두에 적은 내용이 생각났습니다. 나이가 들면 주어진 상황에 적응하는데 익숙해져서 자신의 진정한 성향을 억압하는 수가 많아지기 때문에, 자신의 유형을 발견하기 위해서는 오늘날의 자신이 아닌, 아직 자아가 완성되지 않은 10대 말이나 20대 초반의 자신을 보라는 것입니다. 그리고 보니 저는 9번, 화해자(Peacemaker)였습니다.

　　이 책을 읽으면서 나 자신에 관해서 의아했던 부분이 많이 이해가 되었습니다. 왜 내가 백화점에서 산 물건을 환불해 달라는 것이 그리 힘든지, 왜 식당에서 짜장면을 주문하는 즉시 '짬뽕을 시킬 것을 그랬나?'라는 생각이 드는지, 왜 내가 원하는 것을 남들이 알아서 해 주기를 바라다가 안 해주면 섭섭해 하는지 등이 그것입니다. 또 나는 신앙생활의 목표를 하나님의 음성에 귀를 기울이고 절대 순종하는 것에 두고 있는데, 이러한 목표도 내 기질과 상관이 없지 않다는 것을 발견했습니다. 남의 의견을 수용하는 성향이 있어, '남'을 하나님으로 대치할 때 절대 순종이 쉽기 때문입니다.

## 이 책을 읽어야 하는 이유

이 책은 가정생활, 직장 생활, 교회 생활의 변화를 줄 수 있습니다. 목회자들에게는 특별히 이 책이 필독서가 되어야 한다고 생각합니다. 많은 목회자들이 자신의 성향을 이해 못하고, 성도들의 성향을 이해하지 못하기 때문에, 가볍게 넘어갈 수 있는 문제를 확대시켜 위기 상황에까지 이르는 것을 자주 보기 때문입니다. 교인들의 성향을 알면 각을 세울 필요없이 지혜롭게 문제를 처리할 수 있고, 자신이 어떤 식으로 반응하는지 성향을 알고 있기 때문에 과잉반응을 피할 수 있을 것입니다.

많은 분들이 이 책을 읽고 자신의 성향을 잘 이해해서 자신의 장점을 키우고 약점을 개선하여, 편하고 원만한 가정생활, 사회 생활, 교회 생활을 하게 되기를 기대합니다.


- 최영기 목사

(국제가정교회사역원 원장, 《가장 오래된 새 교회, 가정 교회》 저자)

# 이 책을 향한 찬사들

나는 이 책이 존재한다는 것이 너무 기쁘다. 에니어그램은 내 인생에서 만나는 사람들을 어떻게 사랑할지에 대한 나의 이해를 완전히 변화시켰다. 그리고 나의 결혼생활의 질을 새롭게 해 주었다. 그리고 하나님이 디자인하신 나 자신을 어떻게 바라봐야 할지 알게 해 주었다. 이 책은 도움이 되는 이야기와 유머, 따뜻함, 명확한 언어들을 통해 에니어그램이 무엇인지 쉽게 이해할 수 있게 해 준다.
**샤우나 니퀴스트**(Shauna Niequist)_ 《괜찮아, 다 잘하지 않아도》 저자

에니어그램은 내 인생에서 영적 변화를 위한 막강한 도구였다. 그래서 나 역시 인증받은 강사가 되었다. 지금가지 이 주제에 관한 책들을 아주 많이 읽었는데 이 책은 에니어그램을 놀라울 정도로 잘 다루어 주고 있다. 에니어그램을 새롭게 배우고자 하는 사람에게나 베테랑인 사람들 모두에게 말하는 바가 있을 것이다.
**아니타 루스트리**(Anita Lustrea)_ 페이스 컨버세이션 팟캐스트, 저자

저자들은 적절한 때에 훌륭한 저술을 우리에게 선물해 주었다. 우리는 오랫동안 사람들이 자기 이해와 자비 안에서 성장하도록 돕기 위해 영적으로 새로운 접근 방식을 필요로 하고 있었다. 이것은 매력적이고 사려 깊은 입문서이다.

**마크 배터슨(Mark Batterson)_ 내셔널커뮤니티교회 담임목사**

유쾌하지만 예리한 재치로 무장한 크론과 스태빌은 에니어그램의 신비를 접할 수 있게 함으로써 우리 내면의 삶을 탐험할 수 있도록 도와준다. 통찰력 있으면서도 훌륭한 이 책은 자신과 이 세상 사람들을 더 잘 이해하려는 사람들이 그 첫걸음을 떼기에 완벽한 도구가 된다.

**폴 영(Paul Young)_ 《오두막》 저자**

이 책은 모든 사람들이 반드시 읽어야 할 책이자 평생 함께할 동반자이자 가이드이다. 지혜와 분별력, 유머 감각이 넘치는 이 책은 집으로 향하는 길을 부드럽고 즐겁게 해 줄 것이다."

**마코토 후지무라**(Makoto Fujimura)_ *Silence and Beauty* 저자

이제 이 책은 내가 모든 사람들에게 정말로 추천하는 몇 안 되는 책 가운데 하나가 되었다. 에니어그램에 대해서라면 이 책보다 더 나은 소개서를 찾기 힘들 것이다. 또한 이 저자들보다 더 좋은 가이드도 구할 수 없을 것이다. 만약 최근에 삶 가운데 약간의 재교육이 필요하다면 이 책을 당신의 지도로 삼기 바란다.

**나디아 볼츠-웨버**(Nadia Bolz-Weber)_ *Accidental Saints* 저자

에니어그램은 자기 발견이라는 개인의 여정에서 매우 중요한 도구로 사용되어 왔다. 이 책은 오래된 이 도구를 현대의 크리스천들이 이용할 수 있게 만드는 매우 큰 역할을 했다.

**마이클 겅거**(Michael Gungor)_ **가수 겸 작곡가**

내 마음속에는 더 나은 내가 되도록 도와주는 책들을 위한 특별한 장소가 있다. 이 책에서 이안 모건 크론과 수잔 스테빌은 자신을 향한 로드맵을 제공하겠다는 약속을 지켜 냈다. 이 책은 여러분들로 하여금 처음부터 다시, 또는 난생 처음으로 자기 자신을 찾을 수 있도록 도와줄 것이다.

**클레어 디아즈-오티즈**(Claire Diaz-Ortiz)_ **저자 겸 사업가**

이 책은 에니어그램의 초보자인 나에게 나 자신의 동기를 정직하게 살피고 성장과 풍성한 삶을 향한 최선의 길을 생각할 수 있는 즐겁고 접근 가능한 방법을 제시해 주었다. 이 책은 자신을 더 잘 이해하고 싶은 사람들 뿐 아니라 자신과 친해지고 싶은 사람들이 반드시 읽어야 할 책이다.

**제나 리 나델라**(Jena Lee Nardella)_ *One Thousand Wells* 저자


'자기 자신'이라는 이 세계에서 가장 큰 수수께끼를 푸는 열쇠는 무엇일까? 우리는 왜 느끼고 생각하고 행동하는 것일까? 나는 이에 대한 답으로 에니어그램보다 더 좋은 도구가 없다는 것을 안다. 그리고 나의 친구들인 이안 크론과 수잔 스테빌보다 더 나은 교사가 없다는 것도 알고 있다. 나는 나의 사업과 개인적인 삶에서 매일 에니어그램을 이용하고 있다. 이 책은 당신 마음의 깊은 곳까지 볼 수 있는 눈을 뜨게 해 줄 것이다.

**마이클 하야트**(Michael Hyatt)_ *Living Forward* 저자

# Contents

**머리형 또는 두려움형**

Part 3 _____

## 있는 그대로 사랑하는 마음,
## 사랑의 여정이 시작되다

The Road Back to You

## Part 1

삶에서 길을 잃어버린
사람들을 위하여

1.

유서 깊은
기독교 영성 훈련의 도구

어느 토요일 아침, 정각 7시에 휴대전화 벨이 울렸다. 그 시간에 나를 깨울 사람은 이 세상에서 단 한 사람밖에 없다.

"막내 이안이니?" 생각했던 번호를 제대로 눌렀는지 의심스러우셨던지 어머니가 대뜸 물었다.

"네, 저 이안이 맞아요."

"뭐 하고 있니?" 사실 그 순간 난 아무것도 하지 않고 있었다. 속옷차림으로 그저 네스프레소 머신이 왜 수명이 다 된 마냥 잡음을 내는지 궁금해 하며 주방에 서 있었을 뿐이었다. 커피메이커가 고장 나서 커피를 마시지 못하면 어쩌지 하는 생각 뿐이었다.

"에니어그램(enneagram)에 관한 입문서를 써 볼까 생각 중이었어요." 스팀과 함께 머그잔을 채우기 시작하는 커피를 기쁜 마음으로 지켜보며 말했다.

"초음파 검사(sonogram)라고?"

"아뇨. 그게 아니라…."

"애너그램(anagram)?" 어머니는 내가 대답할 새도 없이 다시 추론을 이어 갔다.

"에니어그램, 에-니-어-그램이라고요."

"도대체 에니어그램이 뭐야?"

어머니는 82세를 사시는 동안 67년 동안이나 담배를 피우셨고, 운동은 잘 하지 않으시면서도 늘 베이컨을 드시지만, 감사하게도 별 위험 없이 지내고 있다. 안경이나 보청기 따위도 필요하지 않으셨다. 아직 기운이 넘치고 판단력도 예리한 편이라 누가 보면 니코틴과 운동 부족이 장수하는 비결이 아닐까 생각할 수도 있겠다. 어머니는 내가 처음에 했던 이야기를 다시 물어보셨다. 나는 미소를 지으며 에니어그램에 관한 스피드 강연을 시작했다.

"에니어그램은 아주 오래된 성격 유형 체계예요. 자신이 누구인지, 그리고 자신들을 움직이게 하는 것은 무엇인지 이해할 수 있도록 도와주는 이론이에요." 전화기 반대편에는 아주 길고도 완벽한 침묵이 이어졌다. 나는 갑자기 까마득한 은하계의 블랙홀 속으로 내던져진 듯한 느낌이 들었다.

"혈관조형술(angiogram) 같은 건 집어치우렴. 천국에 갔다가 돌아온 이야기 같은 거나 쓰렴. 그런 책을 쓰는 작가들이 돈도 많이 벌더라."

나는 순간 움찔했다. "그러려면 우선 죽어야 하잖아요."

"그런가?" 어머니는 기분 좋게 말했고, 우리는 함께 웃었다.

에니어그램에 관한 책을 쓰겠다는 나의 생각에 어머니는 미지근한 반응을 보였고, 이 때문에 나는 조금 더 진지하게 생각하게 됐다. 사실 나 역시도 이 프로젝트에 관한 의구심을 가지고 있던 터였다.

# 유서 깊은 영성 형성에 유용한 도구

에니어그램은 인간의 성격 유형을 보여 주는 지도로, 이 아이디어를 정확히 언제, 어디서 누가 처음으로 생각해 냈는지는 정확하지 않다. 분명한 것은 이 작업이 아주 오랫동안 계속됐다는 것이다. 어떤 사람들은 에바그리우스(Evagrius)라는 기독교 수사를 에니어그램의 기원이라고 말한다. 그의 가르침은 후대에 '일곱 가지 대죄'라 일컬어지는 칠죄종의 기초를 형성했다. 4세기에는 사막 교부 및 교모들(the desert mothers and fathers)이 영적 상담을 위해 이것을 사용했다. 또 어떤 이들은 수피즘(이슬람 내의 신비한 전통)과 유대교를 비롯한 세계 여러 다른 종교들 안에서도 에니어그램의 요소들이 나타난다고도 한다.

1900년대 초, 조지 구르지예프(George Gurdjieff)라는 교사는 고대의 아홉 가지 기하하적인 모습 또는 에니어그램을 사용하여 성격 유형과 관련한 주제들을 가르쳤다.

1970년대 초, 칠레인 이카조(Oscar Ichazo)는 우연히 에니어그램을 접했고, 이후 이 이론에 주목할 만한 공헌을 끼쳤다. 그에게 훈련을 받은 미국인 심리학자 클라우디오 나란조(Claudio Naranjo)는 현대 심리학에서 도출한 정교한 통찰력을 통해 에니어그램을 더욱 발전시켰다. 나란조는 이것을 미국으로 가져와서 캘리포니아에 있는 소그룹 학생들에게 발표했는데, 그 무리 안에 가톨릭 예수회 사제와 로욜라신학교(Loyola Seminary)에서 안식년으로 와 있던 교육자 로버트 오츠 신부가 함께 있었다.

에니어그램에 깊은 인상을 받은 오츠 신부는 로욜라로 돌아가서 신학생들과 사제들에게 그것을 가르쳤다. 에니어그램은 곧 성직자와 영적 지도자, 수련회 지도자들, 일반 성도들 사이에서 기독교 영성 형성에 유용한 지원 도구로써 알려지기 시작했다.

여기까지가 에니어그램의 기원이다. 놀랍지 않은가! 하지만 몇몇 완고한 사람들은 놀라기는커녕 시큰둥해 할 수도 있다. 그렇다면 나로서는 더 이상 이것이 믿을 만한 성격 측정 방법임을 증명할 과학적 증거가 없다. 수백만 명의 사람들이 제아무리 정확하다고 주장한들 무슨 상관이겠는가? 그리즐리 맨(회색곰과 그들의 서식지를 보호하는 것을 소명으로 여기다 못해 스스로 회색곰이 되고 싶었던 한 남자의 삶과 죽음을 그린 다큐멘터리- 역주)은 자신이 곰과 친구가 될 수 있다고 생각했다. 그리고 우리는 그가 결국 어떻게 되었는지 안다.

이처럼 에니어그램은 역사적으로는 의심스럽고, 과학적으로는 입증할 방법이 없다. 그런데도 나는 이 낡은 성격 유형 시스템에 관한 책을 쓰기로 결심했다. 그 동기는 대체 무엇이었을까?

이 질문에 답하기 위해서 먼저 데이브 수사에 대해 소개하려 한다. 그는 큰 키에, 따뜻한 미소를 지녔고, 안경 너머로 뭔가를 아는 듯한 눈빛을 가졌다.

# ❧ 사업과 삶에서 길을 잃다

10년 동안 나는 코네티컷의 한 교회에서 창립 목사로 섬겼다. 성도들을 사랑했지만 7년이 지나고 주일 평균 출석 인원이 5백 명을 넘어설 즈음에는 지칠 대로 지쳐 있었다. 교회 안에는 각기 다른 은사를 가진 목회자가 절실히 필요했다. 나처럼 기업가 정신을 가진 사람이 아니라 안정되고 흔들림 없는 유형의 목사가 필요했다.

현실을 깨달은 이후 3년 동안, 교회의 필요에 맞고 내가 원하는 리더의 모습으로 탈바꿈하려고 외과 수술을 제외한 거의 모든 방법들을 시도했다. 하지만 그 프로젝트는 처음부터 실패할 운명이었다. 노력하면 할수록 일이 꼬였고 갈수록 상황은 더 나빠졌다. 나는 광대 신발을 신고 지뢰밭을 뛰어다니는 사람보다 더 많은 실수를 저질렀다. 내가 교회를 떠나올 때까지 수많은 감정적인 상처와 오해로 엄청난 혼란들이 빚어졌다. 그렇게 내 사역의 마지막은 가슴이 미어질 듯한 아픔이었다.

그곳을 떠나면서 나는 환멸과 함께 혼돈스러움에 힘들었고, 내 상태를 염려하던 한 친구가 데이브 수사를 만나 보라고 권했다. 그는 베네딕트회 수도사이자 영적 지도자였다.

데이브 수사를 봤을 때 가장 먼저 눈에 들어온 것은 그의 검은색 복장과 샌들이었다. 그는 나를 기다리며 수도원 도로 끝에 있는 잔디 덮인 원형 교차로에 서 있었다. 76세의 그는 두 손으로 내 손을 잡으며 환한 웃음으로 나를 맞았다. "나그네여, 환영합니다. 커피 한 잔 드릴까요?"

그러면서 그는 내가 와야 할 곳에 왔다고 말했다. 수도원 내부에 선물 가게가 있는데, 그곳에 있는 수도사들은 하루 종일 봉헌 양초와 손수 만든 치즈 덩어리를 팔면서 시간을 보냈다. 하지만 데이브 수사는 그들과는 사뭇 달랐다. 그는 사람들을 위로해야 할 때와 문제에 맞서야 할 때를 분별할 줄 아는 현명한 영적 지도자였다.

데이브 수사는 내가 하는 말들을 몇 주 동안 내내 참을성 있게 들어주었다. 사역을 하면서 저질렀던 잘못된 판단들, 실수투성이 장황한 이야기 등 대개 나를 당황하게 했던 때늦은 깨달음들을 그에게 술술 털어놓았다.

돌아보면 정말 무의미한 데다 더러 어떤 일들은 나 자신은 물론이요 다른 사람들에게도 상처를 주었다. 그런데 왜 당시에는 옳다고 생각하며 그렇게 말했던 것일까? 이제 생각해 보면 나 자신이 정말 낯설게 느껴진다.

그리고 도대체 어쩌다 사역과 삶에서 길을 잃게 되었는지 그와 논쟁을 벌였다. 그러다 문득 나 자신이 숲속에서 길을 잃고 그곳에서 빠져나오기 위해 발버둥치는 반 미친 등산객이 된 것 같다는 생각이 들었다.

"이안, 당신은 왜 이곳에 있는 거죠?" 내 말을 끊으며 데이브 수사가 물었다.

"네? 뭐라고요?" 마치 누군가가 내 어깨를 툭 치는 바람에 백일몽에서 막 깨어난 사람처럼 말했다.

그는 의자 등받이에서 등을 떼며 미소 띤 얼굴로 내 쪽으로 향했다. "왜 여기에 있는지 물었어요."

데이브는 너무 단순해서 자칫 듣는 사람이 살짝 모욕적으로까지 느껴지는 질문들을 요령 있게 제기할 줄 알았다. 나는 질문에 답할 말을 찾다가 그의 모습 뒤로 보이는 납 테두리의 창문들을 바라보았다. 창문 너머로는 오래된 느릅나무가 보였다. 바람의 무게 때문에 가지들이 땅 아래쪽으로 휘어 있었다. 말하고 싶은 바를 표현하려고 적당한 단어들을 애써 찾았지만 딱히 생각이 나지 않았다. 그러다 문득 어떤 문장이 생각났는데, 비록 나의 말은 아니었지만 내가 말하고 싶은 바를 완벽하게 담아낼 수 있을 것 같았다. "나 자신을 진정으로 이해하는 것이 안 됩니다. 옳은 일을 하고 싶은데 그러지 못하거든요. 오히려 내가 싫어하는 일을 하고 있습니다."

가끔 내 휴대전화 번호조차 잊어버리는 사람이 로마서 7장에 나오는 바울의 말을 용케 생각해 냈다. "어쨌거나 내가 원하는 선은 행하지 않고 도리어 원하지 않는 악을 행한다는 말이지요." 데이브 수사는 같은 장의 구절을 인용하며 응답해 주었다.

잠시 동안 우리는 바울의 말을 곰곰이 되뇌며 아무 말도 하지 않은 채 앉아 있었다. 그 말은 우리 사이에 있는 공기층을 빙빙 돌며 마치 한 줄기 햇빛처럼 아른거렸다.

"데이브 수사님, 저는 제가 누구인지, 어쩌다 이렇게 엉망진창이 되었는지 모르겠어요." 나는 내 상태를 고백하며 마침내 스스로에 대한 환상을 깼다.

"왜 이렇게 되었는지 알고 싶습니다. 좀 도와주십시오." 데이브 수사는 예의 그 미소를 지으며 의자 등받이에 다시 몸을 기댔다. "좋아요. 이제 시작할 수 있겠네요."

# ✿ 새로운 영적 여행을 시작하며

그 다음 만남에서 그는 내게 에니어그램에 대해 아느냐고 물었다.

"조금요." 나는 자리를 고쳐 앉으며 덧붙여 말했다. "하지만 말도 안 되는 이야기인 것 아닌가요?"

1990년대 초, 신학교에서 대학원 과정에 있을 때 들어 보았다고 말하자 데이브 수사는 움찔하더니 웃었다. 그때 신학교 주말 수련회에서 리처드 로어(Richard Rohr)의 책《에니어그램의 발견 : 새로운 영적 여행을 위한 오래된 도구》사본을 처음 접했다. 로어는 성격 유형을 아홉 가지로 나누어 그 특성을 설명하고, 그것을 구분하는 근원적인 동기들을 풀었다. 나의 인생 경험, 그리고 카운슬러가 되기 위해 익혔던 훈련에 비추어 볼 때 로어의 서술은 대단히 정확했다. 그때 나는 그리스도인들에게 매우 유용한 놀라운 자원을 발견했다고 확신했다.

월요일 아침, 한 교수에게 에니어그램 이야기를 꺼냈다. 그는 성경이 주문이나 마술, 운세, 마녀들을 정죄한다면서 내가 즉시 그것들을 버려야 한다고 말했다. 내가 책에서 이야기한 내용은 언급조차 하지 않은 채 말이다.

당시 나는 젊고 감수성이 예민한 복음주의자였다. 나의 직감은 교수님의 반응이 피해망상의 경계로 넘어서고 있다고 귀띔해 주었지만, 그의 충고를 받아들였다. 다만 책을 버리지는 않았다. 또한 모서리가 접힌 로어의 책 복사본을 어느 책꽂이에 꽂아 두었는지도 정확하게 기억했다.

"그 교수님이 너무 심하셨네요. 에니어그램을 입에도 못 올리게 하시다니." 데이브가 말했다. "거기에는 자신의 길에서 벗어나 창조의 원 모습으로 돌아가려는 사람들을 위한 지혜가 가득한데 말이에요."

"자신의 길에서 벗어난다는 게 무엇을 의미하나요?" 내가 물었다. 나 역시 인생에서 얼마나 간절히 그러고 싶었던가? 하지만 어떻게 해야 할지 방법을 알 수 없었다.

"벗어나기 위해서는 먼저 자신을 알아야 해요. 대부분의 사람들은 자신을 이해하지 못할 때 자신을 이해한다고 생각하지요." 데이브의 설명이 이어졌다. "그들은 이 세계를 보는 자신들의 렌즈에 의문을 제기하지 않아요. 그것이 어디서 왔는지, 자신들의 삶을 어떻게 빚어 왔는지, 심지어 그것으로 인해 실제 모습이 왜곡된 것은 아닌지 질문하지 않죠. 보다 더 큰 문제는 대부분의 사람들이 어렸을 때 생존에 유용한 것이라 여기면 어른이 되어서까지도 그것을 붙들고 놓지 못한다는 것이지요. 그들은 잠들어 있어요."

"잠들어 있다고요?" 나는 복잡한 표정을 지으며 그의 말을 되뇌었다.

데이브 수사는 잠시 동안 난처해 하는 내 표정과 천장을 번갈아 응시했다. 단순해 보이는 질문에 적절한 답이 될 만한 가장 알맞은 단어의 조합을 찾고 있는 것처럼 보였다.

"우리가 스스로를 알지 못하면 다른 사람은 물론 자기 자신에게 상처를 줄 수 있어요. 아니 반드시 그렇게 되죠." 그는 손가락으로 나를 가리키더니 다시 자신을 가리켰다.

"우리가 이 세계와 더불어 자신의 상처들을 어떻게 바라보는지, 그리고 자신의 정체성을 형성해 온 믿음을 어떻게 생각하는지 돌아보아야 합니다. 여전히 어둠 속에 머무르고 있다면 우리는 자기 과거의 포로랍니다. 그러면 자동 조종 장치가 이끄는 대로 여전히 현재 삶을 이어 갈 거예요. 자기 자신과 주변 모든 사람들에게 상처를 주고 혼란을 느낀 채 말이죠. 결국 너무나 익숙하게 같은 실수를 반복하면서 마치 잠자고 있는 것처럼 살아가지요. 우리는 깨어나야 합니다."

깨어나야 한다. 내가 바라던 답은 아니었다.

"누구나 에니어그램을 통해 자신을 더 잘 파악할 수 있어요. 자신이 누구인지, 이 세계를 어떻게 이해하는지, 그리고 세상을 살면서 어떤 행동 방식을 취하는지 알 수 있습니다." 그는 말을 이어갔다. "그 이후에는 자기 길에서 벗어나 하나님이 창조하신 자신의 참 모습에 가까워집니다."

"자신에 대한 이해 없이는 하나님에 대한 이해도 없다." 장 칼뱅도 이와 같은 말을 했다.

"수세기 동안 위대한 기독교 교사들은 자신을 아는 것이 하나님을 아는 것만큼이나 중요하다고 말했습니다. 어떤 사람들은 '실제로 좋은 신학은 기분까지 좋아지는 심리학'이라고 말하죠." 그가 말을 이어 갔다.

잠시 내가 아는 몇몇 성경 교사들과 목사들이 생각났다. 그들은 스스로에 대하여 몰랐고, 인간의 자기 기만 능력을 알지 못했기에 자신들의 삶과 사역을 몽땅 다 날려 버렸다. 그들은 성경은 안팎으로 잘 알았지만 정작 자기 자신에 대해서는 알지 못했다. 넓게 생각해 보면 내가 관찰했던 몇몇 그리스도인들의 결혼생활 역시 그들 영혼의 내적 화려함과 깨어짐을 배우자가 이해하지 못해 그만 파경을 맞았다.

나는 나 자신도 돌아보았다. 나는 늘 보통 다른 사람들보다 나 스스로를 더 잘 안다고 믿었다. 하지만 자기 이해를 배웠다면 지난 3년 간 자신을 아는 일에서 더 성장할 수 있었으리라.

데이브 수사는 시계를 보더니 자리에서 일어났다. "다음 한 달은 제가 피정을 떠날 거예요." 그는 두 시간 가량의 대화로 뻐근해진 몸을 스트레칭하면서 말했다. "제가 없는 동안 로어의 책에 쌓인 먼지를 털어 내고 다시 한 번 읽어 보세요. 그가 심리학보다는 기독교 영성이라는 렌즈로 에니어그램을 바라보고 있다는 사실이 고마울 겁니다. 함께 읽으면 좋은 다른 책 몇 권도 이메일로 보낼게요."

"무슨 감사의 말씀을 드려야 할지 모르겠습니다." 나는 의자에서 일어나 배낭을 메며 인사를 전했다.

"다음에 만날 때는 보다 더 충분한 시간을 갖고 토론해 보도록 해요." 그는 사무실 문을 열어 주며 나를 따뜻하게 안아 주었다. "하나님의 평화가!" 복도를 걸어 나오는 내 귓가로 그의 축복 소리가 들렸다.


## ✷ 나의 고통스런 민낯을 마주하다

3개월의 안식 동안 나는 마음먹은 일을 더 이상 지체하지 않기로 결정했다. 그의 충고를 마음에 새겨 에니어그램을 배우는 일에 몰두했다. 몇 주 동안 거의 매일 아침에 근처 커피숍까지 걸어가서 그가 추천한 책들을 훑어보았다. 일기장에 메모도 했다. 밤에는 에니어그램에서 배운 모든 것들을 아내 앤에게 보고했다. 그러자 호기심이 많은 아내는 그 책들을 같이 읽기 시작했다. 우리가 함께한 결혼생활 중에서 이때처럼 풍성하고 의미 있는 대화를 많이 나누었던 적은 없었던 것 같다.

우리는 정말로 자신을 알고 있는가? 우리의 과거는 얼마만큼 현재에 영향을 주는가? 우리는 지금 우리의 눈으로 세상을 보는가, 아니면 어린 시절의 눈으로 보고 있는가? 숨겨진 상처는 무엇인가? 어린 시절의 이러저러한 믿음이 지금까지 비밀스럽게 삶의 그림자가 되어 우리를 잘못된 방향으로 향하도록 하지는 않은가? 그리고 이런 질문들을 두고 씨름하는 일이 과연 우리가 하나님을 보다 잘 아는 데 반드시 도움이 될 것인가?

피정 여행에서 돌아온 데이브 수사에게 이 같은 질문을 마구 쏟아냈다. 더불어 그간 에니어그램을 공부하면서 '아하!' 하고 깨달았던 몇 가지 경험들도 털어놓았다.

"자기 유형을 깨닫는 순간, 그때 어떤 느낌이었는지 궁금하군요!" 그가 물었다.

"글쎄요. 마냥 즐겁지만은 않았습니다. 제 자신의 고통스런 민낯을 마주했다고나 할까요?"

데이브 수사는 책장에서 책 한 권을 꺼내 들더니 빨간색 깃발로 표시된 곳을 펼쳐 읽었다. "자기 자신을 안다는 것은 무엇보다 자신의 부족함을 아는 것입니다. 그것은 진리에 반하는 자신을 인식하는 행위이지요. 다른 방법은 없습니다. 그리고 자기 인식 후에 제일 처음 나타나는 반응은 바로 겸손입니다."

"아주 잘 요약했군요."

싱긋 웃으며 내가 말했다. "플래너리 오코너(Flannery O'Connor)의 책인데, 그녀는 항상 이렇게 정리를 잘해 주지요."

그는 책을 덮고 책상에 올려놓으며 말했다. "그럼 앤은 어땠나요?"

"어느 날 밤 자기 성격을 설명하는 대목을 읽으면서 울더군요. 아내역시 늘 껍데기 속에서 산다는 것이 무엇인지 설명해 줄 말을 찾기 위해 몸부림쳤거든요. 아내에게 에니어그램은 선물과 같은 것이었습니다."

"두 분 다 좋은 출발을 하셨네요."

"저희도 무척 놀랍습니다. 에니어그램을 배운 순간부터 우리 삶이 변하고 있거든요. 결혼생활은 물론이고 친구 관계나 자녀 양육에서도 변화가 생기기 시작했어요."

"하나만 기억하세요. 에니어그램은 하나님과 이웃을 더 깊이 사랑하도록 도와주는 하나의 도구일 뿐입니다." 그는 내게 주의를 주며 말했다. "다른 도구들도 수없이 많아요. 당신과 앤은 자기 이해를 넘어 점점 성장해 갈 것이고, 그럴수록 하나님의 은혜가 필요하다고 느낄 겁니다. 그러면서 자기 자신은 물론 다른 사람들을 사랑하고 아끼는 마음이 더욱 깊어질 거예요."

"토머스 머튼(Thomas Merton)의 글귀를 하나 읽어 드리고 싶습니다." 나는 일기장을 넘기며 말했다.

데이브 수사는 두 손바닥을 비비며 고개를 끄덕이더니 웃었다. "아, 머튼이요? 벌써 그렇게 깊은 물에까지 발을 들이셨군요."

"여기 있네요." 나는 이내 글귀를 찾아내 한번 헛기침을 하고 읽어 내렸다. "우리는 반드시 우리가 아닌 것과 우리인 것을 구별할 줄 알아야 합니다. 그리고 우리가 되고 싶어 하는 모습이 자신의 진짜 모습이 아니라는 사실을 받아들여야 합니다. 값싸고 화려한 겉옷 같은 거짓된 외형을 벗고…." 목에 뭐가 걸린 것처럼 더 이상 읽을 수가 없었다.

"천천히 하세요." 데이브 수사가 나직이 말했다.

심호흡을 하고 다시 읽었다. "우리는 진정한 자아를 찾아야 합니다. 하나님은 우리 모두를 당신의 자녀로 창조하셨으며, 성실하시고 관대하신 그분으로 인해 우리는 서로 사랑할 수 있습니다." 일기장을 덮으며 나 자신이 얼마나 감성적으로 변했는지 당혹스러워하며 고개를 들었다.

데이브 수사는 머리를 갸웃하며 물었다. "머튼의 말에서 어떤 부분이 마음에 와 닿았나요?"

나는 뭐라고 답할지 몰라 말없이 조심스레 앉았다. 밖에서는 수도사들의 기도 시간을 알리는 종이 울리고 있었다.

"마치 오랫동안 잠들어 있었던 것 같아요. 이제 막 깨어나기 시작한 것 같기도 하고요. 실은 그랬으면 좋겠다는 바람입니다." 내가 말했다.

내가 데이브 수사에게 무언가를 말할 때마다 그는 잠시 눈을 감고 내 말을 의미심장하게 생각했다. 이번에도 그랬다. 데이브 수사는 눈을 뜨더니 말했다. "돌아가기 전에 축복 기도를 해 주고 싶은데, 그래도 될까요?"

"물론이죠." 나는 그가 내 손을 잡을 수 있도록 그의 쪽으로 최대한 몸을 붙였다.

"당신이 자기 존재를 인식하고, 진정한 힘과 영혼의 빛을 깨닫기를, 당신은 혼자가 아니며, 당신의 영혼이 그 빛 안에서 우주의 리듬과 친밀하게 닿아 있음을 깨닫기를, 당신만의 독특한 품성을 받아들이고, 자신이 남과 다르다는 것을 존중하기를, 당신 자신의 영혼이 유일무이하다는 것과 이 땅에 특별한 운명을 가지고 태어났다는 것, 보이는 삶의 이면에 아름답고 영원한 일이 있다는 것을 깨닫기를, 하나님이 기쁨과 긍지와 기대감으로 당신을 보시듯 당신도 매 순간 같은 마음을 가지고 자신을 보는 법을 배우기를 기도합니다."[1]

"아멘." 데이브 수사는 내 손을 꼭 쥐며 기도를 마쳤다.

"그렇게 되기를 간구합니다." 나도 그의 손을 꼭 쥐며 읊조렸다.

## ❧ 삶이 변화되기 시작하다

데이브 수사가 축복해 준 이후 삶이 변화하기 시작했다. 수년 동안 이어진 나의 에니어그램 사역은 나 자신을 "매 순간 하나님이 나를 보시듯 기쁨과 긍지, 기대감으로 나를 바라보는" 데 많은 도움을 주었다. 에니어그램을 배우고 가르치면서 나와 그리고 다른 사람들의 마음이 만들어 낸 '비뚤어진 재목'(crooked timber)이 눈에 들어왔다. 에니어그램을 통해 '자기 이해'를 하고 나자 유치함을 벗고 보다 영적인 어른이 될 수 있었다. 다 이르렀다고 할 수는 없지만, 이따금 순간적으로 임하는 하나님의 은혜를 감지하고 하나님이 나를 어떤 모습으로 창조하셨는지를 깨닫는다. 이것은 영적인 삶에서 결코 작은 부분이 아니다.

데이브 수사와 알고 지낸 지 몇 년 후, 브라이트신학대학(Brite Divinity School)에서 열리는 컨퍼런스에서 강연을 했다. 수잔 스테빌(Suzanne Stabile)이라는 여성이 초대한 강연이었는데, 우리는 처음 만난 순간부터 즉각적으로 끌렸고 친구가 되었다.

수잔은 여러 해에 걸쳐 리처드 로어에게 에니어그램과 관련한 개인적인 훈련을 받았다. 그녀는 그를 정신적 스승이라 말했다. 문득 호기심이 일어 그녀의 워크숍에 참석해 1시간 정도 강의를 들었을 때 수잔이 에니어그램 분야 고수 중의 고수라는 것을 알게 되었다. 그녀를 만난 것은 내게 큰 행운이었다. 수잔은 몇 년 전 데이브 수사를 만난 뒤로 중단되었던 내 삶의 여정에서 나를 끄집어내 다음 단계로 데려다 주었다. 그것은 에니어그램의 지혜를 그리스도인으로서의 내 삶에 적용하는 것이었다.

이 책에 나오는 많은 통찰력과 일화들은 수잔의 강의에서 가져왔다. 나머지는 내 삶에서, 그리고 수년 동안 워크숍에 참석하고 유명한 에니어그램 교사들이 쓴 수많은 책들을 보면서 배웠다. 몇 사람만 예를 들자면 에니어그램의 선각자라 할 수 있는 러스 허드슨(Russ Hudson), 리처드 로어(Richard Rohr), 헬렌 팔머(Helen Palmer), 베아트리체 체스트너트(Beatrice Chestnut), 록산느 하우 머피(Roxanne Howe-Murphy), 뤼네트 셰퍼드(Lynette Sheppard)와 같은 사람들이다. 하지만 무엇보다도 이 책은 나와 수잔의 서로에 대한 깊은 애정과 존중으로 빚어진 결과물이다. 보다 친절하고 사랑이 넘치는 세상을 만들고 싶은 노력의 일환이기에 우리의 시시한 사적 경험이나 지식은 가능한 배제했다. 우리는 이 일이 성공하기를 소망한다. 하지만 그렇게 되지 않더라도 이미 충분히 즐거운 시간을 보내고 있을 것이다.

분명히 말하지만 에니어그램에 열광해 입에 거품을 물 정도는 아니다. 파티에서 사람들에게 다가가 "신고 있는 신발을 보니 에니어그램 몇 번 유형인지 알겠네요"라고 말할 만큼 불편한 사람도 아니다. 그렇게 하는 사람들이 있다면, 그들은 극복해야 할 악이다.

비록 광신자는 아니어도 에니어그램이 고마운 것은 분명하다. 영국의 수학자 조지 박스(George Box)의 말을 빌리자면 "모든 모델이 잘못되었지만 일부는 유용"하다. 이것이 내가 에니어그램을 보는 법이다. 에니어그램은 반드시 그러하거나 혹은 틀림없는 것이 아니다. 그리스도인 영성의 전부도 아니고 끝도 아니다. 기껏해야 성격을 구분하는 애매모호한 모델일 뿐이다. 하지만 매우 유용한 모델이다.

만약 이 책이 당신의 영적 여정을 지지하고 있다는 것을 발견한다면, 훌륭하다. 그렇지 않다 해도 쓰레기통에 버리지는 마라. 대신 책장에 올려놓으라. 언젠가는 도움이 될 수도 있지 않은가? 삶은 우리에게 도전적인 강의 요강을 건넨다. 삶의 여정에 있는 우리는 세상의 모든 도움이 필요하다.

2.

# 내가 누구인지,
# 하나님이 누구신지 알고 싶다

인간의 대뇌 피질 가운데 전두엽은 의사 결정과 이성적인 판단을 담당하는 중추이다. 열다섯 살의 어느 여름밤에 있었던 일을 떠올려 보겠다. 만약 그때 나와 친구들이 MRI검사를 받았다면 아마 전두엽 부분은 까맣게 소실되어 나타났을 것이다.

그 특별했던 토요일 밤, 우리는 기가 막힌 생각이라며 코네티컷 주 그리니치에 있는 전용 컨트리클럽 골프 연회에서 스트리킹(대중 앞에서 벌거벗고 달리는 행위-역주)을 하자고 결정했다. 몇 가지 문제가 있기는 했다. 알몸으로 달리는 우리를 경찰이 체포하려 들 것이고, 그리니치가 그리 크지 않은 도시라 우리를 알아보는 사람들이 있을 수 있다는 것이었다. 그래서 우리는 스키 마스크를 쓰고 달리기로 작정을 했다.

대충 밤 9시쯤 되었을까, 8월의 따뜻한 밤공기 속에서 여섯 명의 벌거벗은 사내 녀석들이 스키 마스크를 쓰고(그중 몇은 폼폼이 장식까지 달았다) 깜짝 놀란 사슴처럼 전속력으로 달리는 모습이란! 참나무로 장식한 아름다운 연회장에는 사람들로 가득했다. 보석으로 치장한 여성들은 우리의 알몸을 본 충격으로 그 자리에 얼어붙었고, 남자들은 박수를 치며 환호했다. 정반대 반응을 기대했던 터라 그런 반응은 다소 실망스러웠다. 그러나 더 이상 머무를 수 없어 실망감을 표현하지 못하고 그곳을 뛰쳐나왔다.

만약 어머니가 아니었다면 그 일은 모두 끝났다고 생각했을 것이다.

"어젯밤에 친구들이랑 뭐했니?" 다음날 아침 어머니가 부엌에서 냉장고를 뒤적거리면서 물었다.

"딱히 없어요. 마이크 집에서 놀았어요. 그러다 자정쯤 쓰러져 잔 것 같아요."

수다스러운 어머니가 여느 날처럼 친구들의 근황이나 하루 동안 무엇을 할 계획인지 물어보지 않으셨다. 불안한 느낌이 들었다. "엄마는 아빠랑 어젯밤에 뭐 하셨어요?" 나는 밝은 목소리로 말했다.

"도프만 씨 초청으로 골프 연회에 갔었어." 어머니는 일면 부드러우면서도 차가운 음색으로 대답했다.

대부분의 사람들은 비행기 안에서나 겪을 만한 공기 압력의 갑작스런 변화가 자신들의 집 안에서 생길 것이라곤 차마 예상조차 못할 것이다. 나는 머리 위쪽 어디에서 산소마스크가 떨어져 이 충격으로 막 폐에서 빠져나간 공기를 채워 주기를 간절히 바랐다.

"스키 마스크?" 어머니는 마치 화난 아일랜드 경찰이 경찰봉을 손바닥에 두드리듯이 내 쪽으로 걸어왔다. 목소리도 덩달아 높아지고 있었다. "스키 마스크?"

어머니의 코끝이 내 얼굴에 거의 닿을 지경이었다.

"어둠 속에서도 빼빼 마른 네 엉덩이를 찾아낼 수 있어." 어머니는 위협적이면서도 낮은 목소리로 말했다.

나는 바짝 긴장한 채 그 다음에 어떤 일이 벌어질까를 생각했다. 하지만 폭풍은 밀어닥칠 때만큼이나 갑작스럽게 지나가 버렸다. 어머니의 얼굴은 어느새 풀어져 능청스럽게 웃고 있었다. 어머니는 휙 몸을 돌려

부엌 밖으로 나가며 어깨 뒤로 이렇게 말했다. "운 좋은 줄 알아라. 네 아빠가 너희들 꼴이 정말 웃겼다고 하더라."

## 🍂 성격이라는 가면

자신을 보호하기 위해 가면을 쓴 것은 내가 처음이 아니었다. 그보다 훨씬 이전부터 많은 사람들이 그렇게 했다.

인간은 생존을 위해 살아가는 존재다. 우리는 어린아이처럼 본능적으로 성격이라는 가면을 쓰고 있다. 이는 참 자아의 한 부분으로 위험과 해로움에서 자신을 보호하고, 세상으로 나아갈 길을 마련해 준다. 우리의 성격은 다른 많은 요소들도 있겠지만 타고난 자질, 상황 대처 방식, 조건적인 반사 및 방어 기제로 이루어져 있다. 이 성격 덕분에 어떻게 하면 부모가 기뻐하는지 알고 거기에 맞게 행동한다. 또한 친구들에게 맞춰 가며 어울리고, 기본적인 욕구와 아울러 해당 문화가 요구하는 기대들을 채워 나간다. 시간이 지나면서 우리의 적응 전략은 점점 더 복잡해진다. 우리의 성격 특성은 매우 자주, 아주 뻔하게, 그리고 자동적으로 촉발하곤 해서 참 본성의 시작점이 어디인지 구분하기란 쉽지 않다.

아이러니하게도 성격이라는 용어는 가면(페르소나, persona)이라는 헬라어에서 유래했다. 우리는 자신이 쓴 가면과 진정한 자아를 혼동하곤 하는데, '페르소나'는 그런 우리의 성향을 잘 반영한다. 어린 시절 우리를 위협했던 것들이 사라진 지 이미 오래되었음에도 우리는 여전히 그 시절의 가면을 쓰고 살아간다. 이제 더 이상 '우리가 성격을 지니고 있을 뿐이다'고 할 수 없다. '성격이 우리를 지니고 있을 뿐이다.' 성격은 아무런 방어책도 마련하지 못한 마음을 어린 시절의 상실과 불가피한 상처들에게서 보호하지 못하고, 오히려 제한하고 가둔다. 그래서 '나'와 '다른 사람들'이 자신의 예상대로 생각하고, 느끼고, 행동하고, 반응하고, 정보를 처리하고, 세계를 본다고 느낀다.

최악의 경우, 자기 자신과 성격을 지나치게 동일시함으로써 진정한 자아(우리 자아의 아름다운 본질)에 대한 감을 잃거나 정체성마저 잊어버린다. 프레드릭 뷰크너(Frederick Buechner)는 이를 다음과 같이 통렬하게 묘사한다. "희미하게 빛나는 원래의 자아는 너무 깊게 묻혀 있는 탓에 대부분의 사람들은 그 모습에 따라 살지 못한다. 대신 우리는 여러 가지 다른 모습으로 살아간다. 세상의 날씨 변화에 맞춰 끊임없이 외투와 모자를 썼다가 벗었다가 하면서 말이다."[2]

비록 내가 전문적인 카운슬러이긴 해도 나 역시 이런 일이 정확히 언제, 어떻게, 왜 벌어지는지는 알지 못한다. 다만 나의 경험에 비추어 볼 때 진정한 자아와의 연결이 끊어진다는 개념은 공감이 간다. 어린 시절을 떠올려 보면, 친구들과 놀다가 혹은 달을 가만히 바라보다가 아주 오래전 잊어버린 무엇, 또는 누군가에 대한 이상한 향수를 느꼈던 사색의 순간들이 참 많았다. 나는 존재의 가장 깊은 곳에 묻혀 있는 진실하고 빛나는 내 자신이 조금씩 모습을 드러내는 것을 느꼈다. 하지만 그 자아와 소원한 상태라면 살아 있다는 충만하고 온전한 감정을 느낄 수는 없다.

그러나 반가운 소식은 하나님은 우리가 어느 곳에 있든지 삐쩍 마른 우리의 엉덩이를 알아보신다는 것이다. 그분은 우리가 누구인지 기억하신다. 어머니의 자궁에서부터 만들어지던 그 모습까지도 아신다. 하나님은 우리가 본래 모습, 참 나의 모습으로 되돌아가도록 도우신다.

그렇다면 에니어그램은 신학을 가장한 치료의 언어인가? 아니다. 어거스틴에서 토머스 머튼에 이르기까지 위대한 기독교 사상가들은 한목소리를 냈다. 에니어그램은 영적 여정 가운데 매우 중요한 과정이기 때문에 어떤 그리스도인도 그것을 떠나서는 자신의 타고난 권리를 온전히 누릴 수 없다. 머튼의 이야기를 예로 들어 보자. "정말 자기 자신이 되기 위해서 그전에 반드시 자신이 생각하는 '나'(여기 지금 있는)가 기껏해야 나라고 사칭한 사람이며, 또한 이방인이라는 사실을 깨달아야 한다."[3]

그런 깨달음이 일어나는 지점이 곧 에니어그램에 들어서는 문이 된다.

에니어그램에서 자신의 '유형'이나 '번호'를 이해(이 책에서 이 둘은 같은 의미이다)했다고 해서 자신의 성격을 갈아엎어 전혀 새로운 것으로 바꾸라는 것이 아니다. 이는 불가능한 일이며 동시에 좋지 않은 생각이다. 에니어그램의 목적은 자기를 아는 지식을 증진시키고, 우리를 제한하는 성격의 요소들을 어떻게 인식하고 식별할지 배우는 것이다. 그래서 토머스 머튼이 말했듯 "순수한 다이아몬드, 하늘의 보이지 않는 빛으로 타오르는" 가장 진실되고 최고인 자신과 재결합하게 해 주는 것이다.[4] 자기 이해와 더불어 성격의 자기 파괴적인(자멸적인) 부분을 뛰어넘어 성장하는 것이다. 다른 사람을 향한 연민이 깊어지고 관계가 회복되듯이 말이다.

# ᨏ 9가지 성격 유형

에니어그램은 이 세상에 아홉 가지의 다른 성격 유형이 있다고 말한다. 그중 하나는 어린 시절에 안전하다고 느끼는 쪽으로 대처하면서 적응했던 것이나 자연스럽게 그쪽으로 끌려감으로써 형성되었다. 각 유형(또는 번호)별로 세상을 바라보는 방법이 다르다. 그리고 각 유형이 어떻게 생각하고, 느끼고, 행동하는지 결정하는 데 막대한 영향을 주는 숨겨진 동기들이 있다.

만약 여러분이 예전의 나와 같다면 즉각적으로 이 제안에 반기를 들 것이다. "지구에는 70억이 넘는 사람들이 살고 있어. 고작 아홉 가지 유형으로 분류한다고?"

욕실 벽을 '완벽한 빨강'으로 칠하고 싶어 하는 결정 장애 배우자를 위해 수백 가지 페인트가 진열된 홈 디포(Home Depot)를 방문해 보면 여러분의 항의를 가라앉힐 수 있을지 모르겠다. 내가 최근에 알게 된 것은, 욕실에 변화를 줄 뿐 아니라 여러분의 결혼생활을 망가뜨리기 위해 선택할 수 있는 빨간색은 무한한 스펙트럼을 가지고 있다는 점이다.

우리는 그 가운데 오직 하나의 유형만을 채택해 '빨간색'이라고 말한다. 그리고 빨간색과 유사한 색깔 가운데 어떤 것은 친숙하게 느껴질 수 있고, 반면 어떤 것은 자신과 전혀 상관없는 듯 느껴질 수도 있다. 그것은 어디까지나 기본 색깔의 변형에 지나지 않는다. 그러므로 여러분이 걱정할 일은 아니다. 아무리 작다 해도 우리는 모두 자신의 어머니의 특별한 한 조각이기 때문이다.

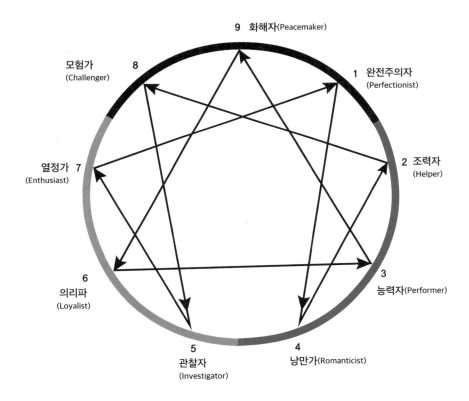

<그림 1> 에니어그램

에니어그램은 아홉을 뜻하는 그리스 단어 에니어(ennea)와 그림이라는 뜻의 그램(gram)의 합성어이다. 서로 다르지만 연결된 성격 유형을 나타내는 아홉 개의 점으로 이루어진 기하학적 그림이라는 뜻이다. 원을 가로지르는 화살표들은 각 번호들의 역동적인 상호작용을 가리킨다.

자신이 어느 번호인지 궁금해서 책을 미리 넘기지 않길 바라며, 우선 앞 쪽의 〈그림 1〉을 보자. 이 그림은 에니어그램의 스냅 샷과 같다. 각 번호의 이름과 간단한 설명은 다음과 같다. 어떤 성격 유형이 다른 유형보다 더 좋거나 나쁜 것은 없다. 각각의 유형은 모두 장점과 약점이 있으며 어느 성별에 특히 편향되어 나타나는 유형도 없다.

### 1번 유형: 완전주의자

이 유형의 사람들은 윤리적이고 헌신적이며, 신뢰할 수 있다. 이들은 올바른 길을 가고, 더 좋은 세상을 만들고, 잘못과 비난을 피하려는 열망과 동기를 품고 행동한다.

### 2번 유형: 조력가

이 유형의 사람들은 따뜻하고, 보살피고 타인을 돕기를 즐겨 한다. 이들은 꼭 필요한 존재가 되고 싶어 하며, 사람들에게 사랑받고자 노력한다. 반면 자신의 필요는 잘 인식하지 못한다.

### 3번 유형: 능력자

이 유형의 사람들은 성공 지향적이고, 이미지를 의식하며, 생산성을 우선시한다. 이들은 성공을 목표로 삼으며(또는 그렇게 보이고 싶어 하며) 실패를 피하고 싶어 한다.

### 4번 유형: 낭만가

이 유형의 사람들은 창조적이고 민감하며 변덕스럽다. 이들은 이해받고 싶어 하며 자신들의 극대화된 느낌을 경험하고 싶어 한다. 또한 평범한 것을 거부한다.

### 5번 유형: 관찰자

이 유형의 사람들은 분석적이고 객관적이며 독립적이다. 이들은 지식 습득에 몰두하며, 누군가에게 의지하는 것을 싫어해 에너지를 최대한 아끼고 비축한다.

### 6번 유형: 의리파

이 유형의 사람들은 헌신적이고 실용적이며 유머가 있다. 이들은 늘 최악의 시나리오를 상상하기 때문에 두려움을 안고 살며 언제나 안전 제일주의로 행동한다.

### 7번 유형: 열정가

이 유형의 사람들은 재미있고, 즉흥적이며 모험심이 가득하다. 이들은 놀기를 좋아하고, 자극적인 경험을 추구하며 고통을 피하고 싶어 한다.

### 8번 유형: 모험가

이 유형의 사람들은 자신 있고 당당하며, 강렬하고, 도전적이다. 이들은 강한 것에 집착하고, 유약하고 취약하게 느껴지는 것을 피하고 싶어 한다.

### 9번 유형: 화해자

이 유형의 사람들은 쾌활하고 느긋하며 친절하다. 이들은 사람들과의 갈등을 최대한 피하고, 화평과 융합을 추구한다.

이 아홉 가지 유형의 간단한 설명만으로도 벌써 자신이 어떤 타입인지 감이 왔을 수도 있다. 하지만 에니어그램은 각 유형에 영리한 이름 짓기를 한 사소한 리스트일 뿐이다. 다음 장에서는 각 번호뿐만 아니라 그 번호가 다른 번호와 어떻게 연관되어 있는지 살펴볼 것이다. 여러 선들과 화살표가 그려진 도형과 전문 용어가 나오더라도 혼란스러워하거나 실망할 필요는 없다. 금세 익숙해질 거라 장담한다.

### 🏃 트라이어드(세 개가 짝을 이룬 한 벌)

에니어그램의 아홉 가지 번호는 세 개의 그룹으로 나뉘는데, 가슴형(감정형), 머리형(두려움형), 장형(분노형)이다. 세 개로 이루어진 각 그룹은 지성의 중심이라 알려진 신체의 부분과 연관된 감정에 따라 각기 다른 방식으로 작동한다. 자기 삶을 어떻게 받아들이고, 처리하는지, 또는 반응하는지를 돌아보면 자신이 기본적으로 어느 그룹에 속하는지 가늠할 수 있다.

### 장형 또는 분노형(8번, 9번, 1번)

이 그룹은 분노의 영향을 많이 받는다. 8번은 그것을 외적으로 표출하고, 9번은 잊으며, 1번은 내면화시킨다. 이들은 삶을 받아들이거나 반응할 때 거의 본능적으로 움직인다. 이들은 정직하며, 자신을 아주 직접적으로 표현한다.

### 가슴형 또는 감정형(2번, 3번, 4번)

이 그룹은 감정에 충실하다. 2번은 타인의 감정에 집중하고, 3번은 사람들의 감정을 인식하는 데 어려움을 겪으며, 4번은 자신의 감정에 내적으로 집중하며 관심을 기울인다. 이들은 다른 번호에 비해 자기 이미지에 관심이 많으며, 마음으로는 자기 삶을 받아들이고 사람들과 관계를 맺는다.

### 머리형, 또는 두려움형(5번, 6번, 7번)

이 그룹은 두려움의 영향을 많이 받는다. 5번은 두려움을 외면화하고, 6번은 잊으며, 7번은 내면화한다. 이들은 세상과 머리로 소통하고, 세상을 인식한다. 그래서 신중하게 생각하고 계획을 세운 다음에 행동한다.

각 장의 순서와 목차를 봤겠지만 번호 순서대로 설명하지 않고 그룹에 따라 각각의 유형을 논의할 생각이다. 8번, 9번, 1번을 한데 묶고, 2번, 3번, 4번을 또 한 그룹으로, 그리고 5번, 6번, 7번을 마지막으로 묶었다. 각 장을 이렇게 배열한 이유는 같은 그룹에 속한 '룸메이트 번호들'과 비교하는 것이 여러 면에서 중요하기 때문이다. 이것이 에니어그램을 더 쉽게 이해할 수 있고, 자신의 번호를 찾는 데도 매우 유용하다.

## ❧ 날개, 스트레스, 안전 번호

에니어그램은 환경이 바뀜에 따라 거기에 맞게 적응해 가는 성격의 유동적인 특성을 인식하고 그것을 고려한다. 우리 삶은 건강한 장소에 있을 때도 있고, 그럭저럭 괜찮은 곳에 있을 때도 있지만 완전히 말도 안되는 상황에 놓일 때도 있다. 중요한 것은 어디에 있고 무슨 일이 벌어지느냐에 따라 항상 건강한 수준부터 보통 수준, 건강하지 않은 수준에 이르기까지 다양한 스펙트럼을 오간다는 것이다. 나는 각 장의 도입 부분에 유형별로 건강한 장소와 평균적인 장소, 건강하지 않은 장소에서 진을 쳤을 때 각 유형들이 어떻게 전형적으로 생각하고 느끼고 행동하는지 간단히 설명할 것이다.

에니어그램 도형을 살펴보면 각 번호가 다른 네 개의 번호와 역동적인 관계를 가지고 있음을 알 수 있다. 하나의 번호는 화살표로 연결된 다른 두 번호와 함께 양쪽에 있는 두 번호와 맞닿아 있다. 이 네 번호는 당

번호의 특성, 또는 '즙'이나 '맛'에 관한 접근을 제공하는 재료라 볼 수 있다. 자신의 번호나 동기는 절대 바뀌지 않지만 행동에서만큼은 이렇게 다른 번호의 영향을 받을 수 있다. 그래서 때로는 그 번호 중 하나처럼 보일 수도 있다. 각 장에서 보겠지만 필요에 따라 추가적으로 지원함으로써 고의적으로 다른 번호로 이동하는 법도 배울 수 있다.

### 날개

이것은 여러분 번호의 양 옆에 있는 번호를 말한다. 여러분은 두 날개 번호 중 하나의 에너지나 특징을 취해 그쪽으로 기울 수 있다. 예를 들자면 내 친구 도란은 3번(능력자) 날개를 지닌 4번(낭만가) 유형이다. 그는 5번(관찰자) 날개를 지닌 4번 유형에 비해 좀 더 사교적이고 행동하는 편이다. 5번 날개의 4번은 보다 내향적이고 움츠러드는 성향이 있다.

### 스트레스와 안전 번호

여러분의 스트레스 번호는 가령 당신이 지나친 압박을 받거나 비난의 화살을 받을 때, 친구나 배우자와 함께 있을 때 나타나는 성격 유형이다. 다음 쪽 〈그림 2〉에서 보듯이 그것은 화살표가 나가서 닿는 번호를 지칭한다.

예를 들어 낙천적인 7번은 스트레스를 받으면 부정적인 성향을 지닌 1번으로 움직여 1번의 모습을 나타낸다. 그래서 그들 특유의 느긋함이 없어지고 흑백논리를 가지고 따지기 시작한다. 자신이 스트레스를 받을 때 어느 쪽으로 가는지 아는 것은 매우 중요하다. 그것을 잘 파악해야

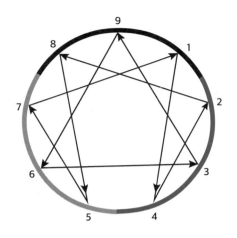

〈그림 2〉 스트레스와 안전의 화살표

보다 나은 선택을 하고 자신을 잘 살필 수 있기 때문이다.

　　반면 안전 번호는 우리가 안정감을 느낄 때 자신의 에너지와 자원을 쓰는 성격 번호이다. 에니어그램 그림에서는 화살표를 받는 번호를 가리킨다. 예를 들어 7번은 그들이 안전하다고 느낄 때 5번의 긍정적인 자질들을 취한다. 이것은 그들이 자기 필요에 과도하게 집착하지 않고, 부족함이 곧 풍성함이라는 개념을 받아들인다는 의미이다.

　　영적으로 말한다면, 자연스레 스트레스 상황에 놓일 때 자기 유형(번호)에 어떤 일이 벌어질지 아는 것은 대단히 유용하다. 이와 마찬가지로, 안정감을 느낄 때 본능적으로 어느 번호의 긍정적 자질로 옮겨 가는지 배우는 것 또한 가치가 있다. 일단 이 자료들에 익숙해지면 자신이 어디서 고장이 났는지, 또한 어느 방향으로 돌파해 갈지 알 수 있도록 돕는다. 이는 과거와 비교해 더 현명한 선택을 할 수 있다. 안전과 스트레스라는 주제 안에는 많은 부분이 있다. 하지만 이 책은 입문서이기 때문에 기본적인 사항만 다룰 생각이다. 배울 것이 보다 더 많다는 점만 기억하길 바란다.


## ❧ 중대한 죄를 발견하라


중세 교훈극(15-16세기에 유행하던, 도덕적 교훈을 가르치는 것을 목적으로 한 연극-역주)에서나 나올 법한 말처럼 들릴지도 모른다. 각 번호에는 이와 관련된 치명적인 죄들이 나열되어 있다. 수잔과 나는 각 장에서 이 죄들이 어떤 모습을 띠는지 깊이 있게 파헤칠 것이다.

어떤 사람들은 죄라는 단어와 함께 끔찍한 기억이나 감정을 떠올리기도 한다. 지금껏 많은 사람들에게 '죄'라는 단어를 신학적으로 마치 무기처럼 사용해 왔다. 이처럼 이 단어는 '설교자의 총구 끝에 잘못 서 있는', 누군가를 아프게 할 수도 있음을 알고 다루어야 하는 어려운 주제다. 그러나 오랜 풍파를 지나온 죄인으로서, 그리고 28년 동안 절주하며 회복 중인 알코올의존증 환자로서, 나는 우리 어두움의 실제와 근원을 반드시 마주해야 한다고 본다.

리처드 로어는 죄를 다음과 같이 설명한다. "죄는 너무나 견고한 집착과 같아서 생명의 에너지와 하나님의 사랑이 자유롭게 흘러가지 못하도록 막아 버린다. 그 집착은 하나님의 현존하심을 부정하게 하고, 또한 우리 자신의 진정한 잠재력을 깨닫지 못하도록 우리 스스로가 만든 차단막이다."[5]

자기 안에 있는 여러 가지 집착 가운데 하나만이라도 떨쳐 버리기 위해서 주중에 여러 번 교회에 나가 도움이 필요한 사람들을 만나는 사람이라면, 이 정의에 쉽게 수긍할 것이다. 많은 사람들이 자신들이 원하는 것을 얻으려고 자기만의 방법으로 하나님을 교묘하게 피한다. 하지만 죄를 똑바로 직면하지 않으면 언젠가 삶은 엉망진창이 될 것이다.

에니어그램의 모든 번호에는 고유한 '열정'과 중대한 죄들이 있다. 에니어그램을 계발한 교사들은 아홉 가지 번호 안에 7대 죄악을 짓게 하는 특정한 약점과 유혹이 있다는 것을 발견했다. 6세기 그레고리 교황이 이 목록을 작성했는데, 여기에 두려움과 속임수가 더해졌다. 지혜로운 누군가가 이 두 가지를 덧붙였는데, 어느 누구도 이 아홉 가지 죄에 해당하지 않는 사람은 없다.

각 성격이 가지고 있는 중대한 죄는 중독성이 있어서 자신도 모르는 사이 반복해서 그 죄를 짓게 만든다. 따라서 얼마나 자주 우리 성격 안에 그것이 나타나는지 인식할 때 자유로울 수 있다. 다시 말해 중대한 죄가 중세 용어처럼 들린다고 해서 여전히 그 당시하고만 연관이 있을 거라 여기지는 말라. 이 지혜는 시대를 뛰어넘어 여전히 중요하다. 우리의 중대한 죄, 그리고 그 죄가 어떤 방식으로 나타나는지 인식하지 못한다면 그 죄는 여전히 남아서 우리를 속박할 것이다. 이 중대한 죄들에 휘둘리지 않고, 그것을 배우고 잘 관리하는 것 역시 에니어그램의 목표 가운데 하나이다.

성격 유형과 관련하여 마이어스-브릭스(Myers-Briggs)의 MBTI나 '5요인 모델' 같은 다른 테스트들도 있다. 그것들도 훌륭하다. 다만 지나치게 심리학적이라는 한계가 있다. 자신이 누구인지 설명하고 격려해 주는 다른 것들도 있다. 하지만 자신을 이해하는 데는 별로 도움이 안 된다. 단, 이런 도구들 가운데 하나만이 우리가 영적으로 얼룩진 피조물이라는 사실을 다룬다. 에니어그램은 지나치게 심리학적이지 않고, 기분을 좋게만 하지도 않는다. 제대로 배운다면 자립을 위한 영양분이 될 것이다.

에니어그램은 우리의 어두운 면을 보여 주고, 나아가 그것을 변화시키는 은혜의 빛에 자신을 어떻게 노출시킬지 영적인 조언을 제공한다. 물론 자신의 중대한 죄와 대면하는 일은 힘들다. 심지어 매우 고통스러울 수도 있다. 왜냐하면 전혀 생각지 못한 자신의 모습에 끔찍한 깨달음을 얻을 수도 있기 때문이다. "만약 자기 미화를 추구한다면 에니어그램과 작업해서는 안 된다. 반면에 자신을 깊이 알고자 하는 사람이라면 누구든 에니어그램을 놓쳐서는 안 된다."[6] 데이비드 베너(David Benner)가 말하는 바를 마음에 새기고 용감하게 나아가 보자.

다음 목록은 7대 죄악(여기에 둘을 더해)과 이와 관련한 번호들을 간략하게 설명한 내용이다. 다음 쪽의 〈그림 3〉을 보라. 돈 리소(Don Riso)와 러스 허드슨(Russ Hudson)의 《에니어그램의 지혜》에서 다음 설명을 가져왔다.

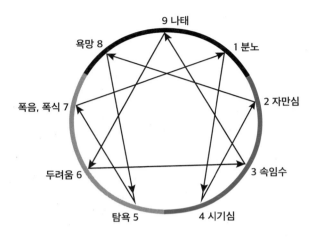

9 나태

욕망 8          1 분노

폭음, 폭식 7                    2 자만심

두려움 6                      3 속임수

탐욕 5    4 시기심

〈그림 3〉 각 번호와 연관된 죄들

### 1번: 분노(Anger)

이들은 세상을 완벽하게 만들고 싶어 한다. 하지만 자신이나 다른 누구도 최고의 기준에 맞춰 살 수 없음을 통렬히 깨닫고는 억제할 수 없는 분노를 경험한다.

### 2번: 자만심(Pride)

이들은 다른 사람들의 필요를 충족시키는 데 관심이 많고, 자기 에너지를 다 쏟으면서 정작 자신의 필요는 외면한다. 자신만이 다른 이들을 위한 최선이 무엇인지 알고 있고, 또한 자신이 반드시 필요한 존재라는 은밀한 신념으로 가득하다. 이렇게 이들의 영은 자만으로 똘똘 뭉쳐 있다.

### 3번: 속임수 (Deceit)

이들은 본질보다는 겉모습을 더 중요시한다. 진정한 자아를 버리고 대중을 즐겁게 하는 거짓된 이미지를 투영한다. 자신만의 퍼포먼스를 구입하며 자신의 가면이 자신이라고 믿음으로써 스스로를 속인다.

### 4번: 시기심 (Envy)

이들은 뭔가 꼭 있어야 할 본질적인 것을 잃고 산다고 믿는다. 그리고 다른 사람들의 온전함과 행복을 부러워한다.

### 5번: 탐욕 (Avarice)

이들은 자신이 비축한 것들이 스스로를 독립적이고 자립적인 존재로 살아가게 해 준다고 믿는다. 자원을 붙들고 있기 때문에 궁극적으로 다른 사람들의 사랑과 애정을 지체시키게 된다.

### 6번: 두려움 (Fear)

언제나 최악의 시나리오를 상상하며 스스로 삶을 헤쳐 나갈 수 있을지 의문을 품는다. 이들은 하나님보다 권위를 가진 인물이나 신념 체계를 통해 그들이 원하는 지원과 안전을 제공받으려 한다.

### 7번: 폭음, 폭식 (Gluttony)

이들은 고통스런 감정을 피하기 위해 긍정적인 경험, 늘 새로운 도전을 꿈꾸며 계획을 세우고, 기대하며, 흥미로운 아이디어를 도출하는 것에 빠져 산다. 이들의 열광에 가까운 추구는 결코 만족을 모르고, 그러다 결국 폭음이나 폭식으로 이어진다.

### 8번: 욕망(Lust)

이들은 강렬함을 욕망한다. 삶의 모든 영역에서 무리하게 밀어붙이는 면이 있다. 지배하고 맞서려는 8번 유형은 자신의 연약함을 감추기 위해 겉으로는 냉정하고 위협적인 모습을 보인다.

### 9번: 나태(Sloth)

이들이 생각하는 나태함은 육체적인 것이 아닌 영적인 게으름이다. 9번 유형은 자신의 우선순위나 개인적인 성장, 온전한 자신이 되려는 책임에서 발을 뺀 채 잠들어 있다.

## ❧ 아홉 가지 유형의 어린 시절

어린 시절 우리는 너무도 무비판적인 생각과 마음으로 많은 메시지들을 받아들이고 그것을 내면화한다. 그러고는 나이가 들어서 심리 치료사를 만나 마치 양치기 개의 털에서 빈대를 잡듯 우리 영혼에서 그것을 뽑아내려고 수많은 시간과 돈을 투자한다. 무의식적으로 받아들이는 이런 메시지와 믿음들에 어떤 아이들은 상처를 입고, 또 어떤 아이들은 생명을 얻는다. 하지만 안타깝게도 대부분은 자신도 모르는 사이에 우리의 아름다움을 망가뜨리는 메시지에 항복하고 만다. 이 같은 현실을 조금 더 일찍 깨달았더라면 우리는 서로를 더 부드럽게 대하지 않았을까 싶다.

다음 장에서는 각 유형들이 어린 시절에는 어떤 성향으로 놀이를 했는지 살펴볼 것이다. 2번 유형(조력가)은 사랑을 사려고 점심시간에 자기 몫으로 나온 과자를 기쁘게 포기하는 법을 배울 것이고, 5번 유형(관찰자)은 놀이에 참여하기 전에 머뭇거리며 다른 아이들을 지켜볼 것이다. 이 아이들이 노는 모습은 자신의 본래 성향과 무의식적으로 자신을 보호해 줄 것 같은 그들의 가면을 모두 보여 준다. 그들은 자기 번호에 따라 성장한다.

좋은 소식이 있다. 자신의 생각과 믿음, 행동의 방향을 바꾸기 위해 선택할 수 있는 치유의 메시지가 있다는 것이다. 각 번호에 맞는 고유한 치유 메시지를 배워 진정한 자신의 모습을 찾고, 온전함을 회복할 수 있다. 이는 우리 자신을 향한 일종의 연민 치료제로, 어린 시절 자신을 보호하기 위해 쌓아 왔던 거짓 자아를 버리고 참된 나를 찾도록 가르쳐 줄 것이다.


## ❧ 관계에서 우리에게 가장 필요한 것(관계와 일의 특성)

일하면서 만난 사람 가운데 자기 인식 지수가 너무 낮아서 측정조차 할 수 없는 사람이 있었다. 그는 자기 이해가 부족할 뿐더러 자기 통제도 불가능해서 수많은 동료들에게 상처를 입혔다. 결국 동료들은 직업안전 위생관리국(OSHA)에 그를 직장 보건 및 안전의 위험 요소로 지정한 다음 일터에서 쫓아 달라고 했다.

실제로 자기 이해가 부족한 사람들은 영적으로도 고통스럽지만 직업적으로도 마찬가지이다. 최근 〈하버드 비즈니스 리뷰〉에서 안토니 얀(Anthony Tjan)이라는 기업가가 쓴 기사를 읽었다. "모든 위대한 기업가, 매니저, 리더들마다 공통적으로 지닌 하나의 자질이 있다. 자신을 이해한다는 것이다. 리더들이 효율을 극대화시키는 최선의 방법은 의사 결정 시에 자신들의 동기가 무엇인지 충분히 인식하는 것이다."[7]

〈포브스〉에서 〈패스트 컴퍼니〉에 이르기까지 수많은 책들과 기사에서 이 사실을 동일하게 지적한다. "자기 자신을 알라."

자신의 특정 번호와 연관된 행동들이 어떤 일을 하거나 혹은 동료들과 관계를 맺을 때 어떤 식으로 우리를 돕는지, 또 어떻게 방해하는지 살펴보고자 한다. 그렇게 하면 현재 우리가 옳은 길을 가는지, 또는 현재의 직무 환경이 우리 성격의 강점이나 약점에 기초하여 잘 작동하는지 구별하는 과정에서 많은 도움을 받을 수 있다. 하나님은 당신이 즐겁고 효과적으로 일하기를 원하신다.

에니어그램은 자기 이해와 자기 인식을 확장시켜 주어 우리가 자신의 일에서 보다 나은 성과를 내고 더 큰 만족을 누릴 수 있도록 해 준다. 모토로라, 오클랜드 A 야구 팀, CIA, 바티칸의 성직자들 같은 회사나 조직들은 사람들이 업무에서 더 많은 기쁨을 찾도록 돕기 위해 에니어그램을 사용해 왔다.[8] 심지어 스탠포드대학과 조지타운대학의 비즈니스 스쿨

커리큘럼에도 에니어그램이 들어 있다.

에니어그램은 성격 유형이 동료나 친구들과의 관계에서 우리에게 무엇이 가장 필요한지, 우리가 무엇을 가장 두려워하는지 알 수 있도록 훌륭한 통찰력을 제공한다. 우리는 다른 사람들과의 관계에서 약간의 단절을 경험하기도 하지만 에니어그램의 모든 번호가 건강하고 생명을 주는 관계를 가질 수 있음을 이해해야 한다. 모든 번호에는 건강한 수준, 평균 수준, 건강하지 않은 수준의 행동 범위가 있다. 확실한 것은 자기 인식의 폭이 커짐에 따라 자신의 전형적인 행동 방식이 건강한 수준에서 이루어지고 가장 좋아하는 사람들과의 상호작용 또한 깨지지 않는다는 것이다.


## ❧ 변화를 막는 핑계가 아니다(영성 개발)

"자신의 모습을 수용한다는 것은 더 나은 자신이 되려는 노력을 중단한다는 의미가 아니다." 플래너리 오코너(Flannery O'Connor)의 말인데, 정말 옳지 않은가! 당신의 에니어그램 번호는 나쁜 행동을 할 때마다 마치 세상을 맘대로 움직이듯 내미는 엄마의 메모 같은 것이 아니다. 메모에는 이런 말이 적혀 있다. "내 아들 존에게 사과하렴. 그는 9번 유형(존의 번호가 뭐가 되었건)이란다. 그래서 존은 네가 지금까지 보아 온 것 그 이상으로 더 잘 행동할 수는 없단다."

뭐가 되었건 자신의 에니어그램 번호를 알고 난 후 그것이 변화를 막는 핑계거리가 되어서는 안 된다. 이어지는 다음 문장이 무엇을 의미하는지 이제는 충분히 알 것이다. "이게 진짜 나야. 그러니 제발 그렇게 대해 줘."

최근 조교 회의에서 누군가 이런 말했다. "이해하는 데는 돈이 안 들지." 맞는 말이다. 로어 신부가 지적한 대로 "지식적인 정보는 참 변화가 아니다."

일단 자신의 유형을 알면 자신이 사랑하는 사람들(또는 사랑하지 않는 사람들)과 스스로에게 일종의 빚을 진다. 세상을 살면서 보다 친절하고, 보다 애정을 가진 존재가 되어야 한다는 부담이 생긴다. 이 책을 읽는 누구든 시끌벅적한 파티에서 벗어나 훌쩍 떠나 보기를 권한다. 에니어그램은 우리가 마치 관절염 환자처럼 꽉 붙잡고 있던 뿌리 깊은 자기 패배적 사고에서 벗어나 어떻게 하면 내적인 자유를 경험하고 최고의 자신이 되기 위해 스스로에게 문을 열어 줄 수 있는지 보여 준다.

각 장의 마지막에는 영성 훈련 세션이 있다. 그 안에는 각각의 유형이 자신에 대해 배운 것을 유용하게 활용할 수 있는 몇 가지 제안들이 있다. 만약 당신이 우리를 변화시키는 하나님 은혜의 능력에서 벗어나 그것을 이루려고 애쓴다면 시간 낭비만 할 것이다. 좋은 그리스도인이 되려고 '노력한다'고 말하는 사람이라면, 예외 없이 그리스도인이 무엇인지 모르는 사람이다. 자신에게 이미 일어난 일을 다시 취하려고 하는 것만큼이나 기독교는 뭔가를 하는 것이 아니다. 자기 성격의 어두운 면을 알면, 스스로는 결코 해낼 수 없었던 일, 곧 의미 있고 영원한 삶의 변화를 오직 하나님께서 이루어 주시길 조용히 간구하며 자신을 맡기게 될 것이다.

# ❧ 각 장을 읽는 방법과 자신의 유형을 찾는 법

솔깃한 일이긴 하지만, 다음 장들을 읽으면서 행동에만 기초해서 자기 유형을 분류해서는 안 된다. 각 장의 시작 부분에는 고유 번호의 사람들이 어떻게 살고 있는지, 그 피부색을 묘사해 주는 진술 목록이 있다. 하지만 이 목록들을 읽으면서 염두에 둘 것은 자신이 '무엇을 하느냐'보다 그것을 '왜 하느냐' 하는 것이다. 자기 유형을 알아내기 위해 특성들에 너무 의존하지는 말라는 말이다. 대신 각 번호의 특성이나 행동을 이끌어 내는 내재된 동기를 신중히 살피며 읽어 보라.

예를 들어, 일터에서 성격 유형이 다른 사람들이 똑같이 높은 자리를 향해 사다리를 오르고 있더라도 그 이유는 아주 다를 수 있다. 강제적으로라도 뭔가를 개선해야 한다고 생각하는 1번 유형은 회사의 일상 업무에서 자신들이 고칠 수 없는 수많은 결함들을 바꾸는 길이 최고의 권위를 가진 경영진이 되는 것뿐이라고 생각하기 때문에 승진하려고 할 것이다. 반면 3번 유형은 전망 좋은 사무실을 차지하는 것이 가장 중요하기 때문에 높은 자리에 오르려고 할 것이다. 그리고 8번 유형은 다만 멍청한 누군가가 저 위에서 자신들을 막고 있는지 보기 위해 사다리를 오를 것이다. 이처럼 가장 중요한 것은 동기이다. 자신의 유형을 찾으려면 왜 그 일을 하고 있는지 스스로에게 물어보라.

책을 읽으면서 자신이 지금 어떤 모습인가보다는 20대 때 어땠는지를 되돌아보면 보다 쉽게 자신의 성격 유형을 식별할 수 있다. 성격 유형이 절대로 변하지 않기는 하지만 그 시절만큼 화려하거나 순수했던 적은 없다. 제임스 홀리스(James Hollis)가 말한 것처럼, "우리가 인생이라고 부르는 그 오랜 시간 동안 모든 장면에 걸쳐 일관되게 존재하는 유일한 사람"이 자신이라고 알아차릴 만큼 우리는 오래 살지 못했다.[9]

다시 말해 우리를 괴롭히는 수많은 문제의 근원은 대부분 우리 자신이다. 더불어 우리가 집에 있을 때 어떻게 행동하고 생각하고 느끼는지 돌아보는 것도 매우 중요하다.

당신이 늘 소망했던 유형이나 자신의 모습이라 생각하는 유형이 아니라 당신이 누구인지 가장 잘 묘사하는 번호를 찾으라. 욕심 같아서는, 스티븐 콜베어(Stephen Colbert) 같이 매력 넘치고 태평스런 7번이었으면 좋겠다. 하지만 나는 '밥 딜런'의 재능은 쏙 빠진 흔해 빠진 4번 유형이다 (본문에는 각 번호에 해당되는 유명한 사람들의 예가 있다. 이것은 그 사람이 직접 말한 것이 아니라 순전히 내가 추측해 적은 것이다).

앤 라모트(Anne Lamott)가 말한 대로, "우리 모두가 안절부절못하고 있고, 망가져 있고, 무언가에 집착하며, 두려움에 떨고 있으므로" 지금 이 모습에서 더 별다르게 망가지고 싶어도 소용없는 일이다.[10] 자기 유형을 알아내려 애쓰는 동안 가까운 친구나 배우자, 영적 지도자에게 "이 설명들 가운데 어떤 것이 나랑 가장 비슷한 것 같아?"라고 물어보는 것은 좋지만 그 대답을 듣고 그들의 목을 조르지는 마라.

설명을 읽는 동안 뭔가 충격이 온다면, 자신에게 해당하는 번호에 제대로 다가가고 있을 가능성이 크다. 왜냐하면 자기 성격이 저장되는 서버에 침투해 그것을 해킹하는 사람만이 당신의 내면을 포착할 수 있기 때문이다. 처음 내 번호의 특성들을 읽었을 때 나는 일종의 굴욕감 같은 것을 느꼈다. 어두운 부엌에서 부스러기들을 먹는 일에 너무 집중한 나머지 살며시 숨을 죽이며 다가오는 주인의 발소리를 듣지 못하고 갑자기 불이 켜진 부엌에서 베이글 조각을 입에 문 채 도망치듯 빠져나오는 한 마리 쥐가 된 것 같은 기분은 결코 유쾌하지 않다.

하지만 한편으로는 위안도 되었다. 나 같은 쥐들이 또 있다는 것을 알았기 때문이다. 그러므로 이런 일이 벌어졌다 해서 절망하지 마라. 우리는 각 번호가 가진 자산이나 축복뿐 아니라 부채나 황폐함도 기억해야 한다. 난처함은 곧 사라질 것이다. 데이비드 포스터 월리스(David Foster Wallace)의 말처럼 "진리가 당신을 자유롭게 할 것이지만 아직 그렇게 된 것은 아니다."[11]

각 번호가 지닌 단일 특성만으로 자신을 알게 될 거라고는 기대하지 말라. 그런 일은 불가능하다. 다만 자신과 가장 유사하다고 생각하는 설명을 살펴보면 된다. 편안한 마음이 든다면 우선 몇 달에 걸쳐 그 번호를 탐색하며 주변 사람들에게서 피드백을 수집하는 것이 좋다. 그러고 나서 자신의 유형을 결정하고 확신하면 된다.

에니어그램을 막 배우기 시작한 학생들 중에는 각 유형에 대해 말하면서 그것을 다른 사람들을 묵살하거나 조롱하는 무기로 변질시키는 이들이 있다. 누군가가 이런 식으로 말하는 것을 들으면 화가 치밀어 오른다. "오, 너는 6번이구나." "저런 3번처럼 되지 마라." 특히 이런 식으로 말하는 것은 에니어그램이 무엇인지 제대로 몰라서이다. 에니어그램은 다른 사람을 세우고 돕는 데만 사용해야 한다. 그래서 그들이 온전함과 하나님을 향한 여정에서 한 걸음 더 나아가도록 해야 한다. 이 사실을 마음에 새기기 바란다.

각 유형의 설명을 읽다 보면 가족 구성원이나 동료, 친구들 중에서 누군가가 번뜩 떠오를 수도 있다. 어쩌면 언니에게 전화해서 "생지옥에 있는 듯했던 내 유년 시절이 마귀에게 사로잡혀서 그랬던 게 아니었어. 지금 보니 언니의 성격 유형하고 관련이 있었던 거야"라고 말하고 싶은 유혹을 느낄 수도 있다. 하지만 제발 그러지 마라. 그러면 모두가 당신을 싫어할 것이다.

"저는 그런 식으로 분류되기도 싫고 어떤 틀에 끼어 맞춰지는 걸 원하지 않아요." 사람들은 항상 나와 수잔에게 이런 말들을 먼저 한다. 두려워할 필요 없다! 에니어그램은 당신을 틀 안에 가두는 것이 아니다. 오히려 당신이 이미 들어가 있는 틀이 무엇인지 보여 주고, 그 안에서 나오는 방법을 알려 준다. 그렇다면 괜찮은 거 아닌가?

이제 매우 중요한 것이 있다. 가끔은 저자들이 각 번호의 긍정적인 특성보다 부정적인 면에 너무 초점을 맞춘 것은 아닌가 하고 느낄 것이다. 분명 그런 면이 있지만 이것은 당신의 유형을 보다 쉽게 발견하도록 도와줄 것이다. 경험에서 보면, 사람들은 자신의 성격에서 뭔가를 한 것보다 하지 않는 것에 더 쉽게 자신을 동일시한다. 수잔이 즐겨 쓰는 말처럼 "우리는 자신이 잘한 것으로 자신을 이해하지 못하고 자신이 잘못한 것으로 자신을 이해한다." 이 말에 토라지지 않기 바란다.

마지막으로, 유머 감각을 가지고 자신과 다른 사람들에게 온화한 마음을 가지라. 우주 만물은 민주적이지 않다. 당신이 유전적으로 프랜시스 교황과 더 잘 맞을지, 아니면 사라 페일린(Sarah Palin, 전 알래스카 주지사로 공화당 맥케인 대통령 후보의 러닝메이트였다-역주)과 더 잘 맞을지 알아볼 생각을 한다고 해서 하얀 연구실 가운을 입고 클립보드를 든 남자가 등장하지는 않는다. 당신은 부모님도, 살짝 미친 것 같은 형제자매도, 또는 몇 번째로 태어날지도 직접 선택하지 않았다. 어느 도시에 태어날지, 어디에서 유년기를 보낼지도 고른 적이 없다. 한 번도 의견을 물어본 적 없었던 이런 문제들 때문에 나는 하나님과 오랫동안 씨름하고 싸웠다.

하지만 시간이 지남에 따라 우리가 만들지는 않았지만 뭐라도 해서 책임은 져야 하는 많은 도전들과 직면한다는 것을 배웠다. 거기에는 우리를 둘러싼 세상 모든 사람들의 삶을 좌지우지하려는 에고(ego)의 열망을 가진 채 태어난 죄도 포함된다. 어느 쪽이 되었건, 하나님이 그렇듯 항상 자신을 향해 자비로운 자세를 유지하길 바란다. 자기 경멸은 삶에서 그 어떤 영속적인 변화나 치유도 만들어 내지 못함을 기억하라. 오직 사랑만이 그 모든 것을 가능하게 한다. 이것이 우리 모두가 감사함으로 "아멘"이라고 말해야 할 이유이며, 영적 우주의 물리학이다.

데이브 수사의 말처럼, 이제 시작할 수 있겠다. "8번, 나는 이런 사람이다."

The Road Back to You

## Part 2

내 마음 읽기,
네 마음 읽기

# 1. 8번 유형 // 모험가

연약함을 드러내는 위험을 감수하라

나를 안내하든지 나를 따르라,
그렇지 않을 거라면 저리 비켜라
 – 조지 패튼 장군(GEORGE S. PATTON JR.)

## 8번, 나는 이런 사람이다

☐ 1.  나는 너무 무디고 지나치게 적극적이라는 말을 들어 왔다.

☐ 2.  나에게는 일을 어정쩡하게 하지 않고 확실하게 하는 은사가 있다.

☐ 3.  나는 다른 사람들이 어떤 사람인지 알아보려고 그들과 논쟁하는 것을 즐긴다.

☐ 4.  중요한 관계에서 갈등이 생기면 매번 나 자신을 내세운다. 그리고 답이 나올 때까지 끝까지 싸운다.

☐ 5.  사람들을 신뢰하는 것은 힘든 일이다.

☐ 6.  정의는 싸울 만한 가치가 있는 것이다.

☐ 7.  누군가를 처음 만났을 때 그들의 약점이 대번 눈에 들어온다.

☐ 8.  나는 아니면 아니라고 말한다.

☐ 9.  나와 대립하거나 반대하는 사람들을 환영한다. 덤벼라!

☐ 10.  나는 결정을 빨리 내리는 편이다. 주로 직감적으로 결정한다.

☐ 11.  나는 사람들이 요점을 피해 빙빙 돌려서 말하는 것을 싫어한다.

☐ 12.  나는 특출 나게 멋진 사람을 경계한다.

☐ 13.  사람들 가운데 누가 최고 권력을 가졌는지 즉시 파악한다.

☐ 14.  자기 주장을 펼치지 않는 사람들을 그다지 존경하지 않는다.

☐ 15. 나의 모토 중 하나는 "좋은 공격이 좋은 수비보다 낫다"이다.

☐ 16. 내가 사랑하는 사람들을 건드리지 마라.

☐ 17. 내가 존경받고 있다는 것을 안다. 하지만 때로는 사랑받기를 원한다.

☐ 18. 나는 약자를 괴롭히는 사람과는 직접 맞선다.

☐ 19. 사람들이 자기 내면의 감정을 솔직하게 드러내는 것을 하나님이 정말 원하셨다면 우리 심장을 몸 바깥에 두셨을 것이다.

☐ 20. 나의 강한 겉모습 속에는 부드럽고 사랑스러운 마음이 있다.

· **Key Word**

적극적, 보호자, 리더, 임기응변, 직설적, 주도적, 분노 조절 실패, 기업가

· **8번 유형인 사람들**

마틴 루터 킹, 무하마드 알리, 잭 웰치

## 건강할 때

이들은 훌륭한 친구이자 탁월한 리더이며, 스스로 싸울 힘이 없는 사람들의 챔피언이다. 이들은 남들은 불가능할 것이라고 말하는 것을 해내는 체력과 용기, 지성을 가지고 있다. 또한 적합한 때에 올바른 방법으로 힘과 권력을 사용할 줄 알며, 다른 사람들의 공헌을 제대로 평가하고 인정하며 그들과 협력한다. 이들은 인간이 가진 취약성을 이해하고 때때로 그 연약함을 포용한다.

## 보통일 때

이들은 협상하기보다 힘으로 밀어붙이려는 경향이 있다. 그리고 이원론적으로 사고하기 때문에 좋은 사람과 나쁜 사람, 올바른 견해와 잘못된 견해, 밝은 미래와 황량한 미래, 이런 식으로 구분하기 좋아한다. 또한 자신을 정서적으로 보호하기 위해 상황을 주도적으로 이끌거나, 따라가기 위해 애쓰거나, 누군가를 공격하는 편이다. 대다수 리더 가운데는 이 8번 유형이 많은데, 사람들은 거의 또는 전혀 주저하지 않고 이들을 따른다. 이들은 우유부단하거나 체중 조절을 못하는 사람들에 대해서 참지 못한다.

**건강하지 못할 때**

건강하지 못한 8번은 배신당할 것이라는 생각에 사로잡혀 있다. 의심이 많고 다른 사람을 쉽게 믿지 못하기 때문에 오해가 생기거나 뭔가가 어긋나면 복수하려고 한다. 이들은 현실을 바꿀 수 있다고 믿으며, 자신만의 규칙을 만들거나, 다른 사람들이 그것을 같이 따르기를 기대한다. 8번은 뭔가를 창조하는 만큼이나 뭔가를 파괴한다. 이 세계가 사람들이 사용할 수 있는 물건 같은 것이라고 받아들이며, 다른 사람들의 기여는 거의 또는 전혀 가치가 없다고 믿기 때문이다.


## ❧ 내 딸이 8번 유형이다


처음 내슈빌로 이사 갔을 때, 새로 사귄 이웃에게 저녁 초대를 받았다. 저녁을 먹으면서 열세 살 된 우리 아들 에이단(Aidan)은 하교 길에 차에서 들었던 NPR(미국 공영 라디오 방송)의 〈세상 모든 이야기〉(All Things Considered)라는 프로그램 이야기를 시작했다. 에이단이 채 세 문장도 말하기 전에 중년 남성 하나가 테이블 맞은편에서 불쑥 튀어나와 외쳤다. "NPR을 듣는 놈들은 스키니진 차림에 라떼를 홀짝이면서 정향 담배를 태우는 힙스터(1950년대 기성사회에 대해 강한 소외감을 품은 사람들)야."

그의 얼굴이 점점 붉어지자 에이단의 눈도 커졌다. 에이단은 우리 공동체가 정치적으로 대개 보수인 사람들의 편이라는 것을 아직 알지 못했다. 그리고 에이단은 일부가 NPR이 아이비리그에서 교육받은 좌파

애들이나 보는 것으로 간주된다는 사실도 알지 못했다. 잠시 후 그 이웃은 좌파에 대해 쓸데없이 장황하게 말을 늘어놓기 시작했다. 지구 온난화는 자본주의를 멸망시키기 위해 지어낸 이야기라는 둥, 이슬람법을 도입하려는 대법원의 계획이 있다는 둥, 강아지 공원에서 자신의 투견 핏불을 위해 권총을 휴대할 수 있는 권리가 있어야 한다는 식의 이야기들이었다.

방 안 가득 어색한 침묵이 감돌았다. 내가 에이단을 변호하기 위해 뭔가를 이야기하려던 순간 내 딸 케일리가 앉아 있던 근처에서 목을 가다듬는 소리가 분명하게 들렸다. "폭격수한테로  안내하고 폭탄을 투하할 문을 열어."

이번에는 내 딸 케일리가 직접적인 표적이 되었다. 그들은 내 딸에게 수사학적인 병기를 떨어뜨릴 참이었다. 나는 "도망쳐. 폭탄이 떨어진다. 어서 도망 가!"라고 소리를 지르려 했다. 하지만 그럴 시간이 없었다. 나는 그냥 이 상황을 하나님께 맡겼다.

그 당시 케일리는 수준 높은 교양 수업으로 명성이 자자한 미들버리 대학(Middlebury College)의 졸업반이었다. 22세의 이 대학생은 매우 똑똑하고, 어리석은 짓을 하는 사람들을 용납하지 않는, 특히나 자기가 사랑하는 이를 건드리는 사람들에 대하여 참지 못하는 성격의 소유자였다.

케일리는 무릎에 있던 냅킨을 들어 입가를 가볍게 두드리더니 그것을 다시 고이 접어 접시 옆에 놓았다. 그러고는 남동생을 때려눕힌 남자를 향해 고개를 돌렸다. "지금 농담하시는 거죠?" 케일리는 먹이를 포착한 표범처럼 그 사람을 노려보면서 말했다.

그 남자는 눈썹을 치켜뜨더니 다시 되물었다. "뭐라고?" 안타깝게도 그는 지금 지옥의 문이 열렸음을 깨닫지 못했다. 케일리는 테이블에 앉은 우리 모두를 바라보면서 서커스 단장이 광대에게 대포를 쏘듯 그 남자에게 제스처를 취했다. "여러분, 여기에 보수적인 라디오가 전하는 모든 내용을 아무런 비판 없이, 들리는 대로 믿는 또 한 분의 극우파가 계시네요."

그 남자는 불편하게 자세를 고쳐 앉으며 콧방귀를 꼈다. "젊은 학생, 나는 …."

케일리는 교통경찰이 차량의 흐름을 저지하듯이, 손을 들어 그 말을 막더니 그가 주장하는 바의 모든 약점을 밝힌 뒤 아주 박살을 냈다. 케일리의 비판은 수그러들 줄 모르고 이어졌다. 몇 분 후 나는 내가 나서서 이 사태를 끝내야 한다는 도덕적인 의무감 같은 것을 느꼈다. "네 생각을 말해 줘서 고맙구나, 케일리."

"선생님, 다음부터는 생각 없이 내뱉지 마시고 요점을 짚어서 말씀해 주세요. 저희가 제대로 알아들을 수 있도록 말입니다." 케일리는 현란한 공격으로 그 남자의 코를 완전 납작하게 만들어 버렸다. 그러고는 접었던 냅킨을 다시 펴서 무릎에 얹더니 "저기 소금 좀 건네 주실래요?"라고 말한 뒤 식사를 이어 갔다.

케일리는 에니어그램의 8번 유형이다.

# ❋ 8번의 중대한 죄

로마까지 진출하여 그들을 약탈한 알라리크(Alaric) 왕과 서고트족처럼 8번은 공격적이고, 대립적이며, 고압적인 방식으로 삶을 대한다. 이런 특성 때문에 우리는 8번을 '모험가'라고 칭한다.

### '욕망'이란 치명적인 죄에 빠지다

8번의 치명적인 죄는 욕망이다. 이것은 성적인 것을 말하는 것이 아니다. 8번은 강렬함에 대한 강한 욕구가 있다. 이들은 높은 전압을 가진 사람들이며 에너지가 넘치는 곳이면 어디든 움직이고 싶어 한다. 그러다 아무것도 찾지 못하면 스스로 흥밋거리를 만들어 낸다. 8번은 에니어그램의 다른 어떤 번호보다 많은 에너지를 가진 사람들이다. 그들은 술집에서 마지막 한 방울까지 단숨에 들이킨 뒤 잔을 꽝 하고 내려놓고도, 바에 있는 다른 사람들을 위해 2차를 뛰는, 불타오르는 열정을 가진, 전속력으로 질주하는 사람들이다.

### 삶의 모든 도전에 열광하다

한 무리의 남자들이 요가 교실의 라커룸에 빙 둘러서서 남자가 요가를 하는 것이 얼마나 머쓱한 일인지 투덜대는 모습을 상상해 보라. 그런데 그때 근육질의 드웨인 존슨('The Rock'이라는 링네임을 가진 미국의 프로레슬링 선수-역주)이 수건을 걸친 채 그들의 모습을 흘깃 쳐다보면서 지나간다. 남자들은 놀라움으로 입을 다물지 못한 채 얼른 바닥에 엎드려 이렇게 말할 것이다. "이런, 내 콘택트렌즈가 빠졌어. 어디 있는지 보여?" 모두 이해했을 것이다.

8번이라고 해서 모두가 큰 소리로 말하거나 대화할 때 본론으로 들어가기 위해 손으로 공기를 가르는 무술 동작을 하는 건 아니다. 게다가 신체적으로 사람들을 위협하는 것도 아니다. 이런 것은 성격 유형이 아닌 일종의 고정관념이다. 8번의 특징을 규정하는 것은 그들이 가는 곳마다 방출되는 강력하고 넘치는 에너지이다. 그들이 내성적이든 외향적이든, 크든 작든, 남자든 여자든, 자유분방하든 보수적이든, 내가 알고 있는 모든 8번은 자신감이 넘치고, 두려움이 없으며 강인하다.

카잔차키스(Kazantzakis)의 소설 《그리스인 조르바》에 나오는 주인공 조르바처럼, 그들은 삶이 던지는 모든 도전에 열정을 다하는 흥미진진한 사람들이다.

영적으로 건강하고, 자기 인식을 잘하는 8번은 다른 사람들이 불가능하다고 말하는 일을 성취하길 좋아한다. 그들의 에너지가 제 방향으로 잘 사용될 때 그들은 역사의 흐름을 바꾸는 변화를 이끌어 낼 수 있다. 대표적 인물로 마틴 루터 킹을 떠올려 보면 이해가 될 것이다. 반면 자기 이해가 부족하고 영적으로 성숙하지 못한 8번은 아이들에게 주의를 줄 만큼 멀리하고 싶은 사람이다. 이오시프 스탈린 같은 사람이 그 예이다.

# 🦋 8번에 대한 모든 것

### 분노를 울타리 삼다

8번의 삶에서 지배적인 감정은 분노이다. 이들은 지독할 정도로 독립적인 사람들이다. 이들의 대립적인 에너지는 강해지고 싶은 필요와 권력에 대항하는 것으로 표현된다. 이들은 다른 사람들이 그렇지 않다는 것을 증명할 때까지는 사람들을 신뢰할 수 없다고 생각한다. 따라서 분노가 그들의 주된 감정이라는 것은 당연하다. 이 감정은 표면과 아주 가까이 있어서 마치 실내 난방기가 열을 내듯 발산된다. 이들은 분노에 접근하는 것이 아주 용이하다. 따라서 보통 수준의 8번은 결과에 대해 미리 생각하지 않고 사람들에게 성급하게 화를 내거나 기선을 제압한다. 하지만 이들의 번득이는 분노는 자신들의 약점이나 취약성을 인정하거나 드러내는 것을 피하려는 무의식적인 방어 기제이다.

8번에게 분노는 일종의 울타리와 같다. 그들은 순수하고 열린 마음을 가졌을 때의 부드럽고 여린 아이의 감정을 다른 사람들에게 내보이기 원치 않는다. 그것을 뒤로 숨기고 보호하는 방편으로 분노를 사용한다.

### 모 아니면 도

8번에겐 불빛의 밝기를 조절하는 조광기 대신 온-오프의 스위치만 있다. 따라서 칠흑같이 어둡거나 환하거나 둘 중 하나이다. 아주 흥하거나 망할 뿐 중간은 없다. 이들은 자신의 동물적인 욕구를 표현하고, 누군가의 강제나 제한 없이 자신들의 식욕을 만족시키기 원한다. 이처럼 충동적이며 삶에 대해 '이것 아니면 저것' 식으로 접근하는 태도는 제멋대로이거나 뭔가에 과도한 이들의 성향을 보여 준다. 이들은 과도하게 일하거나, 지나치게 자주 파티를 열거나, 과식을 하거나, 운동 광이 되거나, 과소비를 하는 등 무슨 일을 하든 넘칠 수 있다. 8번에게는 지나치게 좋은 것이면 충분하다. 8번 유형의 내 친구 잭이 좋아하는 말처럼 말이다. "해볼 만한 가치가 있는 일이라면 무리해서라도 할 만한 가치가 있지."

## 갈등은 관계의 연결고리다

다혈질에 열정적이며 전투적인 8번의 에너지는 8번이 아닌 사람들에게는 위협적이며 압도적으로 느껴질 수 있다. 대부분의 사람들은 파티에 가면서 잔뜩 기대에 부풀어 있다. 파티는 기가 막히게 말을 잘하는 하버드대학의 토론 그룹의 회장과 설전을 벌이는 자리가 아니다. 재미있는 사람들과 만나 즐겁게 이야기를 나누는 유쾌한 모임이다. 이 말을 개인적으로 받아들이지 말라. 이상하게 들리겠지만 당신에게는 협박처럼 느껴지는 것이 8번에게는 친밀하게 느껴진다. 이들에게 갈등은 곧 연결의 끈이다.

내가 경험한 바에 따르면 8번은 자신을 화난 사람으로 보지 않는다. 사실 그들은 다른 사람들이 자신들을 위협적이고 무뚝뚝하며 군림하려는 사람처럼 받아들인다는 것을 깨닫고는 진심으로 놀란다. "매년 연례 보고 및 검토를 할 때면 똑같은 피드백을 받아요."

8번 유형이자 전 내슈빌 음반사의 이사였던 짐(Jim)은 내게 이렇게 말했다. "우리 사장님은 영업에 대해서 내가 압도적으로 잘한다고 칭찬하지만 직원들은 내게 끊임없이 불평을 하죠. 내가 거만하고 퉁명스럽고 자신들의 아이디어를 함부로 취급한다고 말이에요. 솔직히 저는 주변 사람들이 그렇게 느끼고 있었는지 전혀 몰랐어요."

8번은 스스로를 정직하다고 생각하며, 인생의 문제가 들이닥쳤을 때 얼굴을 맞대고 툭 터놓고 솔직하게 이야기하며 항상 모든 것을 맡길 수 있는 사람이라고 생각한다.

감사하게도 8번은 정의와 공정함에 관심이 많다. 이들은 과부나 고아, 가난하고 소외된 사람들의 열렬한 지지자들이다. 그리고 권력자들에게 스스럼없이 진실을 말하는 사람들이다. 아마도 이들은 에니어그램의 유형 중에서 이 세상의 압제자나 독재자와 맞서 그들을 끌어내릴 만큼 용감한 유일한 번호이기도 하다. 딸 케일리의 페이스북을 방문해 보면 분명 최근의 이슈들을 놓고 투쟁하며 시위하는 모습을 발견할 수 있을 것이다. 더 이상 경찰 폭력이 있어서는 안 된다거나 최저 임금을 인상해야 한다는 주장, 또는 화석 연료를 생산하는 회사들로부터 대학을 박탈해야 한다는 것 등이다. 귀여운 고양이 같은 사진을 찾는다면 다른 곳을 둘러봐야 할 것이다.

8번이 정의나 공정함에 관심이 많고 희생자를 옹호해 주는 것에 탁월하기는 하지만 여기에는 또 다른 드라마가 있다. 어렸을 때 무력함의 부정적인 결과를 목격했거나 경험한 8번이라면 쉽게 약한 사람들을 괴롭히고 그들에게 달려든다. 정의에 대한 이들의 관심은 이들이 슈퍼 히어로의 역할을 하는 한 멈추지 않는다. 이들은 망토와 스타킹을 신고 무방비 상태의 세상에 나가 정의의 저울을 되돌리는 수호자의 역할을 주저하지 않는다. 이 유혹은 통합적 사고를 가진 사람들보다 이원론적 사고를 가진 8번에게 특히나 자주 일어난다. 이들은 사물을 볼 때 흑과 백, 좋은 것과 나쁜 것, 공정과 불공정으로 바라본다. 사람을 대할 때도 친구 또는 적, 약하거나 강한 사람, 세상물정에 밝은 사람 또는 잘 속는 사람으로 구분한다.

8번의 머릿속에서는 팩트(fact)가 있어야 의견이 있다. 이들은 각종 이슈에 관한 자신의 관점이나 입장이 반박할 수 없을 만큼 전적으로 옳다고 믿는다. 이들은 무언가에 대한 미묘한 견해 같은 건 취하지 않는다. 분명하고 명쾌하며 확실한 자신의 입장이 없다는 것은 나약함, 또는 하나님이 금하시는 비겁함을 나타내기 때문이다. 이들에게 당신의 생각을 납득시키고 싶다면 짐 가방에 잠옷을 싸야 할 것이다. 긴긴 밤을 새워 설득해야 할 테니까 말이다. 8번은 빈 집에서도 논쟁을 시작할 수 있다. 구식이긴 해도 좋은 말다툼은 이들에게 대어를 잡을 기회를 준다. 그리고 예전에 8번이 약하다고 믿었던 사람들을 환상에서 깨어나게 해 준다.

8번은 진실함의 가치를 안다. 그래서 서로 코를 맞대고 부딪쳐서 사실을 밝히는 것이 중요하다고 믿는다. 이들은 사람들이 서로 툭탁거리며 싸울 때 속마음을 보여 주리라는 것을 안다. 직접 대면하고 부딪쳐야 천막 뒤에 진짜로 일어나는 일이 무엇인지 알 수 있고, 사람들의 진짜 의도나 숨겨진 의제를 끄집어 낼 수 있으며, 그들의 입장에 대해 지지나 신뢰를 실어 줄 수 있다고 생각하는 것이다.

각 번호는 그 번호만의 고유한 의사소통 방식이 있다. 각 번호의 대화 방식을 아는 것은 다른 유형에 대한 통찰력을 제공할 뿐 아니라 자신의 고유 번호가 무엇인지 좁히는 데도 도움이 된다. 8번의 대화 방식은 명령을 내리는 식이다. 이들이 종종 쓰는 화법은 명령법이며 문장의 마지막은 느낌표로 끝난다.

대부분의 사람들은 갈등을 겪을 때 기운이 솟아난다고 느끼지 않는다. 반면 8번은 갈등을 통해 에너지를 얻는다. 명절 식탁에서 사람들의 대화가 따분하게 전개되는 것 같으면 8번은 사람들 몰래 휴대전화를 꺼내 식탁 밑에서 이메일을 확인할 것이다. 그들은 매 순간 흥미로운 것을 찾기에 여념이 없다.


## ❧ 8번의 어린 시절

그렇다면 이러한 본성의 힘은 어디에서 온 것일까? 수잔과 나는 8번에게서 다음과 같은 공통적인 이야기를 들었다. 이들은 자라면서 자신의 삶뿐 아니라 종종 다른 사람들의 삶도 책임져야 한다는 부담을 떠안았다. 그래서 일찌감치 자신의 순수함이나 어린이다움을 포기한다. 어떤 경우에 8번은 불안정하거나, 억세고 거친 것이 칭찬이나 보상으로 주어지는 환경에서 양육되었다(내 딸에게는 적용되지 않는 사항이다. 내 딸은 에덴에서 자랐다). 또 어떤 경우는 학교에서 따돌림을 많이 당해서 결국 자기 외에는 아무도 믿을 수 없게 되었다고 고백하기도 한다. 물론 8번의 어린 시절 가운데 이러한 분투나 몸부림의 경험이 있을 수도 있고, 없을 수도 있다. 어린 시절에 겪은 이야기만으로 자신의 번호를 단정하지 말라. 그런 경험이 없었다 하더라도 당신이 8번일 가능성은 얼마든지 있다.

근본 원인과 상관없이, 어린 시절의 8번은 다음과 같은 상처의 메시지를 받아들였다. "세상은 강한 자만이 살아남는 불안하고 적대적인 곳이며, 약하거나 순진한 사람들은 감정적으로 얻어맞거나 배신당한다. 그러므로 무장을 갖추고 자신의 연약한 면을 절대로 내보여서는 안 된다."

8번은 배신당할 걱정을 많이 한다. 그래서 대다수의 8번은 평생 동안 아주 적은 무리의 친구 외에는 신뢰하지 않는다. 조금씩 나이가 들면서 8번은 자기 주변에 샌드 박스(공격 대상)와 집(믿을 만한 것)이 있음을 본다. 그들은 '힘이 정답'인 세상에 두 가지 부류의 사람(지배자와 복종하는 사람)만이 존재한다고 생각한다. 이들은 약한 아이들이 자신들의 추종자가 되어 "친구야, 난 아니야"라고 맹세하는 일에 익숙하다. 당신은 그들을 쳐다보면서 말할 수 없다. 하지만 8번은 자신들이 지배자가 되어야 한다고 느끼지는 않는다. 이들은 다만 누군가에게 지배당하고 싶지 않을 뿐이다(이 마지막 문장은 매우 중요하다. 나는 일 년 동안 아침 알람을 니켈백의 락스타 노래로 설정했다. 이 말을 다시 읽고 잘 기억해 두라. 이 구별을 이해하지 못하면 8번을 온전히 파악할 수 없다).

8번의 어린 시절 이야기는 수잔의 딸 조이에 관한 이야기가 가장 적절하다. 조이가 다섯 살 때, 조이가 다니던 어린이집 원장에게서 조이에 대한 음성 메시지가 왔다. 아이를 키워 본 사람이라면 다들 눈치 챘겠지만 이런 전화가 의미하는 것은 아이가 레고 박스에다 토를 했거나, 뭔가 중요한 것이 필요하다거나, 당신이 지독히 한심한 부모가 되는 일이 있거나, 어떤 이유로 아이를 어린이집에 등원시키지 말라는 것이다. 아니면 선생들이 지속적으로 어르고 달래도 반복적으로 친구들을 물어서 입마개가 필요한 경우일 수도 있다. 어떤 경우가 되었건, 원장 선생님과 얼굴 마주하는 일을 피할 수 없다.

하지만 놀랍게도 이런 전형적인 문제 때문에 연락이 온 것이 아니었다. 수잔은 조이가 주초에 톰슨 원장님과 약속을 잡았다는 말을 듣고는 적잖이 당황했다. "수잔, 상상하셨겠지만 사실 이제껏 한 번도 다섯 살짜리가 저희에게 공식적인 만남을 요청한 적은 없었어요." 톰슨 원장이 일의 자초지정을 설명했다. "제 비서가 뭘 해야 할지 몰라서 미리 약속을 잡았어요."

"조이가 무슨 일로 원장님과 만나고 싶어 했나요?" 수잔이 물었다.

"글쎄 조이가 사무실로 들어오더니 먼저 자리에 앉자고 하더군요. 그래서 저는 앉고 조이는 저랑 눈높이를 맞추려고 서 있었어요. 조이는 제게 자기가 가져온 파일을 건네며 이렇게 말했어요. '톰슨 원장님, 저를 만나 주셔서 감사해요. 제가 문제가 좀 있어서 선생님과 이야기를 했는데 그다지 도움이 되지 않았어요. 대부분의 아이들이 낮잠을 자야 한다는 것은 저도 잘 알아요. 하지만 저는 낮잠을 자지 않아요. 그러니까 낮잠 시간에 제가 심심하게 누워 있는 것보다 다른 걸 하면 안 될까요?'"

톰슨 원장은 온통 금색 별이 붙어 있는 조이의 파일을 수잔에게 주었다. 조이는 톰슨 원장에게 자신이 완벽한 자격을 갖추었고 뛰어난 계획을 가지고 있음을 호소하기 위해 금색 별로 가득한 자기 파일을 보여 준 것이었다. 낮잠도 자기 싫고, 수행한 과제들도 완벽했기 때문에, 조이는 그 시간 동안 선생님들을 도와 서류 작업을 했다.

"그리고 저한테는 한 시간에 1.47달러만 주시면 돼요." 조이는 자신의 키를 더 커 보이게 하려는 듯 허리를 꼿꼿이 펴며 말했다.

"수잔, 조이에게 돈을 줄 수는 없어요. 그건 법에 위배되는 일이거든요." 원장은 이야기를 마치며 말했다.

"조이에게 단지 안 된다고만 말씀하셨어요?" 수잔이 물었다.

수잔이 난색을 표한 것은 톰슨 원장이 그럴 가능성조차 고려하지 않아서였다. 조이는 자신의 제안이 원장님께 선택 사항이 될 거라고는 생각조차 못했을 것이다.

이 이야기의 요점은 8번이 깡패 같다거나 대장이 되어 앞선다는 것이 아니다(사실 매우 건강하지 못한 수준일 때가 아니라면 이런 특징을 보이지 않는다. 그 누구도 두려워하지 않는 8번이 이렇게 행동하는 것은 자신의 두려움을 덮고 보상하기 위해서다. 정의에 대한 관심과 불우한 사람들을 보호하고 방어하려는 본능적인 욕구 때문에 8번은 오히려 불량배들에게 용감히 맞선다). 이것은 8번 안에 깊이 뿌리 내린 본성을 잘 보여 준다.

조이처럼, 8번 유형의 어린이들은 종종 또래 무리보다 앞서서 독립적으로 행동하기를 원한다. 이 아이들은 대부분의 성인들이 자신을 신뢰하는 것보다 더 많이 자신을 신뢰한다. 그리고 여러 도전 과제에 직면하여 그 일들을 해내기 위한 충분한 힘을 갖고 있다.

젊은 시절의 8번은 한계 앞에서 순응하기도 하지만 그 동기는 누군가에게 기쁨을 주기 위해서가 아니다. 오히려 좋은 행동을 통해 더 많은 자유와 독립을 보상받기 위해서다. 이들은 순응하고 따를 필요를 느끼지는 않지만 규칙을 따르는 것이 자신들에게 유리하다는 것을 알고 있다.

그리고 그 누구도 주도권을 잡지 않았다고 생각되면, 문자 그대로 그 역할을 받아들인다. 그리고 대개는 훌륭하게 그 일을 해낸다. 마치 사람들이 나의 딸 케일리를 볼 때 부모가 괜찮은 사람이라고 합리적으로 유추할 수 있듯이 케일리는 그에 알맞는 행동을 한다. 우리는 케일리에게 이렇게 말하곤 한다. "우리가 바라는 바를 어쩜 그렇게 잘 알고 있니?"

이들의 독립심과 자존심이 가진 단점은, 불행히도 너무 이른 시기에 자신들의 순수함을 잃어버린다는 것이다. 그리고 나중에 그것을 되찾고 싶어도 그러기가 쉽지 않다. 이들은 어린 시절의 동의어와도 같은 열린 마음(다른 사람들의 경우)을 어느 정도 회복할 필요가 있다. 또한 자신의 인생에서 안전하다고 느끼기 위해 뭔가를 책임지거나 통제하지 않아도 되었던 때를 기억할 필요가 있다.

그때 자신을 보호하기 위해서 다른 사람을 신뢰할 수 있을 것이다. 그리고 실수와 약점을 통해 우리가 배울 수 있는 교훈이 무엇인지도 알아야 한다. 그것은 사과의 가치, 용서의 경험, 또 다른 리더를 따름으로써만 배울 수 있는 교훈 등이다. 이들이 가진 대담함이 발전의 과정에서 다듬어지지 못하거나 선을 위한 힘으로 전환되지 않는다면, 나중에는 세상을 향해 저항하고 대립하는 모습으로만 만개할 수도 있다.


## ✿ 8번의 인간관계


나는 8번 유형의 사람들을 진심으로 사랑한다. 그래서 그들과의 관계는 세상 그 어떤 것과도 바꾸지 않을 것이다. 이 말은 8번들이 관계에서 쉬운 사람들이라는 의미가 아니다. 단지 그들과 친구가 되고 파트너가 되기 위해 우리가 쏟아야 할 관심과 에너지가 그만한 가치를 가진다는 뜻이다.

## 사람들과 즉각 맞서다

8번은 힘을 숭상한다. 이들은 만약 당신이 맞붙을 마음이 없다면 당신을 존중하지 않을 것이다. 8번은 다른 사람들이 자신들과 동등하기 원하며 그들이 자기주장을 펼치기 바란다. 8번이 가슴을 치며 당신을 밀어붙이려 할 때 당신이 해야 할 마지막 반응은 백기를 드는 것이다.

한번은 8번 유형인 지인 가족들이 저녁 식사를 하려고 우리 집에 왔다. 어릴 때부터 우리 집을 제집 드나들듯 했던 에드는 내 유아기를 직접 지켜봤다. 나는 그를 아버지처럼 따르고 사랑하지만 대하기 쉽지 않은 면도 많다. 그의 기억에 의하면 나는 디저트를 먹으며 〈버드맨〉(Birdman) 영화를 정말 재미있게 봤다고 말했다.

"그 영화는 너무 엉망이야." 그가 입을 열었다. "길기도 너무 길고, 기본 전제도 바보 같고, 마이클 키튼도 예전 같지 않아. 〈버드맨〉이 좋은 영화라고 말하는 사람들을 도대체 이해할 수가 없어." 그는 펜싱을 하듯 포크를 휘저으며 말했다.

대부분의 8번과 마찬가지로, 에드는 "발사, 조준, 준비"라는 규칙에 따라 살아간다. 그는 먼저 말하고 나중에 생각하는 현실적인 사람이다. 농담이 아니다. 수년에 걸쳐 에드가 이렇게 불도저로 나를 밀고 갈 때면 나는 벗겨진 도로를 다시 수습하고 내 감정을 툭툭 털어 버리곤 했다. 하지만 에니어그램의 교사이자 학생으로서 나는 전쟁터에서 그와 만났을 때 어떤 일이 일어나는지 지켜보기로 결심했다.

"저기, 누구세요? 로저 에버트(할리우드를 대표하는 영화 평론가-역주)라도 되세요?" 나는 손바닥으로 테이블을 짚고 목소리에 힘을 실으며 그에게 말했다. "대본은 훌륭했고, 감독도 흠잡을 데 없었어요. '마이클 키튼이 아카데미상 후보에 오른다'에 50달러 걸게요. 버드맨이 나쁜 영화라고 말하는 사람들을 도대체 이해할 수가 없네요."

"뚜세(펜싱에서의 유효 공격-역주)." 두 사람이 치른 잠깐 동안의 접전은 마치 드라마 중간에 나왔다 사라지는 광고와 같았다. 이것이 8번과 함께 있을 때 일어나는 일이다. 당신이 자신의 입장을 끝까지 붙들면 그들도 그것을 존중해 줄 것이다. 한 차례 대치가 끝나면 마치 아무 일도 없었던 것처럼 예전처럼 돌아올 것이다.

### 있는 그대로의 진실을 원하다

만약 당신이 오랫동안 그들과 가깝게 지내길 원한다면, 절대로 거짓말을 해서는 안 된다. 혼동을 주는 메시지를 보내서도 안 된다. 당신은 반드시 사실을 말해야 한다. 부분적인 사실이 아닌 모든 사실을 가감 없이 말해야 한다. 정보는 힘이다. 따라서 8번은 모든 사실을 알기 원한다. 한 예로, 좀 전의 예로부터 15년이 지난 후의 수잔과 조이에게로 가 보자.

대학교에서 집으로 돌아오는 길에 조이는 끔찍한 교통사고를 당하게 되었다. 조이의 어깨는 골절되었고, 고관절은 탈구되었으며, 심한 타박상을 입었다. 조이가 수술실에 들어가기 직전, 수잔은 딸의 모습을 보고 엄청난 충격을 받았다. 마치 두들겨 맞은 듯 온몸에 멍이 들었고, 얼굴 또한 자갈밭을 구른 듯 반반한 데가 없었기 때문이다. 눈물을 참으며 조이가 말했다. "엄마, 내가 그렇게 흉해 보여요?"

"그래, 우리 딸. 몰골이 정말 끔찍하구나." 수잔이 말했다. 곁에 있던 간호사의 입에서 '허걱' 하는 소리가 터져 나왔다. 수잔의 말에 의하면, 그것은 일종의, 여성들이 자신의 비판을 의도적으로 드러낼 때 내뱉는 소리라고 한다. 그 소리가 클수록 비판의 강도도 커지는 것이다. 하지만 수잔은 8번 유형의 사람이 언제나 진실을 원한다는 것을 알았기에 사실을 은폐하지 않았다. 8번은 자신들을 보호하기 위해 진실을 숨기거나 기분 나쁜 세부 사항들을 슬쩍 빼 버리는 것을 원하지 않는다.

8번의 마음에는 위험한 것들로 가득 차 있다. 만약 그들이 진실을 모른다면 그것은 무슨 일이 일어나고 있는지 알지 못한다는 것이고, 만약 무슨 일이 일어나는지 모른다면 그 말은 곧 제어할 수 없다는 것이다. 뭔가를 제어할 수 없는 상황은 8번이 결코 원하지 않는 것이다. 만약 당신이 8번과 관련된 아주 작은 정보라도 비밀에 부친다면 이들은 자신이 바람에 펄럭이며 위험하게 노출된 채로 남겨졌다고 느낄 것이다. 한 번 신뢰를 잃으면 그것을 되찾기까지 오랜 시간이 걸리기 때문에 누구라도 8번의 신뢰를 잃고 싶지 않을 것이다. 이들은 항상 진실의 길로 인도되기 바란다.

## 보스를 꿈꾸다

8번은 자신이 어쩔 수 없는 상황에 놓이는 걸 원하지 않는다. 이들이 웬만해서는 미안하다고 말하지 않는 이유이기도 하다. 만약 당신이 이들의 말이나 행동 때문에 상처 받았다고 말했다면, 도리어 너무 민감하다면서 당신을 비난할 수도 있다. 그래서 문제를 더 악화시키기도 한다. 일이 잘못되어 갈 때, 자기 인식이 부족한 8번은 자신이 저지른 실수를 책임지기보다 재빠르게 다른 사람들을 탓한다. 영적으로 미성숙한 8번에게는 잘못을 인정하고, 양심의 가책을 표현하는 일이 곧 신의 약함을 공언하는 것과 같다. 8번은 만약 자신이 스스로의 행동을 자백하거나 사과했다가 당신이 나중에 그 일을 끄집어내 이용하지는 않을까 걱정한다. 그나마 위안이 되는 것은, 만약 8번이 마음의 침묵 속에서 자신이 사랑하는 누군가에게 상처를 주었다는 것을 깨달을 때는, 스스로를 무자비하게 채찍질한다는 것이다(자신이 정말 잘못했다고 확신한다면).

'보스'를 꿈꾸는 8번은 언제나 당당하고 명령 내리기를 좋아한다. 당신이 브레이크를 걸지 않는다면 이들은 모든 소유와 가족 행사, TV리모컨에서 통장까지 주도권을 쥐려 들 것이다. 이들은 지나칠 정도로 광범위하게 자신을 확장시키기 때문에 당신이 자리한 곳으로 걸어 들어와, 마치 점령 세력과 같이 환경을 통제하려 든다. 그것도 수분 안에 굵은 목소리와 과장된 몸짓, 불필요한 듯 보이지만 강력하게 의견을 제시하면서 말이다.

8번은 "불평하지 말 것, 설명하지 말 것"이라는 말을 즐겨 한다. 이들은 변명하지 않으며, 남들도 그러지 않을 것이라고 기대한다. 만약 당신이 8번 유형과 낭만적인 관계에 있다면, 자신이 누구인지 알고 독립적인 사람이 되어야 한다. 8번은 당신 때문에 진이 빠지는 걸 원치 않는다. 그들은 사람들이 누군가의 에너지가 아닌 자신의 에너지를 끌어다 쓰기 원한다. 이들은 토론과 위험한 모험을 즐기며, 사람들을 열 받게 만드는 것도 좋아한다.

8번이 사람들에게 자신의 뜻을 강요하는 것은 다시 말해 이들에게 도움과 조언을 줄 친구와 파트너가 꼭 필요하다는 반증이다. 지금까지 배웠듯이 분노형(8번, 9번, 1번)을 특징짓는 트레이드마크는 '자기 망각'이다. 어린 시절의 순수함을 망각하는 것에 더해 8번이 곧잘 잊는 것 가운데 하나는 자신들이 무적의 슈퍼 인간이 아니라는 사실이다. 많은 8번은 자신을 실제보다 더 크고 강하다고 느끼기 때문에 자기 몸에 지나친 요구들을 더하거나 위험할 정도로 건강과 웰빙을 추구한다. 당신은 항상 8번에게 이 사실을 상기시켜 주어야 한다. 8번은 중용과 절제가 자신들을 구속하는 명령이 아니라 미덕이라는 것을 늘 인지해야 한다.

### 숨겨진 부드러움이 있다

만약 당신이 운 좋게도 8번 친구를 두었다면 그들의 모든 강렬함과 분노의 에너지 아래에 부드러움과 사랑이 넘치는 가슴이 있다는 것을 알 것이다. 8번은 친구를 위해서라면 달리는 기차도 멈추게 하고, 소중한 사람들을 지키기 위해서는 날라 오는 총알이라도 받아 낸다.

8번이 부드러움을 드러내거나 당신에게 자신의 취약한 감정이나 생각을 나눈다면 자랑스러워 해도 좋다. 8번이 가진 가장 큰 문제는 그들이

'취약성'과 '약점'을 혼동한다는 것이다. 그래서 이들은 다른 사람들이 자신들의 연약함을 볼까 봐 경계를 늦추지 않는다. 또한 사람들이 자신들의 깊은 갈망을 이해하거나 사랑해 주지 못할까 봐 두려워한다. 이런 이유로 8번은 종종 에니어그램의 감정형(2번, 3번, 4번)에게 끌린다. 그들은 분노형과의 접촉을 통해 이들을 돕고 자신들의 애정을 겉으로 표현한다.

8번은 자신만의 잠재력을 알아차리고 실현하려는 사람들을 기꺼이 돕는다. 이들은 힘을 실어 주는 방법을 알고 있으며 사람들 안에 있는 최선을 끄집어낼 줄 안다. 그리고 사람들이 자신들이 원하는 인생을 살 수 있게 그들을 막아서거나 저지하기도 한다. 그들은 당신에게 목표 성취를 위해 얼굴을 내밀고 자신의 150퍼센트를 쏟으라고 독려한다. 만약 당신이 8번의 요청에 응답하지 않는다면, 한번은 응원하겠지만 다음에는 곧 다른 사람을 찾아 자신들의 노력을 쏟아 붓는다.

8번은 건강한 공간에 있을 때 그 에너지가 폭발한다. 그래서 잘 웃고, 사람들을 즐겁게 하며, 배꼽을 잡을 정도로 유쾌한 농담을 한다. 하지만 이들은 진지한 경쟁자들이기도 하다. 윔블던의 결승전이 되었건 앞마당에서의 크로켓 경기가 되었건, 이들과 경기를 겨룬다면, 당신은 8번이 이기고 싶어 하는 것만큼이나 지기 싫어한다는 것을 발견하게 될 것이다.

### 적대감은 관계를 틀어지게 할 수 있다

에니어그램은 우리가 지닌 해결책이 종종 우리가 가진 문제보다 더 엉망이라는 것을 잘 보여 준다. 8번은 정기적으로 권위를 시험하거나, 지나치게 둔하거나 무감각한 모습을 보이며, 대립적인 태도로 행동하고,

자신의 관점이 항상 옳다고 주장하며, 충동적인 모습을 보이곤 한다. 이런 모습 때문에 8번은 공격으로부터 자신을 보호하지 못하거나, 자신들의 지배권을 장악하지 못하거나, 정서적으로 손해나 배신감을 경험하게 된다.

사람들은 영적으로 미숙한 8번 때문에 자신들이 휘둘리거나 위협받는 느낌을 받고는 이내 이들에게 질려 버린다. 그래서 이들과의 관계에서 돌아서거나, 함께 힘을 합쳐 타도하거나, 사회적으로 배척할 수도 있다. 이런 일이 발생하면 8번은 안타깝게도 자신이 가졌던 최악의 두려움, 곧 세상은 본질적으로 위험하다는 것과 사람들은 믿을 수 없다는 것, 배신당할 수 있다는 가능성을 재확인한다.

8번은 "내가 당신을 신뢰할 수 있을까요?"라는 질문에 대한 답을 찾는 사람들이다. 그들은 하루가 끝날 때쯤 스스로의 방어막을 풀고 속마음을 드러낼 만큼 안전한 사람을 만나기만을 바란다.


## ❧ 일터에서의 8번

우리는 다양한 직업군에서 8번을 찾을 수 있다. 8번은 감탄할 만한 검사가 되기도 하고, 피고 측 변호사가 되기도 하며, 코치나 선교사, 사업가, 조직이나 단체를 만드는 사람이 될 수도 있다. 이들은 누군가의 통제나 제한에서 벗어나 자유로운 책임자가 되고 싶기 때문에 종종 스스로를 만족시킬 일을 한다.

고용인일 때, 8번은 엄청난 자산이 되거나 많은 일을 해낼 수 있다. 그리고 대개는 둘 다 해당된다. 당신 팀에 운 좋게도 8번이 있어서 그들이 성과를 잘 내길 바란다면, 의사소통의 통로를 열어 두고 갑자기 규칙을 바꾸거나 계획을 수정하는 일은 삼가라. 8번이 무척 놀라기 때문이다. 8번은 매우 직관적이며 자신의 감을 통해 세상을 읽는다. 따라서 멀리 떨어진 곳에서도 속임수나 불성실의 냄새를 맡을 수 있다. 8번이 당신을 신뢰하고 있다면 다 된 것이다. 그렇지 않다면, 항상 뒤를 조심해야 할 것이다.

8번은 항상 누가 권력자인지 알고 싶어 하며[12] 끊임없이 권위에 도전하고 그들을 시험하려 한다. 따라서 당신은 한계를 정하고 정기적으로 정직한 피드백을 제공하며, 명확하고 합리적인 경계를 설정해야 한다. 8번은 리더가 어디로 향하는지 명백하게 보이면 그들을 따를 것이다. 이들은 행동을 취하거나 일을 진행할 때 리더가 헌신과 투지가 부족하거나 미적거리는 것을 참지 못한다. 이들은 강력한 리더를 찾고 있다. 따라서 당신은 포기하지 말고 분명한 방향을 제시해야 한다. 또는 당신보다 더 적극적인 사람을 세워 그들을 책임지도록 해야 한다.

그리고 그들이 활동적으로 일할 수 있게 도와야 한다. 지루하거나 따분한 8번은 하루 종일 집이나 지키는 강아지와 같다. 그들은 바쁘게 움직이지 않으면 집 안에 있는 모든 물건을 물어뜯을 것이다. 하지만 당신이 막다른 골목에 처했을 때 같은 편이 되어 줄 사람은 8번이다. 그들은 창의적이고 영리하며 두려움이 없는, 아주 멋진 문제 해결사들이다. 그리고 확실하게 일을 끝낼 때까지는 바닥에서 잠을 청할 만큼 책임감이 강한 사람들이다.

　미국 기업은 8번을 숭배한다(3번도 수상자를 많이 배출했지만 아직 거기까지 나간 게 아니므로). GE의 회장이었던 잭 웰치(Jack Welch)도 그중 한 사람이다. 지나치게 직설적이고 솔직한 리더십으로 악명 높았던 그는 제너럴 일렉트릭의 가치를 몇 십 배로 성장시켜 놓았다. 하지만 지나친 구조 조정을 주도하면서 피도 눈물도 없는 '중성자 잭'(Neutron Jack)이라는 별명을 얻기도 했다(1번은 이것이 그에게 휴지기를 주었는지 궁금해 해야 한다). 그럼에도 불구하고 8번의 당당한 존재감과 무한한 에너지는 다른 사람들에게 자신감을 심어 주며 사람들로 이들을 따르게 만든다.


## ☙ 8번이 여성일 때


　8번에게 성별은 삶을 전개하는 데 꽤 중요한 요소다. 1960년대 중반, 아버지는 실업자였고, 집은 파산한 상태였다. 비가 오는 날이면 구멍난 신발 안으로 물이 들어와 신문지를 구겨 넣고 다녀야 할 정도로 궁핍했다. 가족들의 끼니를 해결하기 위해 8번인 어머니는 코네티컷 주 그리니치에 있는 작은 출판사의 비서로 일하셨다. 그 당시 출판 업계는 남성 중심의 학연이 장악하고 있었다. 여성들은 남성을 앞서기 위해서 지금처럼 유리 천장(보이지 않는 장벽의 은유적 표현)을 뚫는 것이 아니라 철근으로 된 콘크리트 벽을 폭파시켜야 했다. 하지만 콘크리트 벽조차 어머니를 막을 순 없었다. 15년 후 간단한 문서 작성과 커피를 끓이는 일이 주된 업무이던 어머니는 그 출판사 발행인이자 부사장 자리에 올랐다.

이것이 8번이다. 강하게 밀어붙이고, 거칠면서도 과감하며, 혁신적이고, 수완이 좋다. 다른 사람들이 불가능하다고 하는 것을 성취하는 것이 8번의 특징이다. 그들은 일을 되게 만든다.

비즈니스 세계에서 일한 시간들을 되돌아보며 어머니는 이렇게 말씀하실 것이다. 에니어그램에서 8번 유형의 여성만큼 오해받고 불공평한 취급을 받는 사람들은 없다고 말이다. 사회는 8번 성격을 가진 남성들을 칭송하고 존경한다. 사람들은 거칠고 난폭하게 구는 남자들을 환영하며 떠받든다.

그렇다면 동일한 성격을 가진 여성들이 직장이나 공동체 안에서 자기 일에 책임을 지거나, 자신이 믿는 바를 주장하거나, 사람들이 떠안기는 잡무들을 거부하거나, 맡은 일을 끝까지 해낼 때는 어떤 반응들을 보이는가? 굳이 언급하지 않더라도 짐작할 수 있을 것이다.

많은 8번 여성들은 인생을 살면서 종종 자기 머리를 긁적이며 이런 생각을 한다. '사람들은 왜 나를 이런 식으로 이해하고 취급하는 걸까?' 쉬이 위협을 느끼고 자신감 없이 '제발'이라고 대응하면 그들의 입을 막을 수 있는 것일까? 그러면 이런 재능 있는 여성들이 패널티 박스에서 나와 더 이상의 방해 없이 삶을 영위할 수 있을까?

# 🦋 날개

　　앞에서 언급했듯이 각각의 기본 성격 유형들은 양측에 있는 번호 중에서 적어도 하나의 속성을 부속으로 가지고 있다. 우리는 이것을 날개라고 부른다. 만약 당신이 8번이라면 양쪽 날개 중에서 어느 특징에 더 부합하느냐에 따라 이렇게 말할 수 있다. "저는 7번 날개를 가진 8번입니다." 또는 "저는 9번 날개를 가진 8번입니다." 아니면 나의 스코틀랜드 친구 말처럼 "저는 7번 피를 아주 약간 지닌 8번입니다"라고 해도 된다.

　　아직은 7번(열정가)이나 9번(화해자)의 특징이 어떠한지 배우지 않았지만 각각의 날개들이 8번의 성격에 어떤 맛과 뉘앙스를 더하는지 계속해서 지켜봐야 한다.

### 에너지가 넘치는 기업가(7번 날개를 가진 8번-8w7)

　　짐짓 가혹한 조합일 수 있다. 7번 날개를 가진 8번은, 7번이 지닌 밝은 성격을 투영하고 있어서 진취적이고, 활달하며, 재미있다. 이들은 또한 원대한 꿈을 가지고 있고, 충동적이며 가끔은 무모하다. 이들은 삶을 만끽하며 살아간다. 그리고 이들은 모든 번호 가운데서 가장 에너지가 넘치고 기업가적인 면모를 가장 많이 가지고 있다. 7번의 에너지는 8번보다는 조금 더 감추어져 있어서 다른 8번에 비해 더 사회적이고 사교적이다.

### 성공적인 협상가 (9번 날개를 가진 8번-8w9)

9번 날개를 가진 8번은 삶에 대해 보다 신중하게 접근한다. 이들은 중재자의 역할을 하는 9번의 경향을 지니고 있어서 경쟁을 할 때도 다가서기 쉽고 열린 마음으로 협력하려고 한다. 9번이 지닌 중재의 은사 때문에 보통의 8번과 같지 않고 협조적이며 회유적인 자세를 가진다. 이들은 호의적이고 겸손하며 쉽게 화내지 않으며, 사람들이 행복하게 따를 수 있는 사람이다. 모든 사물의 양면을 보는 9번의 은사가 8번에게 덧입혀지면 이들은 크고 작은 상황에서 성공적인 협상가가 된다.

## ✵ 스트레스와 안전

### 극도의 예민함과 타협의 어려움

8번이 스트레스를 받으면 건강하지 않은 5번 유형(관찰자)의 성격을 나타낸다. 이들은 뒤로 물러나기도 하고, 심한 경우 자기감정을 느끼는 선이 느슨해진다. 어떤 사람들은 불면증을 경험하기도 하고 제대로 먹지 못하거나 움직이지 않는 등, 자신을 돌보는 데 소홀해진다. 스트레스 공간에 있을 때 8번은 뭔가를 숨기게 되고 배신에 극도로 예민해진다. 또한 이들은 자기 입장을 고집하고, 평소보다 더욱 타협하기 힘들어진다.

### 부드럽고 온화한 본성을 드러내다

8번이 안정감을 느끼면 2번의 건강한 모습을 보인다. 이들은 부드럽고 온화한 자신의 본성을 숨기지 않으며 다른 사람들을 잘 보살핀다. 안전한 공간에서 8번은 자신의 의견이나 신념이 절대적으로 옳다고 주장하지도 않는다. 오히려 다른 사람들의 관점을 경청하고 소중하게 여기는 법을 배운다. 이들은 자신보다 더 큰 무언가를 신뢰하기 시작하고(정말, 우주에는 8번보다 큰 것들이 있다), 다른 사람들의 돌봄을 받아들인다. 이것은 비록 잠시 잠깐이라 할지라도 모두를 행복하게 만든다. 8번은 2번의 긍정적인 면과 연결되고 이어진다. 곧 일반적으로 정의는 자신들이 제어할 수 없는 현실이며, 복수는 하나님께 맡길 때 가장 좋은 것이라는 것이다. 적어도 지금은 말이다.

## ✕ 영적 변화

로날드 롤하이저(Ronald Rolheiser) 신부는 자신의 저서 *The Holy Longing*에서 에로스를 다음과 같이 묘사한다. "그것은 꺼지지 않는 불이며, 불안, 갈망, 동요, 굶주림, 외로움, 마음을 갉아먹는 향수, 길들여질 수 없는 야생성, 모든 것을 아우르는 선천적인 아픔, 인간 경험의 중심에 위치하며 다른 모든 것을 이끌어내는 궁극적인 힘이다."[13]

### 타인을 향한 신뢰를 회복하라

수잔과 나는 직감적으로 8번이 다른 사람들에 비해서 이 신성한 에로스의 힘과 더 맞닿아 있거나 혹은 더 많이 부여받은 것은 아닌가 생각한다. 이들은 무한한 욕망으로 흘러넘치는 탱크를 어찌 해보려고 애쓰는 유한한 피조물들이다. 그것은 관리하기에는 너무 많다. 제대로만 담겨 있다면, 이들이 지닌 불은 사람들로부터 환영받을 것이고 안전하게 그들을 데워 줄 것이다. 하지만 모든 불이 그렇듯이, 자기절제라는 화로로 둘러싸지 않으면 당신의 집을 몽땅 태워 버리고 말 것이다.

8번이 영적으로 제 궤도에 올라서서 스스로를 제대로 인식하면, 그들은 훌륭한 발전소가 될 수 있다. 그래서 두려움 없고, 너그러우며, 영감 넘치고, 열정적이며, 사람들을 지지해 주고, 충실하며, 자신감 넘치고, 직관력을 가졌으며, 헌신적일 뿐 아니라 자신보다 약한 사람들을 향해 관대하게 인내하는 사람이 된다.

하지만 8번이 자동항법장치 스위치를 켠 후 성격의 운전대를 잡은 채 영적으로 졸고 있으면, 그들의 삶은 지나치게 뻔뻔하고, 무모하며, 오만하고, 황소처럼 고집스러워지며, 완고하고, 심지어 잔인해지기까지 한다.

나는 8번이 너무 일찍 포기해 버렸던 어린 시절의 순수함을 활용하여 누군가를 향한 신뢰를 회복하도록 도와주고 싶다. 그들이 결코 배신당하지 않을 거라 약속하고 싶지만 그럴 수 없다. 결국 우리 모두는 수술대 위에 눕기 때문이다.

8번이 알고, 느끼고, 믿어야 하는 치유의 메시지는 이것이다. "이 세상에는 믿을 만한 사람들이 아주 많이 있다. 실제로 항상 배신의 위험이 있지만, 만약 당신이 자신을 방어하지 못했던 예전의 순수한 아이를 받아들이고 되찾지 못한다면 사람들과의 연결과 사랑은 영원히 당신을 피해 다닐 것이다. 물론 배신은 대단히 고통스러운 감정이다. 하지만 그것은 8번인 당신이 두려워하는 것만큼 자주 일어나지는 않는다. 만약 그런 일이 생기더라도 당신은 충분히 이겨낼 만큼 강한 모습으로 변모할 수 있다."

## 연약함을 드러내는 위험을 감수하라

8번의 경우 솔직하고 딱 부러지는 성격의 사람들을 좋아하기 때문에 나는 그들을 대할 때 노골적일 정도로 솔직해진다. 정서적인 피해를 당한 두려움을 감추려고 거칠고 강한 면모를 드러내며 사는 것은 비겁하다. 위험을 감수하면서 자신의 취약성을 드러내고 사랑을 표현하는 것은 용기가 있다는 것이다. 당신은 자랑이나 무뚝뚝함의 가면 뒤에서 나와 자신을 드러낼 만큼 충분히 강한가? 이것이 진짜 질문이다.

나는 브레네 브라운(Brené Brown)의 저서 *The power of vulnerability*과 《불완전함의 선물》(*The Gifts of Imperfection*)을 아주 좋아한다. 8번들은 이 두 권의 책을 두 번씩은 읽어 보길 권한다. 《불완전함의 선물》에서 브라운은 이렇게 말한다. "자신의 취약함을 받아들이는 것은 모험이긴 하지만 사랑과 기쁨, 소속감을 포기하는 것만큼 위험한 것은 아니다. 이것이야말로 우리를 가장 취약하게 만드는 경험들이다. 우리가 깜깜한 곳을 탐험할 만큼 용감할 때만 우리가 가진 빛의 무한한 힘을 발견하게 될 것이다."[14]

브라운은 취약성은 사랑과 관계의 기본적인 재료라고 말한다. 만약 8번이 누군가를 사랑하고 싶고 또한 누군가의 사랑을 받고 싶다면, 믿을 수 있는 소수에게 자신의 마음을 열어 가장 깊은 마음속 감정을 드러내는 위험을 감수해야 한다. 이것이 그들이 치러야 할 입장료이다.

　사도 바울은 "이는 내가 약한 그때에 강함이라"고 말했다. 다시 생각해도 그의 말이 맞다. 8번은 이 구절을 카드에 적은 후 거실은 물론이고 욕실 거울에까지 붙여 놓아야 한다. 그리고 삶의 진언으로 삼아야 한다. 이 말씀이 이들의 모토인 "내 방식대로 하든지 아니면 떠나든지"보다는 훨씬 도움이 될 것이다.

# 8번의 변화를 위한 10가지 방법

1. 당신은 삶에 대한 열정과 욕망이 넘쳐서 너무나 자주 주도권을 잡는다. 잔뜩 흥분해 있을 때나 극단적인 행동을 하려 들 때, 친구들의 말에 귀를 기울이라. "적당하고, 적당하며, 적당하게" 이 말을 항상 기억하라.

2. 당신이 본래 지녔던 어린 시절의 순수함을 회복하기 위해서 내면의 아이와 친구가 되어 그를 돌보라. 당신이 이런 자질구레한 것까지 할 시간이 없다는 걸 알고 있다. 하지만 분명 도움이 될 것이다.

3. 흑백논리로 가지 않도록 조심하고 경계하라. 회색이 실제 색깔이다.

4. 힘과 용기를 정의할 때 그 범위를 확장시켜 보라. 취약성 또한 이에 포함된다. 자신의 인생에서 누군가와 아주 깊은 차원에서 마음을 나누는 모험을 해 보라.

5. 충동적으로 행동하는 경향이 있음을 명심하라. "발사, 조준, 준비"가 아니라 "준비, 조준, 발사"이다.

6. 진실의 시장에는 독점이란 게 없다. 전투가 한창일 때 잠깐 멈춰 서서 '내가 틀렸다면?'이라고 자문해 보라. 매일 백 번씩 이 말을 해 보라.

7. 당신의 성격은 당신이 생각하는 것보다 두 배 정도 크고 강하다. 당신은 열정이라고 느끼지만 다른 사람들은 종종 협박처럼 느껴진다. 누군가 당신 때문에 치었다는 이야기를 들으면 무조건 사과하라.

8. 항상 반대하는 역할만 하지 말고 적절한 권위자에 대해서는 그들과 힘을 겨루지 않도록 노력하라. 그들이 모두 나쁜 사람은 아니다.

9. 슬슬 열이 오르면서 화가 날 때는 잠깐 멈춰서, 상처 입은 감정을 숨기려고 하는지, 부정하려고 하는지 자문해 보라. 어떤 느낌이 드는가? 공격성을 어떻게 사용하는가? 감정을 숨기기 위해서인가, 아니면 방어하기 위해서인가?

10. 자기 자신이나 다른 사람들이 약해서 서로 여린 감정을 나누는 것이 아니다. 빈틈을 보이고 내면의 아이를 드러내는 일이 오히려 더 용기가 필요하다(물론 당신이 이 말을 싫어하는 줄 잘 안다).

## 2. 9번 유형 // 화해자

타인의 뒤에 숨어 따라가길 멈추라

삶을 외면하면 평화도 얻을 수 없다.

-버지니아 울프(Virginia Woolf)

## 9번, 나는 이런 사람이다

☐ 1. 갈등을 피할 수만 있다면 뭐든지 할 수 있다.

☐ 2. 나는 자발적으로 행동하는 사람이 아니다.

☐ 3. 때로 사소한 일을 하면서 길을 잃고, 실제로 끝내야 할 일은 미룬다.

☐ 4. 나는 다른 사람들이 원하는 일에 동참할 때 행복하다.

☐ 5. 나는 미루는 성향이 있다.

☐ 6. 사람들은 내가 좀 더 결단력을 갖기 바라는 것 같다.

☐ 7. 산만하고 집중이 안 되어서 일에 흥미를 잃으면, 바로 내 앞에서 일어나는 모든 일에 관심이 간다.

☐ 8. 나는 종종 저항을 최소한으로 받는 길을 선택한다.

☐ 9. 나는 직장이나 가정의 일상적인 삶에서 위안이 되는 것을 찾는다.

☐ 10. 다른 사람들이 나를 볼 때 실제 내 모습보다 더 평온하게 본다.

☐ 11. 처음 일을 시작하기는 힘들지만 일단 시작하면 일을 확실하게 마무리한다.

☐ 12. 나는 일종의 '당신이 보는 그대로 겉과 속이 같은' 사람이다.

☐ 13. 나는 나 자신을 매우 중요한 사람이라고 생각하지 않는다.

☐ 14. 사람들은 나를 좋은 청자(listener)라고 생각한다. 대화 시간이 길어져도 주의 깊게 잘 들어주기 때문이다.

☐ 15. 집에까지 일거리를 싸 들고 가는 것을 좋아하지 않는다.

☐ 16. 때때로 나는 한눈을 팔거나 과거에 대해 생각한다.

☐ 17. 나는 규모가 큰 모임보다는 사랑하는 사람들과 함께 조용히 집에서 저녁을 먹는 것이
　　 더 즐겁다.

☐ 18. 바깥에서의 활동은 내 마음을 진정시켜 준다.

☐ 19. 사람들이 내게 뭔가를 요구할 때면 종종 매우 고집스러워진다.

☐ 20. 하루 종일 하고 싶은 일만 하면 나 자신이 이기적으로 느껴진다.

- **Key Word**

조화, 평화, 포용적, 안정적, 낙관적, 관계에 집착, 게으름, 외고집

- **9번 유형인 사람들**

버락 오바마, 빌 클린턴, 낸시 레이건

### 건강할 때

이들은 타고난 중재자다. 이들은 다른 사람들의 관점을 볼 줄 알고, 또한 소중하게 여긴다. 그리고 접점을 찾을 수 없어 보이는 견해들도 서로 화합하게 할 능력이 있다. 이들은 이기적이지 않고, 유연하며, 포용할 줄 안다. 9번은 뭔가를 바라보거나 행동하는 자신들의 방식에 스스로 얽매이는 일이 거의 없다. 이들은 올바른 우선순위에 근거하여 의사를 결정하는 법을 이미 배웠다. 이들은 사람들에게 영감을 줄 뿐 아니라 자기실현을 하는 사람들이다.

### 보통일 때

이들은 상냥하고 다정하며 느긋한 듯 보이지만 사실 고집스러우며 자기 안에 있는 분노를 회피한다. 9번 유형은 스스로를 간과한다. 대개는 자신이 중요하지 않다고 느끼지만 가끔은 정신이 나서 자신에게도 투자해야 함을 깨닫는다. 이들은 다른 사람들을 대신해서 기꺼이 정의를 옹호하지만 정작 자신들을 위해서는 그런 위험을 감수하려 하지 않는다. 그리고 다른 사람들이 자신들을 위해 해 주는 일에 고마워하긴 하지만 더 많은 것을 요구하지는 않는다.

**건강하지 않을** 때

이들은 결정을 내리기 힘들어 하며, 지나치게 의존적이다. 슬픔과 분노의 감정을 무디게 하려고 감정을 마비시키는 행동을 한다. '모든 것이 괜찮을 거야'라는 환상을 붙들기 위해 발버둥 치면서 묵인하거나 혹은 노골적인 적의를 드러낸다.


## ❧ '뭐든 적당하게'라는 철학의 유형


20대 초반에 수면 장애로 고통스러워하는 사람과 함께 지내면서 그 고통이 얼마나 큰지 알았다. 어느 날 밤, 잠을 자다 아래층 부엌에서 어린아이의 노래 소리가 들려서 퍼뜩 잠에서 깼다. 이어서 온몸에 소름이 쫙 끼쳤다. 얼마 전에 본 웨스 크레이븐의 영화 〈나이트메어〉(Nightmare on Elm Street)가 생각났기 때문이다. 다음 번 희생자를 찾을 때마다 어린아이들이 "꼭꼭 숨어라, 프레디가 온다" 하고 합창하는 소리가 들린다. 순간 끔찍한 어둠의 공포를 느꼈다.

나는 촛대 램프를 장착하고 살금살금 아래층으로 내려갔다. 내 눈앞에 펼쳐진 광경은 아주 장관이었다. 몽유병을 가진 하우스 메이트가 거실에서 팬티만 입은 채 마돈나 노래 "Like a Virgin"을 부르며 정신없이 춤을 추고 있었다. 지금처럼 스마트폰이 있었다면 당장 그 순간을 찍어서 SNS에 올렸을 것이다. 그랬다면 "강남 스타일" 못지않게 널리 퍼졌을 것이다.

그때만 생각하면 지금도 웃음이 나오지만 몽유병은 사실 매우 위험할 수 있다. 어떤 몽유병 환자는 약 42미터나 되는 크레인에 올라갔고, 운전대를 잡고 차를 몰거나 3층 창문 밖으로 걸어 나가기도 했으며, 심지어 가족들을 살해하기도 했다.

위대한 기독교 교사들은 꽤 오랫동안 몽유병을 인간의 영적 상태를 묘사하는 은유 가운데 하나로 사용했다. 우리의 성격을 자동항법장치로 조종할 때 이는 마치 반쯤 잠든 상태와 같다. 따라서 어린 시절부터 몸에 밴 똑같은 습관, 생각 없이 반복되는 반응의 패턴에 갇히고 만다. 최면술의 포인트도 이와 같다. 9번은 다른 번호에 비해 더 공격적인 형태의 몽유병으로 고통받는다. 조심하지 않으면 전 생애를 몽유병 환자처럼 살 수도 있다.

존 워터스와 로나 피퍼리치는 9번을 "에니어그램의 연인"[15]이라고 표현했다. 나의 아내 앤과 딸 매디는 둘 다 9번이다. 나는 이 두 사람을 존경한다. 9번이 영적으로 성숙했을 때 그들은 냉정하고 평온하며 삶의 흐름에 따라가는 방법을 안다. 쉽게 적응하고 침착하여 대부분의 사람들이 그러하듯 자잘한 일들에 속을 태우지 않는다. 이를테면 이들은 벨크로가 아니라 고어텍스다.

에니어그램 중에서도 누군가를 지배하거나 통제하는 경우가 가장 적은 9번은 삶이 자연스럽게 펼쳐지도록 그저 놓아둔다. 또한 다른 사람들이 그들만의 시간과 방식으로 자유롭게 성장할 수 있도록 공간을 제공하고 자율성을 허용한다. 이들은 빨리 사랑하고 천천히 판단한다. 다른 사람들을 돌보는 데 쏟은 노력을 인정해 달라고 요구하지도 않는다. 이들은 자유롭고 무난하며, 세상 물정에 밝은 현실적이다. 그래서 사람들은 이들에게 대단히 호감을 느낀다.

솔직히 말하자면 일과 관련해서는 9번은 칭찬할 일 일색이다. 그러나 9번도 관성의 원리에 대해 잘 안다. 이들은 경험을 통해서 한쪽 몸은 움직이면서 나머지 몸은 휴식을 취한다. 해야 할 일이 너무 많거나, 결정해야 할 일이 쌓이거나, 변화의 전망이 밝지 않을 때 9번도 일 처리 속도가 느려질 수 있다. 9번이 완전히 멈춰 서면 다시 일을 시작하기까지 많은 에너지가 필요하다는 증거이다. 수잔의 말처럼 "9번의 속도가 한번 떨어지기 시작하면 … 나중에는 더 느려"진다.

## ❧ 9번의 중대한 죄

### 영적 게으름에 빠지다

9번의 치명적 죄는 '게으름'이다. 대부분 '게으름' 하면 육체적인 나태와 결부시키는데, 여기서 게으름은 본질적으로 영적인 것이다. 평균 수준의 9번은 '한 번뿐인 미지의 소중한 삶'을 살아가는 데 필요한 동기부여와 열정이 없다.[16] 미성숙한 9번은 하나님이 주신 생명을 좇아가는 데 필요한 본능의 불과 온전하게 닿아 있지 않다. 그 결과 결국 온전한 자신이 되지 못한다. 하지만 이들에게서 불같은 열정과 본능을 이끌려다가 자칫 9번이 지닌 가장 큰 보물인 내면의 평화와 균형을 깨뜨릴 수 있다.

이제 우리는 진실에 가까이 왔다. 9번에게서 나타나는 게으름은 자신의 삶을 지나치게 방해받기 싫어하는 갈망과 관계가 있다. 이들은 삶이 다가오는 것을 원하지 않는다. 9번이 본능형 그룹 안에 있다는 것을 기억하라. 당신이 만약 배짱이 없다면, 그리고 생동감 넘치는 본능의 불꽃에 접근할 수 없다면, 자신의 삶에 대한 권리를 주장할 수 없다. 그러나 9번은 자신의 삶에 온전히 주의를 기울이거나, 인생에서 원하는 것이 무엇인지 알아보거나, 자신들의 꿈을 좇거나, 자신들의 필요를 다루거나, 자신의 은사를 개발하고 부르심을 추구하는 일에 게으르다.

이들은 내면의 조화 곧, '하쿠나 마타타'('다 잘될 것'이라는 의미-역주)에 매달려 그것을 보호한다. 이들은 생을 위해 어떠한 노력도 하지 않으면서 삶이 자신들에게 호의를 보내 주기를 희망한다. 8번이 직감과 너무 가깝게 닿아 있으면서 자신들의 분노를 과도하게 표현했다면, 9번은 스스로의 직감과 연결되지 못한 채 자신의 분노를 거의 표출해 내지 못한다. 9번은 영감을 주고, 변화를 주도하고, 일을 잘 풀리게 하고, 스스로를 위해 일어날 수 있는 용기를 주는 분노의 좋은 부분과 접선하지 못한다. 분노의 이런 측면과 닿아 있지 않으면 쉽게 무기력해지거나 현실과 먼 공상적인 사람이 될 수 있다.

### '뭐든 적당하게' 철학의 죄

인생을 온전하게 포용하지 못하는 9번의 실패는 무슨 수를 써서라도 갈등이나 충돌을 피하고 싶은 이들의 필요에서 비롯한다. 9번은 자신이 기호를 드러내거나 자신의 의제를 주장했다가 자칫 중요한 관계가 위험해지고, 잔잔했던 내면이 출렁일까 봐 두려워한다. 만약 자신들의 우선순위나 관심사가 이들이 마음에 두고 있는 누군가의 의제와 부딪친다면, 그래서 이 차이가 서로 간의 갈등이나 관계 단절로 이어진다면 어떻게 해야 하는가? 만약에 자신의 의견을 말하거나 무엇이 필요하다거나 혹은 무엇을 하고 싶다고 주장했다가 사랑하는 사람들과의 관계가 틀어진다면?

9번은 편안하고 고요한 것을 좋아한다. 그래서 현 상태와, 다른 사람들과 관계를 지금 그대로 유지하고 싶어 한다. 그렇게 자신만의 고유한 관점과 열망은 그저 옆으로 제쳐 둔다. 평화주의자 9번에게 이런 일쯤은 아무것도 아니다.

이들은 성장 과정에서 자기 존재나 우선순위는 다른 사람들에게 그다지 중요하지 않다고 느끼면서 자랐다. 9번은 이렇게 생각한다. '어쨌든 나는 아무 말도 안 했는데, 내가 한 게 별일도 아닌데 왜 평지풍파가 일어나는 것이지? 나의 우선순위를 주장하지 않고 저항이 가장 적은 길을 택하는 것이 더 쉽고 편안하지 않을까?'

그래서 9번 주변에는 늘 체념의 기류가 흐른다. 이렇게 이들은 '뭐든 적당하게'라는 철학으로 삶을 산다. 결국 자신들의 은사와 영에 합당한 삶을 추구하지 않음으로써 그 대가를 치른다. 자신의 삶에서 깊이 잠들어 있는 것이다.

### 욕구를 외면하다

9번은 어디서부터 시작할지 모르는 무수히 많은 일들을 해내기 위해, 그리고 관심을 가져 달라고 외치는 결정들과 답 없이 밀려 있는 일을 피하기 위해, 화를 내지 않기 위해, 그리고 낮아진 자부심을 띄우기 위해 그다지 건강하지 않은 대처 전략을 내놓는다. 이들은 음식이나 성, 음주, 운동, 쇼핑에 몰두하면서 자신들의 감정이나 욕구, 필요들을 외면하려 든다. 자신에게 편안한 습관이나 일상을 통해 걱정을 덜거나, 아무 생각 없이 바쁘게 무언가를 하거나, 소파에서 느긋하게 쉬거나, TV를 보면서 그저 잊으려 든다. 스스로를 무디게 만드는 것은 참 휴식이 아니며, 그들이 바라는 참 평안의 싸구려 모조품에 지나지 않는다.

9번이여, 용기를 내라! 9번은 자신이 알고 있는 것보다 훨씬 더 용감하고 지략이 풍부하다. 에니어그램에서 각 번호가 지닌 약점들은 단지 그 번호가 가지고 있는 축복이 왜곡되어서 나타나는 것뿐이다. 우리 모두는 해야 할 일이 있다. 《나니아 연대기》의 사자 아슬란이 소리치지 않았던가! "더 높은 곳으로, 더 깊은 곳으로!"[17]


## 🐞 9번에 대한 모든 것

9번 유형에서 나타나는 몇 가지 공통적인 특성이 있다. 자기 망각, 의사 결정의 어려움, 쉽게 산만해지는 성향 등이다. 모든 9번들이 단일한 특성을 나타내지는 않지만 대부분은 다음 내용을 인정할 것이다. 그게 아니라면 적어도 이들을 사랑하는 친구나 가족들은 곧바로 이런 특성들이 틀림없다고 진단할 것이다. 그러면 9번은 다른 사람들과 조화를 유지하기 위해서 그들이 하는 말에 동의할 수 있다. 9번은 바로 이런 방식으로 작동한다.

### 망각과 융화

9번은 자신을 망각한다. 분노형 그룹의 모든 유형은 자신을 잊어버린다. 8번은 휴식과 자기 돌봄을 잊어버리고, 1번은 긴장을 푸는 법과 더 자주 즐거워하는 법을 잊어버린다. 그리고 9번은 자신의 의견이나 기호, 우선순위를 잊어버린다. 대신 다른 사람들이 추구하는 바나 관점, 감정에 융화됨으로써 자신을 지워 버린다. 성숙하지 못한 9번은 관계 안에서 상대의 벌집을 건드리지 않기 위해 자기 영혼의 요구를 무시한다. 그 권유는 인생을 살아가면서 자신이 원하는 것을 확인하고, 이름 짓고, 주장하며 그것을 열심히 좇아가는 것이다. 사실 이들은 삶의 프로그램과 다른 사람들의 정체성에 너무 깊숙이 융화된 나머지 다른 이의 감정이나 의견, 성공과 포부를 자신의 것으로 착각한다.

에니어그램의 정상에 자리 잡은 9번은 탁 트인 전망으로 세상을 본다. 이처럼 이들은 매우 유리한 관점을 점유했다. 덕분에 이들은 다른 번호들이 세상을 보는 방식으로 세상을 볼 줄 알고, 나아가 자연스럽게 모든 유형과 관련된 핵심 성격의 특징을 자신의 강점으로 통합시킨다. 리소와 허드슨이 관찰한 바와 같이 9번은 1번의 이상주의, 2번의 친절함, 3번의 매력, 4번의 창의성, 5번의 지적 능력, 6번의 충실함, 7번의 유쾌함과 모험심, 8번의 힘을 모두 구현할 수 있다.[18] 다만 다른 모든 번호의 관점으로 세상을 보지만 정작 자신의 관점은 가지지 않기에 매우 안타깝다. 리소와 허드슨이 말한 바와 같다. "가장 9번일 것 같지 않는 유형은 바로 9번 자신이다."[19]

　9번은 다른 모든 유형의 시각을 통해 세상을 보기 때문에 자신이 누구인지, 원하는 바가 무엇인지 불확실하다. 그래서 이들은 자신과 타인의 건강한 경계를 버리고 보다 확신에 찬 파트너에게 녹아든다. 이들은 파트너를 이상화시키며 그로부터 정체성과 목적이라는 감각을 가져오길 희망한다. 하지만 잠시 후에 9번은 어디서부터 자신의 모습이고 어디까지가 상대방의 모습인지 알지 못한다.

　사람들은 가끔씩 9번을 희미하고, 수동적이며, 흐릿하고, 뚜렷한 자아가 없는 사람이라 느끼고 묘사한다. 9번은 스스로를 중요하지 않다고 느끼며, 마치 자신들이 뭔가를 변화시키거나 그럴 만큼 특별하다고 느끼지 않기 때문에 두드러지게 눈에 띄지 않는다. 이들이 퍼뜨리는 에너지는 다른 사람들에게 이들이 어디에나 있고 동시에 아무 데도 없다는 인상을 줄 수 있다. 이들이 방에 들어오거나 나가도 아무도 눈치를 채지 못할 수 있다. 에니어그램 교사인 뤼네트 셰퍼드는 9번을 다음과 같이 설명한다. "9번과 함께 있으면 마치 크고 편안한 공간에 있는 듯한 느낌을 받아요."[20]

　평균적인 9번은 에니어그램의 다른 번호에 비해서 체력과 에너지가 부족하다. 이들은 프로젝트에서 처음에는 로켓처럼 이륙하지만 반쯤 날아가다가 관성과 '미션 드리프트'에 무릎을 꿇고 지구로 다시 추락한다. 9번이 지나간 자리에는 종종 아직 끝내지 못한 많은 일들이 있다. 때우다 만 구멍 난 욕조, 반쯤 깎다가 멈춘 잔디, 거의 정돈이 끝나가는 차고

등을 예로 들 수 있다. 9번이 탈진했다 느껴서 그럴 수도 있고, 아니면 다른 이유들이 있을 것이다.

사실 9번은 본능형 그룹의 중간에 끼여서 이리저리 치인다. 앞에서 배웠듯이 9번의 이웃인 모험가는 자신들의 분노를 외면화한다. 반면 다른 이웃인 1번은 -미리 말해서 미안하지만- 그것을 내면화한다. 9번은 갈등과 내적인 혼란을 피하기 위해서 잠을 잔다. 분노가 사라졌다는 말이 아니다. 분노를 품은 채 자신의 관점에서 그것을 지키기 위해 열심히 일한다는 뜻이다. 이 얼마나 고생스럽고 영혼이 지쳐 쓰러질 일인가!

9번은 8번이나 1번과 달리 하나 이상의 경계를 세우고 유지해야 한다. 첫 번째는 자신들의 평화로운 센터가 바깥 세계의 부정적인 영향을 받지 않도록 방어하고, 두 번째는 내부에서 일어나는 분노의 감정이나 생각 때문에 고요한 내면이 불안정해지지 않도록 방어해야 한다. 자신의 분노를 무시하고 두 경계를 유지하려면 노력이 필요하다. 이것은 9번이 힘의 방향을 전환시켜 생명과 자기 발전에 더욱 깊이 관여하도록 에너지를 공급해 준다. 그들이 그토록 피곤해하는 것도 이상한 일이 아니다. 9번이 활동적으로 업무를 수행하지 않고 잠시 앉아서 휴식을 취한다면 이들은 문자 그대로 졸고 있는 것이다.

9번은 가끔씩 멍하니 무언가를 응시하기도 한다. 마치 꿈을 꾸듯 현실에서 벗어나 무아지경에 빠져드는 것처럼 말이다. 9번은 갈등이 생길 위험에 처하거나 사람들이 자신들에게 무엇을 할지 말할 때처럼 무언가에 압도당할 때, 혹은 눈에 띄는 이유가 전혀 없을 때도 집중력을 잃고, 에니어그램 교사들이 흔히 9번의 '내면의 성소'라 부르는 그들만의 장소로 물러난다. 이 순간에 9번은 그들의 분노와 삶의 에너지에서 떨어져나와 뭔가 행동을 취하라는 요청을 묵살한다.

9번 유형의 사람들이 직접 들려준 이야기다. 그들은 내면의 성소에서 과거의 사건이나 대화를 재생시키면서 '그때 이렇게 말했어야 했는데' 또는 '좀 더 다르게 행동하면 좋았을 걸' 하며 지난 일을 곱씹는다고 했다. 만약 걱정과 불안 때문에 내면의 성소로 후퇴한 것이라면, 이렇게 생각할 것이다. '지금 왜 화가 나고 속상한 거지? 내가 뭘 잘못했나, 아니면 다른 사람이 잘못한 걸까?' 혹은 비록 착각이긴 하지만, 단순히 내적 평화를 회복하고 편안함을 다시 되찾기 위해 후퇴하는 경우도 있다. 만약 9번이 이렇게 흐릿한 가수면 상태에 너무 깊이 빠지면, 점점 더 넋을 잃거나, 생산성이 떨어지고, 결국 관계에서 더 많은 문제를 일으키고 만다.

보통 수준의 9번은 무엇이든지 다 잘하는 팔방미인이지만, 때로는 동기나 집중력이 부족하기 때문에 뛰어나게 잘하는 한 가지가 없다. 이들은 모든 것을 조금씩 아는 박학다식한 사람들이다. 따라서 어떤 사람들과 대화해도 이야깃거리가 넘쳐 난다. 9번과의 대화는 그들이 크루즈 컨트롤로 전환하지만 않는다면 즐겁고 유쾌하다.

만약 9번에게 오늘 하루가 어땠냐고 물었는데, 당신이 생각했던 것보다 지리하고 긴 이야기가 시작되고 거기에 세부사항과 곁가지까지 들어 있다면, 9번이 크루즈 컨트롤 모드를 작동한 것이다. 두서없이 말하는 이런 성향 때문에 몇몇 에니어그램 교사들은 9번의 이야기 스타일을 가리켜 '서사적 대하소설'(epic saga)이라는 용어를 사용하기도 한다.

## 양면성과 의사 결정

에니어그램 그림에서 각각의 번호가 화살표로 연결된 다른 두 번호와 어떻게 연결되었는지 기억해 보라. 그리고 어떻게 서로 역동적으로 상호작용하는지 떠올려 보라. 에니어그램의 맨 위에 위치한 9번은 3번과 6번에 다리를 하나씩 걸치고 있다. 두 번호 모두 아직 다루지는 않았지만 3번은 순응주의자로 모든 번호에 가장 잘 부응한다. 반면 6번은 비순응주의자로 모든 번호에 대해 가장 반 권위주의적이다. 여기에서도 알 수 있듯이 9번은 대단한 양면성을 가지고 있다.

9번은 다른 사람들을 기쁘게 해 주려는 마음과 그들을 무시하고 싶은 마음 사이에서 마치 자신이 찢겨지는 느낌이 든다. 자신의 입장을 밝히거나 어떤 결정을 내려야 할 상황에 직면했을 때 9번은 겉으로는 차분하게 웃을지 몰라도 속에서는 어떻게 해야 할지 압박감을 느낀다. '이것이 좋은 생각일까, 아닐까?' '이렇게 하는 것이 내가 원하는 걸까, 아닐까?' '이 사람의 요청에 '예'라고 해야 할까, 아니면 '아니오'라고 말하고 멀어질 위험을 떠안을까?'

관계가 틀어지는 것을 피하고 싶은 순응적 측면에서 9번은 모두를 행복하게 하려고 "예"라고 말하고 싶을 것이다. 반면 비순응적 측면에서 9번은 한 번 더 자신의 감정을 죽이고 욕구를 조정해야 하므로 마치 욕을 먹은 것처럼 느낄 것이다.

하나의 이슈를 검토하려면 많은 시간과 여러 가지 고려 사항, 그리고 찬반 의견에 신경을 써야 한다. 그래서 9번은 결정을 내리는 일이 너무나 힘들다. 이들은 그저 펜스에 앉아 다른 사람이 결정을 내릴 때까지

기다리거나 상황이 자연스럽게 저절로 해결될 때까지 지켜본다. 그러면서 동시에 자신이 어떻게 해야 할지 내내 고심한다.

하지만 그렇게 그저 앉아 있기만 해서는 결정이 나지 않는다. 더러는 세상의 나머지를 미치게 만들 수도 있다. 처음부터 그런 선택을 하지는 않겠지만 만약 9번에게 뭔가를 하게 하거나 결정을 내리도록 압력을 가하면 가할수록 그들은 조용히 자기 입장을 고수하며 더 강하게 저항한다. 물론 9번이 결정을 내리거나 선택할 수는 있다. 다만 이들이 가진 양면적 본성 때문에 결정하기까지 꽤 오랜 시간이 걸릴 것이다. 해답이 필요한 질문이 쌓여 있거나 이미 마음을 사로잡은 결정이 계류 중인가? 그렇다 해도 9번을 재촉하는 일을 진행하는 데 아무런 득이 되지 않는다.

만약 내가 금요일 오후에 아내 앤에게 "오늘 저녁에 뭐 먹으러 갈까?" 하고 메시지를 보낸다면 앤은 이렇게 답할 것이다. "글쎄 잘 모르겠는데 당신은 어디 가고 싶어?" 답장이 너무 빨리 오는 걸로 봐서 분명 앤의 전화기에 이 메시지가 이미 깔려 있는 게 분명한 것 같다. 9번인 앤은 혹여 자신이 선호하는 것을 주장해서 우리 사이에 갈등이나 불쾌한 감정이 생길까 봐 두려울 것이다. 앤은 나의 기호에 맞추어 융화하려고, 또한 의견 불일치가 일어나는 일을 피하기 위해서, 내가 원하는 것을 알고 싶어 한다. 이것이 9번의 대화법이다.

그래서 9번은 선택의 가능성이 무한한 경우를 무척 힘들어 한다. 9번은 자신이 원하는 것을 말하기보다 원하지 않은 것을 말하는 일이 더 쉽다. 따라서 9번을 사랑하는 사람들은 이들이 선택해야 할 경우 언제나 제한된 옵션을 제공한다. 만약 앤에게 "오늘 저녁으로 타이 음식 먹을래?

아니면 중국 요리나 인도 요리 먹을래?"라고 메시지를 보내면 3분 후에 엄지손가락 이모티콘과 함께 "타이"라는 답장이 올 것이다.

9번을 도우려는 사람들은 이들이 어떤 선택을 하든지 그것을 망쳐서는 안 된다는 것을 알아야 한다. 정말 중요한 포인트이다. 나는 앤만큼 태국 요리를 좋아하지 않는다. 그래서 음식점으로 가는 중간쯤에 이렇게 생각할 수도 있다. '아마도 앤은 우리가 여기를 가나 저기를 가나 크게 신경 쓰지 않을 거야. 하지만 난 정말 중국 요리가 먹고 싶은데. 만약 지금이라도 중국 요리를 먹으러 가자고 해도 앤은 기쁘게 동의해 줄 텐데.'

맞다. 정말 앤은 그렇게 할 것이다. 하지만 나는 앤을 사랑하고, 앤이 자신의 유형인 9번의 도전에 맞서 노력하고 있다는 것을 안다. 그리고 난 앤의 결정을 지지해 주고 싶다. 그래서 앤이 하자는 대로 해 준다. 9번은 자신의 기호나 존재감이 다른 사람들보다 중요하지 않다는 것을 이미 느끼고 있다. 그들에게 필요한 마지막 단계는 당신과 내가 그 서류에 같이 서명해 주는 것이다.

이제 9번이 가진 양면성의 마지막 측면을 살펴보자. 아마도 9번이 에니어그램의 왕좌에 자리하고 있기 때문에 이들은 모든 사람들의 시각을 언뜻 알아챌 수 있다. 9번은 다양한 관점을 모두 볼 수 있으며 그것을 똑같이 중요하게 여긴다. 모든 사물의 양쪽 면을 다 볼 수 있는 능력 때문에 이들은 자연스레 중재자가 된다. 그리고 다들 9번이 자신의 편이라는 확신을 가진다.

수잔의 남편 조는 감리교 목사로, 종종 부부들을 위해 결혼 상담을 한다. 수잔의 말에 따르면 주일예배 후 친교 시간에 가끔은 교인 중에 한

명이 다가와 수잔의 귀에 대고 이렇게 말하곤 한단다. "남편이랑 같이 조 목사님을 만났을 때 제가 얼마나 기뻤는지 몰라요. 제 입장을 제대로 이해해 주시고 우리 결혼생활에서 누가 달라져야 하는지 정확히 아시더라고요."

15분이 지난 후 이번에는 그 사람의 남편이 수잔을 한쪽으로 데리고 가서 이렇게 말한다. "조 목사님이 저희를 상담해 주셔서 얼마나 감사한지 모르겠습니다. 드디어 제가 계속해서 말해 왔던 것을 알아주는 분을 만난 것 같아요. 제가 미친 게 아니라는 것을 목사님이 확인해 주셨다니까요!"

패턴을 이해했는가? 9번은 다른 사람들이 좀체 이해하지 못하는 모든 관점들을 이해하고 동일시하는 장점이 있다. 그래서 사람들은 9번이 자신들을 이해할 뿐 아니라 동의해 준다고 느낀다. 실제로 9번이 그랬던 것도 아니고, 그렇게 말한 적이 없음에도 말이다. 9번이 워낙 공감을 잘하고 서로 다른 시각의 장점을 인식할 수 있기 때문에 건강한 9번은 종종 전혀 타협 불가능해 보이는 견해까지도 조화시킬 수 있다.

하지만 모든 것의 양면을 보는 이런 능력은 또한 문제를 만들기도 한다. 때때로 수잔과 나는 양면을 보는 사람들과 함께 아이를 양육할 때 생기는 문제들을 나누면서 웃곤 한다. 당신은 뭔가 잘못을 저지른 아이들을 혼낼 때, "엄마(또는 아빠)가 집에 오면 네가 한 일을 다 이를 테니까 그때까지 방에 가서 기다려"라고 하면서 아이를 보내는가? 내가 아이들에게 이렇게 말할 때면 아이들은 고개를 끄덕이며 앙큼하게 웃는다. 엄마(또는 아빠)가 집에 왔을 때 일이 어떻게 될지 알고 있기 때문이다. 우선,

앤이나 조는 부모인 나나 수잔의 입장을 들을 것이다. 그러고는 아이들 방에 가서 그들이 왜 곤경에 처했는지 이야기를 나눌 것이다. 15분 후에 조나 앤은 옷자락을 잡고 뒤에 숨어 있는 아이랑 함께 돌아와서 이렇게 말할 것이다. "당신도 알다시피 애 말도 일리가 있어요."

이처럼 평균 수준의 9번은 뭔가를 주장하거나 또는 갈등이나 단절을 일으키지 않으려고 두 관점 모두를 관찰하고 인정해 준다. 이때 9번이 성장하기 위해서는 두 가지 관점 중에서 어느 것이 그들 보기에 옳은지 분별하고 알릴 수 있어야 한다.

그런데 안타깝게도 9번은 가끔씩 자신의 의견을 버리고 다른 사람에게 그 결정을 맡기곤 한다. 그 이유는 지금껏 말했듯이 확신이 서지 않아서일 수도 있고, 또는 단순히 그들과 뒤섞여 잘 지내고 싶어서일 수도 있다. 다른 사람을 달래야 하는 순간에 자신의 태도를 바꾼다는 것이 엄청난 압박감으로 다가오겠지만, 9번은 자신만의 고유한 관점을 확인하고, 이에 대해 목소리를 내며, 자기 입장을 고수해야 한다.

물론 이 같은 상황이 9번에게 매우 어렵다는 것을 안다. 그러므로 이때 9번은 '사람'보다 '일'을 우선시해야 한다. 9번에게는 주어진 모든 일이 똑같이 중요하기 때문에 무엇부터 해야 할지 정하는 것 또한 어렵다. 매주 월요일 아침, 수잔의 남편인 조가 사무실로 들어오면 그의 비서는 그 주에 해야 할 일 목록을 중요한 순서대로 적어서 그에게 건넨다. 조는 달라스에서 가장 오래된 교회를 이끌고 있는 엄청나게 똑똑한 사람이다. 하지만 이 목록이 없다면 자신 앞에 닥친 일을 마냥 차례대로 처리할 것이다. 만약 당신이 9번에게 이 목록대로 하라고 주장하면, 그들 중 일부는 당신에게 화를 낼 수도 있다. 하지만 사실 그 목록대로 하지 않는다면 많은 이들을 힘들게 하는 게 현실이다.

9번이 양면성을 추구하는 것처럼 보이긴 하지만, 자신이 해야 할 일과 하고 있는 일을 정확하게 알고 있을 때도 많다. 그로 인해 발생하는 논쟁이나 갈등, 또는 그들이 개인적으로 치러야 할 비용이 아무리 크더라도 말이다. 이 순간만큼은 9번도 신념에 따라 행동한다. 에니어그램에서는 이를 일컬어 '올바른 행동'이라고 한다.

수잔과 내가 틀렸을 수도 있지만 우리는 빌 클린턴이 9번 유형이라고 생각한다. 1995년 11월부터 1996년 1월까지 클린턴 대통령과 당시 하원 의장이었던 뉴트 깅리치는 연방 예산 삭감에 대한 장대한 투쟁을 벌였다. 이때 유례없는 연방정부 폐쇄 사태가 두 차례나 불거졌다. 백악관과 공화당이 우세한 의회 사이에 벌어진, 큰 이권이 걸린 이 협상에서 클린턴 쪽 스태프들은 대통령이 깅리치의 요구에 동의하거나 아니면 정치적으로 회복 불가능한 상처를 입힐 수많은 타협안을 만들 것이라고 우려했다.

클린턴은 갈등을 싫어했다. 때때로 결정을 내리기 힘들어했고, 심지어 그는 평화를 위해 정치적 라이벌들의 말을 따른 일이 한 번 이상이었다. 하지만 뉴트 깅리치가 백악관 측에서 내놓은 수많은 제의 가운데 마지막 것까지도 수용하기 거부한 날 밤, 클린턴은 그를 바라보며 이렇게 말했다. "당신도 알다시피 뉴트, 나는 당신이 내게 원하는 일을 할 수 없다네. 그건 나라를 위해 옳은 일이 아니기 때문이지. 다음 선거를 내걸어야 할지도 모르지만, 그것만은 할 수 없네."[21]

연방정부 폐쇄를 앞에 놓고 벌인 깅리치와 클린턴의 눈싸움에서 깅리치는 그만 눈을 깜빡이고 말았다. 며칠 후 공화당은 예산 협상 없이 연방정부를 재개하는 데 동의했다. 그리고 클린턴은 다음 선거에서 승리했다. 많은 역사학자들은 클린턴이 결정을 내리고 밀고 나간 것이 그의 재선에 결정적인 역할을 했다고 말한다.

이 교섭 때 그 자리에 참석했던 백악관 직원들은 클린턴의 마음에 뭔가 특별한 일이 벌어지고 있는 것이 느껴졌다고 말했다. 그는 올바른 행동을 취했고, 이것을 게으름이라고 볼 수 없다.

9번의 삶에서 이같이 엄청난 분수령을 만드는 순간은 손에 꼽을 정도밖에 없다. 하지만 스스로 노력한다면 더 작은 문제들에서도 동일하게 대담한 행동을 취할 수 있다. 자신이 불편한 이야기를 먼저 꺼낼 용기, 학교로 돌아가 학위를 취득하거나 항상 원했던 직업을 얻을 용기, 또는 비즈니스 문제에서 입장을 바꾸라고 압력을 가하는 동료들에게 굴복하지 않을 용기를 뽑아낼 수 있다.

## 수동적 공격의 대명사 '고집'

에니어그램을 공부하다 보면 사뭇 고통스러운 순간이 따를 거라고 말했던 것을 기억하는가? 우리 모두 자기 유형의 어두운 면을 발견했을 때 발가벗겨진 것같은 부끄러움을 느꼈을 것이다. 9번도 물론 부분적으로는 그럴 수 있다. 종종 '좋은 사람' 또는 '멋진 사람'이라는 평판을 들었다면 말이다. 만약 당신이 9번이라면 다음 단락을 명심하며 읽었으면 좋겠다. 다른 번호와 마찬가지로 당신에게 걸린 저주는 축복의 다른 면이기 때문이다. 이제 9번의 아름다운 면을 들여다 보자.

사람들은 종종 수잔과 나에게 이런 질문을 한다. "이렇게 착하고 친절한 사람들이 어떻게 분노형 그룹에 속해 있는 건가요?" 9번이 친절하고 부드럽다는 평판을 받는 것은 맞다. 하지만 이들이 항상 총구에 데이지 꽃을 찔러 넣는 것은 아니다. 9번 또한 8번처럼 분노한다. 다만 이들이 워낙 상냥하고 쾌활해서 당신이 느끼지 못할 뿐이다. 9번은 해결하지 못한 분노로 인해 늘 힘들다. 하지만 그것을 꺼내는 일이 오히려 감당하기 어려워 그냥 잠에 빠져든다. 비록 연락은 끊겼는지 몰라도, 이들은 어린 시절로 돌아가거나 더 가까운 과거로 돌아가 당신이나 아이들을 돕기 위해 자신의 꿈을 포기하고, 자기 의견을 묵살한 일을 떠올리며 아직도 억울하다. 사람들에게 언제, 어떻게, '아니오'라고 말해야 하는지 알지 못하기 때문에 이들은 다른 사람들이 9번(관계 안에서 경계를 설정하지 못하는)인 자신의 이점을 취할 때 화가 난다. 그 정도로 충분하지 않을 때, 곧 사람들이 9번에게 "정신 차려. 최소한 이것보다는 많이 일해야지"라고 말할 때는 짜증이 난다. 이 모든 압박감은 9번의 내적인 고요를 망쳐 버린다.

9번도 무시당하고 모욕당하는 것을 알고 또 싫어한다. 하지만 갈등을 회피하는 성향 때문에 공개적으로 자신의 노여움을 표현하지 않을 뿐이다. 물론 아주 가끔 폭발할 때도 있지만, 대부분은 평온을 유지하면서 자신들의 분노를 간접적인 방법으로 표출한다.

월요일 아침에 9번을 화나게 했는가? 그렇다면 화요일 오후쯤 9번을 보라. 아마 화가 다 풀려 있을 것이다. 그러다 화요일 밤에 다시 9번과 이야기를 나누다가 아직 화가 풀리지 않았다고 느끼면 당황할 것이다.

당신은 내일 중요한 비즈니스 출장 때 입을 옷을 9번에게 세탁소에서 찾아와 달라고 부탁했다. 그래서 물어본다. 그러면 9번은 회개하는 목소리로 이렇게 말할 것이다. "오, 이런. 잊어 버렸네." 자기 인식이 부족한 9번인지라 물론 이런 행동이 반드시 의식적일 수는 없다. 다만 그들은 단지 자신의 9번 됨에 흠뻑 취해 있는 것이다.

9번이 수동적인 공격을 할 때 나타나는 행동은 고집이다. 특히 원하지 않는 일을 해야 하거나 내키지 않는 계획에 동의하라는 압력을 받을 때 그렇다. 하지만 그들의 아슬아슬한 수동적 공격성 안에는 무언가에 대한 분노가 간접적으로 담겨 있거나, 상황을 수습할 때 선택할 수 있는 다른 화살들도 있다. 이를 테면 회피, 꾸물거림, 의사 방해, 무시, 침묵으로 대응하기, 반드시 해야 할 일을 하지 않음 등과 같은 일이다.

마침내 좌절감을 느낀 상대방이 "내가 뭐 잘못했어요?"라고 물으면 9번은 "무슨 소리를 하는 거야?" 하며 우긴다. 슬프게도 이들의 수동적인 공격은 결국 상대방을 화나게 만든다. 그리고 이것은 9번에게 더 많은 갈등과 문제를 야기한다. 그냥 처음부터 화가 났다고 말했으면 좋았을 텐데 말이다.

아내는 내가 뭐든 반드시 제시간에 해야 하는 사람이라는 것을 알기 때문에 약속 시간을 맞추려고 애쓴다. 특히 시간을 맞춰야 하는 중요한 모임일 때는 더 그렇다. 하지만 때때로 노동조합의 태업에 견줄 만큼 꾸물댈 때가 있다. 그러면 나는 현관문에 서서 시계를 보며 아내에게 서두르라고 외치곤 한다. 영화 시작을 놓치거나 초대한 사람들에게 결례가 되기 때문이다.

지금은 9번이 어떤 식으로 행동하는지 익숙해졌기 때문에 아내가 미적거리는 것은 나에게 화가 났다는 표시라는 것을 안다. 하지만 그것을 직접적으로 말해서 논쟁을 불러일으키고 싶지는 않기에 꾸물거리는 것이다. 앤은 자신이 화가 난 이유를 내가 알아주기를 바라고, 자신이 개입하지 않고도 내가 그것을 해결해 주길 바란다. 그래서 지금은 이런 일이 생기면 아내가 있는 방으로 가서 "자, 무슨 일인지 털어놔 봐요"라고 말한다. 그러면 아내는 대답한다. "당신이 에니어그램을 몰랐을 때가 훨씬 더 좋았는데."

## 우선순위 결정과 산만함

정신을 차리고 우선순위를 정한 뒤 일을 처리할 상황에 직면하면, 9번은 때때로 중요하지 않은 일에 집중하면서 가장 중요한 일은 마지막까지 남겨 둔다. 이는 언뜻 보기에 당혹스러운 반응이지만 일부 9번에게는 효과적인 방어책이다. 자기 삶에서 우선순위가 무엇인지 파악하고, 자기 안에 있는 분노를 느끼며, 자신을 위해 행동하는 것에서 관심을 돌릴 수 있게 돕기 때문이다.

어느 주일 오후, 나는 아내 앤에게 체육관에 같이 가지 않겠냐고 물었다. 앤은 다음 날까지 해야 할 학부모회 논평을 아직 시작조차 못했다면서 내 제의를 거절했다(앤은 중학교에서 역사를 가르친다). 몇 시간 후, 운동을 마치고 집으로 돌아왔는데, 앤이 뜬금없이 은그릇을 닦고 있었다. 그때까지는 우리 집에 은그릇이 있었다는 사실조차 몰랐다.

"당신, 뭐하는 거예요?" 내가 물었다.

"주방 뒤쪽 구석에 있던 상자에서 우리 결혼식 때 썼던 은그릇을 찾았어요. 그래서 매디(Maddie)에게 주려고 했더니 색이 너무 변했지 뭐예요. 그냥 주는 것보다 닦아서 주는 게 낫겠다 싶어서."

"준비해야 한다는 논평은 어쩌고요? 내일까지라고 하지 않았어요?"

"맞아요." 앤은 잡고 있던 그릇을 내려놓으며 말했다. "어머나, 매디에게 그릇 줄 생각에 빠져 있다 그만…."

9번은 쉽게 산만해진다. 자신보다 다른 모든 사람들의 우선순위가 더 중요하기 때문에 이런 산만함은 자기 망각에 이르는 길이며, 자신이 인생에서 뭘 원하는지 모르는 고통을 피하는 좋은 방법이 된다. 하지만 이보다 더한 것도 많다(인간의 마음은 놀라운 정도로 창의적이다).

어느 날 밤, 우리 부부는 다음날 저녁 식사에 어머니를 초대하기로 했다. 앤은 오후 3시에 음식 재료들을 사러 식료품점에 다녀오겠다고 말했다. 그런데 오후 5시가 되도록 아내는 돌아오지 않았다. 그래서 휴대폰으로 전화를 걸었다. "여보, 어디예요? 1시간 후에 엄마가 오실 텐데 아직도 식료품점에 있는 거예요?"

아내는 아무 대답이 없었다. "실은 아직 도착도 못 했어요. 식료품점을 가느라 수(Sue) 집 앞을 지나오다 보니 수가 마당 밖에 나와 있지 뭐예요. 그래서 잠깐 멈춰서 인사를 했어요. 그런데 애들 자전거 체인이 빠져서 어쩔 줄 몰라 하고 있는 거예요. 그래서 차에서 내려 체인 넣는 것을 도와주었어요. 그러고는 다시 가는데 글쎄 내 블라우스에 자전거 체인 기름이 묻었지 뭐예요. 그래서 편의점에 잠깐 들러서 얼룩제거제를 샀어요. 편의점에서 지갑을 열다가 보니까 매디의 안약 처방전이 있는 거예요. 그래서 안약도 샀어요. 그러고는 마침내 홀 푸드(Whole Foods) 쪽을 향해 가고 있는데 베드 배스 앤 비욘드(Bed Bath and Beyond-미국 주방 욕실 용품 매장) 앞에 침구 세일 배너가 있는 거예요. 에이단이 9월에 학교에 가면 새 침구랑 베개가 필요하고, 마침 20퍼센트 쿠폰도 있고 해서 얼른 안으로 들어가서 물건을 샀어요. 이제 식료품점에 거의 다 왔어요. 20분 안으로 집에 도착할 수 있을 거예요.”

무슨 일이 일어났는지 알겠는가? 9번이 불필요한 일이나 활동(친구랑 수다를 떨기 위해 멈춘다든가 하는)으로 인해 옆길로 새면, 그들은 큰 그림(2시간 안에 시어머니가 저녁을 드시러 온다는 사실)을 쉽게 잊어버린다.[22] 다급하게 처리해야 할 큰 그림을 더 이상 보지도, 느끼지도 못하는 순간 일의 우선순위(배고픈 어머니를 위해 음식을 사는)나 중요도는 깡그리 무시당한다. 누군가가 큰 그림(어머니의 도착 예정 시간)을 말해 주지 않는다면, 9번은 초점을 잃고 주의가 흐트러진다. 그러면 모든 일들이 똑같이 중요하게 보여서 순간순간 자기 눈앞에 닥친 일에 몰두한다.

우리 모두는 자신의 번호(유형) 안에 안주하려 든다. 그래서 그 마음을 일깨워 줄 친구나 파트너가 필요하다. “자기 임무를 잘 수행하고 있나요?” 이것은 모든 일을 수행하느라 바쁘지만 동시에 아무것도 하지 않는 9번에게 던질 좋은 질문이다. 잠시 그들을 멈춰 세워야 하기 때문이다.

## ❦ 9번의 어린 시절

지금껏 내 딸 매디(Maddie)만큼 느긋한 아이를 본 적이 없다. 매디는 누구보다 더 맑은 영혼과 다른 사람들의 필요를 감지하는 선천적인 재능을 가지고 있다. 개척 교회를 이끌던 당시 우리 부부는 집에 방문하는 사람들을 즐겁게 해 주려고 애썼다. 당시 네다섯 살이었던 매디는 어른들이 모여 있던 방으로 들어가 누구 한 명의 무릎을 골라잡아 그 위에 고양이처럼 몸을 웅크리고는 잠이 들었다. 사람의 마음을 평온하게 해 주는 걸로 치자면 이 아이는 신경안정제나 와인보다 훨씬 더 나았다. 매디가 고른 무릎이 누구의 것이든지 이 녀석의 특별한 치료를 받으면 문자 그대로 고요와 안도를 경험했다.

하루는 어떤 친구가 앤에게 물었다. "매디가 어느 무릎에서 웅크려 잘지 고를 때마다 항상 이혼을 했거나, 심각한 병을 앓고 있거나, 인생의 위기를 겪는 사람을 선택한다는 걸 알아차린 적 있어?"

그 말을 듣기 이전에는 그런 연결고리를 한 번도 생각한 적이 없었지만 그 친구의 말이 전적으로 맞았다. 나는 매디가 사람들 중에서 누가 가장 평안이 필요한지, 또한 모든 것이 잘될 거라는 확신과 안도감이 필요한지, 직감적으로 알았다고 생각한다. 현재의 매디를 보면 그 말은 더 확실해진다. 매디는 캘리포니아에서 살면서 치료 전문가가 되고 싶어 한다. 아직 학위는 없지만 내가 만약 당신이라면 당장 약속을 잡을 것이다. 앞으로는 더 바빠질 테니까 말이다.

정말 많은 9번들이 나와 수잔에게 이런 말을 한다. 이들은 가정 안에서 주목받지 못하고 자랐거나 자신들의 기호와 의견, 감정이 다른 사람들에 비해 덜 중요하다고 느끼며 성장했다는 것이다. 9번은 "너의 요구나 의견, 소망, 존재는 그다지 중요하지 않아"라는 말 때문에 깊은 상처를 받았다.

매디는 9번 유형일 뿐 아니라 언니와 남동생 사이에 끼어 있는 둘째다. 게다가 그 둘은 모두 에니어그램에서 독단적이고 고집이 센 유형이다. 슬프긴 하지만 나는 때때로 매디가 전형적인 '잃어버린 아이'처럼 느껴진다. 우리 아이들이 어렸을 때 앤과 내가 지금처럼 에니어그램을 잘 알았다면 정말 좋았을 텐데 하는 생각이 든다. 그랬다면 매디가 자신을 소중하게 느낄 수 있도록 해 주는 것이 얼마나 중요한지 알았을 것이다. 감사하게도 지금은 이 사실을 안다.

아이일 때의 9번은 함께 지내기가 매우 수월하다. 이들은 활동을 할 때 가장 먼저 달려가 참여하는 일도, 수업 시간에 질문에 답하기 위해 손을 번쩍 드는 일도 없다. 대신 가는 곳마다 조화를 이루고 격려를 전해 준다. 9번인 아이들은 부모와 다른 가족 구성원들 간에 갈등이나 충돌이 생기면 매우 불편함을 느낀다. 그래서 중재자 역할을 하려고 애쓴다. 강제로 어느 한 쪽을 편들지 않아도 될 자신의 자리를 찾으면서 말이다. 만약 사람들이 타협하지 않거나 평화적인 해결책을 내놓지 못한다면 9번 아이들은 분노를 느낀다. 하지만 누구도 이들의 분노에 관심을 갖지 않는다. 그래서 이들은 그것을 비밀에 부치고 정신적으로 벗어나거나 방에서 서둘러 나가 버린다. 종종 첫째 딸 케일리와 막내아들 에이단이 차 안에서 다툴 때면 매디는 그 갈등에서 벗어나기 위해 차창에 머리를 기댄 채 잠을 청하곤 한다.

이 작은 예쁜이들은 자신들의 생각과 감정이 가치가 없다고 느끼기 때문에 인생의 매우 이른 시기에 융합의 기술을 배운다. 이들은 오랫동안 관심의 초점이 되는 것은 좋아하지 않지만, 우리가 그들의 존재를 알아차리고 존중해 주기를 간절히 바란다. 모든 아이들이 그런 것처럼 9번도 자신이 소속되어 있음을 느낄 수 있는 방법이나 장소를 찾는다.


## ✻ 평화주의자의 인간관계

성숙한 9번은 훌륭한 파트너와 부모, 친구가 될 수 있다. 이들은 충성스럽고 친절하며 자신이 해야 할 의무 이상으로, 또는 그것을 뛰어넘어 당신을 지지한다. 이들은 재미있고, 유연하며 크게 불평하지 않는다. 그리고 인생의 단순한 즐거움을 사랑한다. 만약 9번에게 말쑥하게 차려입고 검정 나비넥타이를 맨 채 경축 행사에 참석할지, 아니면 아이들과 소파에서 어깨를 맞댄 채 피자를 먹으며 영화를 볼 건지 선택하라면 분명 후자를 고를 것이다.


### 자신의 목소리를 찾다

9번은 항상 집 안에 그들만의 특별한 장소를 가지고 있다. 그곳은 일상에서 물러나 고요한 시간을 보내고, 평온한 마음의 상태를 고양시킬 활동들을 할 수 있는 곳이다.

건강한 9번은 잠에서 깨어나 자신의 목소리를 찾고 온전한 자기 자신으로 살아가는 사람이다. 이들은 자신이 투자해도 좋을 만큼 중요한 사람이라는 것과 가족 및 친구, 직장 동료들 가운데서 존재감을 가진 사람이라는 것을 안다.

건강한 9번은 영적으로도 영감을 준다. 그들은 세상에 대해 수용적이지만 그렇다고 지나치게 개방적이지도 않고, 자기 인식의 감각을 잃을 만큼 다른 사람들과의 경계가 모호하지도 않다.

### 건강하지 못한 평화주의자의 방어 기제 부정

아직 잠들어 있는 9번은 관계에서 갈등이 생길 때 어려움을 겪는다. 그들은 갈등을 해결하지 못할뿐더러 받아들이지도 못한다. 그들에게 나타나는 주요한 방어 기제는 거부나 부정이다. 이들은 그 어떤 것도 자신들의 조화를 깨뜨릴 것 같으면 직면하려 하지 않는다. 그래서 배가 가라앉고 있더라도 마음속 오케스트라의 연주는 계속되어야 한다고 생각한다. 이들은 무언가 잘못되었다는 명백한 징후를 무시할 수도 있고, 문제를 축소시킬 수도 있고, 자신이 문제의 심각성을 전혀 파악하지 못하고 있다는 사실만 보여 줄 단순한 조치를 제안할 수도 있다.

이들은 불쾌한 문제들을 피하는 데는 정말 단호하다. 이들이 고통스러운 대화나 갈등을 피하고 싶어 하기 때문에 사람들은 9번에게 관계 안의 심각한 문제를 말하기 위해서 그들의 발을 붙잡고 늘어져야 한다. 9번은 분쟁을 피하고 다른 사람에게 녹아들려는 갈망이 너무 강하다. 따라서 이미 오래전에 끝나 버린 관계에도 집착할 수 있다.

9번은 뭔가를 먼저 시작하는 사람은 아니지만 다른 사람들이 자신에게 관심을 가지고 연락해 올 때 감격한다. 이들에게는 오랫동안 연락하지 않는 사람들과 다시 연결할 수 있는 훌륭한 능력이 있다. 수년 동안 보지 못했다 하더라도 마치 어제까지 만났던 사람인 것처럼 통화할 수 있다.

내가 9번과 결혼하고 9번 자녀를 양육하면서 몸소 배운 것은 이것이다. 당신에게는 사소한 말다툼이지만 그들은 제2차대전의 벌지 전투처럼 느낀다. 당신은 목소리를 아주 조금 높여서 말한 것뿐인데 9번은 당신이 소리를 질렀다고 생각한다.

그래서 무언가에 대해서 나의 생각이나 감정을 이야기하기 전에 먼저 9번 상대의 생각과 감정을 물어보는 것은 아주 중요하다. 그들을 존중해서 그런 것이기도 하지만 그렇게 해야 그들이 내 생각에 녹아들 가능성이 줄기 때문이다. 그리고 자신들이 원하지 않는 뭔가에 어정쩡하게 동의할 가능성도 낮아진다.

## 🦋 일터에서의 9번

"평화롭고 조화로운 환경에서 일할 침착하고, 의지할 만하며, 열정적인 팀원을 구합니다. 누구나 말 붙이기 쉽고, 중재를 잘하는 분이어야 하며, 반드시 다양한 사람들과 두루두루 어울릴 수 있어야 합니다. 사무실에서 논란을 일으키거나 지나치게 정치적인 분들은 지원하지 마십시오."

이런 구인광고를 낸다면 인터뷰를 하러 온 9번들로 그 줄 끝이 보이지 않을 것이다. 수가 너무 많아서 평소 평화로운 이 사람들 사이에 폭동이 발생할지도 모른다.

건강한 9번은 훌륭한 직원이자 동료이다. 이들 중 일부는 자신들을 믿어 주는 파트너를 만나기도 한다. 그들은 이들이 가진 잠재력을 발휘할 수 있도록 헌신적으로 도와준다. 낸시 레이건이나 힐러리 클린턴 같은 사람들이 좋은 예이다. 판단하지 않고 힘을 북돋아 주며 아우를 줄 아는 이들은 사람들 사이에 연결 다리를 만들어 서로를 협동 정신으로 뭉치게 해 준다.

### 다양한 관점을 보는 눈을 가지다

9번 유형 가운데 성공한 많은 사람들이 이렇게들 말한다. 자신들에게 특별한 야망이 있었던 건 아니라는 말이다. 그들은 좋은 사무실을 탐낸 적도 없고, 엄청난 판공비를 쓸 수 있는 자리를 바란 적도 없었다. 만약 합리적인 임금과 특전이 보장되는 좋은 직장이 있다면 그들은 만족하며 그 자리에 머물러 있었을 것이다. 9번은 다양한 관점을 볼 수 있기 때문에 문제를 잘 해결할 뿐 아니라 모두가 흡족해하는 협상을 이끌어 낼 수 있다.

9번은 그룹 안에서 자신의 에너지와 정체성을 얻는다. 따라서 자신의 경력을 향상시키기 위해 스포트라이트를 받는 것보다 팀의 성공을 위해 팀 안에 융화되어 그들과 신뢰를 공유한다. 물론 약간의 인정은 좋아하지만 대부분은 레이더 망 아래에서 날아다니기 때문에 그다지 주의를 끌지 못한다. 그렇다면 만약 이들이 업무를 잘 수행하여 직무가 바뀌거나 더 많은 일을 해야 한다면 어떨까? 승진의 기회가 생긴다면 9번도 그것을 좇을 수는 있다. 하지만 그들이 준비되었을 때만 가능하다. 대부분의 경우 9번은 에너지가 넘치는 사람들이 아니다. 또한 업무에서 통제나 압력을 받는 것도 좋아하지 않는다.

습관의 창조물인 9번은 업무 현장에서 예측 가능하고 구조적이며 틀에 박힌 일에 고마워한다. 그리고 집에까지 일을 가져오는 것을 좋아하지 않는다. 주말이나 휴일까지 방해받고 싶지 않기 때문이다.

9번은 훌륭한 카운슬러와 교사, 성직자 및 홍보 활동 임원이 될 수 있다. "선생님이란 직업은 정말 나한테 딱 맞는 것 같아요." 아내 앤이 한 말이다. "패턴과 리듬이 설정돼 있을 때 최고의 효율을 끌어 낼 수 있거든요. 무슨 요일에 어떤 수업을 할지, 학기가 언제 시작하고 끝날지, 방학이 언제일지, 학교장이 내게 기대하는 것이 무엇일지 알고 있는 게 편해요. 무엇보다 동료 선생님들과 멋진 관계를 맺고 있고 아이들을 사랑하니까요."

불행하게도 9번은 관계에서만큼이나 직장에서도 이용당하기 쉬운 사람들이다. 이들은 지나치게 호의적인 부응을 잘한다. 이들은 평지풍파를 일으키지 않으려고 아니라고 말하고 싶을 때도 '예'라고 말한 후, 종종 나중에 후회를 한다.

9번은 직장에서 자신을 과소평가하는 경향이 있다. 그래서 상당한 기술을 지니고 있음에도 스스로의 가치를 제대로 평가하지 못한다. 직업 세계에서 최고 수준의 직책을 수행할 능력이 있는데도, 안타깝게도 대부분의 9번은 갈등과 스트레스를 피할 수 있는 중간 관리자 쪽에 마음이 끌린다. 리더십을 맡으면 호응이나 평판이 좋지 않은 결정을 내려야 하고 직원들을 감독하거나 해고해야 되기 때문이다.

## 날개

### "극과 극은 서로 통한다"(8번 날개를 가진 9번-9w8)

에니어그램에서 매우 복잡한 조합 가운데 하나이다. 권력이나 힘에 대항해야 하는 8번과 갈등을 피해야 하는 9번이 함께 있기 때문이다. 8번은 분노를 원동력 삼아 활기를 느끼는 반면 9번은 무슨 수를 써서라도 그것을 피하려 한다. 이 모순된 조합 이야기를 해 보자. 이 두 번호는 "극과 극은 서로 통한다"는 진부한 표현처럼 새로운 방식을 가져다 주지만 또한 아주 강력한 장소가 되기도 한다.

8번 날개를 지닌 9번은 1번 날개를 가진 9번에 비해 더욱 에너지가 넘치고, 자신감 있으며, 완고하고 적극적이며 비순응적이다. 이들은 자신이나 다른 사람들이 위협을 받으면 쉽게 분노할 수 있다. 그리고 그것을 되도록 공개적으로 표현한다. 수잔의 딸 제니는 8번 날개를 가진 9번이다. 어느 날 제니는 엄마에게 이런 말을 했다고 한다. "엄마, 골치 아픈 일이 생겼어요. 방금 저의 8번 날개가 정말 많은 일들을 했어요. 좀 정리하려면 한 3주 정도는 걸릴 것 같네요."

이렇게 주기적으로 자신감과 적극성이 증가하는 이유는, 좀 더 쉽게 화내고 그것을 더 공개적으로 표현할 수 있는 다른 번호와 연관이 있는 것이 아니다. 이는 또 다른 9번이 어떻게 행동하느냐에 달려 있음을 기억하라.

9w8번이 때때로 마음을 바꾸기는 하지만, 이들은 자신에게 중요한 일일 때는 직접적이고 명확해지는 것이 더 쉽다는 것을 알게 된다. 8번 날개가 자신을 대신해서 행동할 것 같지는 않지만 이들은 열정을 다해 약자와 공동선을 위해서 행동한다. 이런 9번들은 다른 9번에 비해서 조금 더 대립적인 경향이 있지만 아울러 다시 화해하는 데도 빠르다.

### 겸손한 원칙주의자(1번 날개를 가진 9번 - 9w1)

1번 날개(완전주의자)를 가진 9번은 옳고 그름을 구분 짓는 성향이 강하다. 1번의 에너지는 9번이 조금 더 집중할 수 있게 해 준다. 그래서 더 많은 성취를 이루게 하여 자신감을 높여 준다. 1번 날개를 가진 9번은 다른 9번에 비해서 비판적이고, 질서 있고, 내향적이면서 수동적인 공격성이 있다. 문제의 옳고 그름에 대한 관심이 커서 이들은 평화 운동이나 다른 사회 정의 소송 등에 곧잘 개입한다. 이런 9번의 지도자들은 원칙을 지키면서 겸손하기 때문에 사람들은 진실하고 확고부동한 이들을 따르기 원한다.

# 🏃 스트레스와 안전

### 고조되는 의사 결정 스트레스

9번이 스트레스를 받으면 건강하지 않은 6번(의리파)처럼 행동하기 시작한다. 과도하게 헌신하고, 걱정을 많이 하며, 까다롭고, 다른 사람들을 경계한다. 게다가 왜 그런지 이유도 모르면서 불안해 하고 초조해한다. 스스로를 의심하는 나머지 평소보다 의사 결정을 하는 것이 더 어려워진다. 그리고 흥미롭게도 더 잘 반응하기 시작한다. 평소 신속하게 반응하는 일이 거의 없는 9번이라는 것을 감안하면 이는 큰 변화이다.

### 진정한 평화와 조화를 맛보다

이 세상이 편안하고 안전하다고 느끼면 9번은 3번(능력자)의 긍정적인 면으로 이동한다. 그곳에서의 9번은 좀 더 목표 지향적이고, 과단하며, 자신감 넘치고 자신의 삶의 의제들과 맞닿아 있다. 삶의 꽃을 활짝 피우고 있는 9번은 관성과 씨름할 일도 적고, 자신의 삶의 명령을 충실히 따르며, 자신이 이 세상에서 중요한 존재라고 믿는다. 보다 중요한 것은 3번의 긍정적 측면에 연결된 9번이야말로 진정한 평화와 조화를 맛보고 누릴 수 있다는 것이다.

## ✺ 영적 변화

9번이 가진 약점인 융화하려는 성향은 남들이 부러워할 만한 영적 은사이지만 사실 어두운 면이다. 하지만 내 생각에는 그들이 삶에서 만회해야 하는 일보다 9번이 되는 것의 영적 이점이 더 큰 것 같다. 영적 삶의 목표가 하나님과의 연합을 깨닫는 것이라면 건강한 9번이 가진 융합 능력은 이미 우리를 앞서 있다. 하나님에 대한 온전한 지식을 얻고 '그리스도와 하나 되는 일'로 치자면 건강한 9번은 대부분 결승선을 가장 먼저 지날 것이다. 이들은 타고난 사색가들이다.

### 삶의 모험에 '예'라고 답하라

9번은 모든 방면에서 개방적이고 수용적이다. 비록 아이들이라 할지라도 세상의 성례적인 차원과 맞닿아 있는 듯 보인다. 이들은 모든 창조물들의 상호연관성을 매우 깊이 자각하고 있다. 야외 활동을 좋아하는 사람이라면 자연 세계 안에서 하나님의 현존을 발견하고, 어떻게 이 모든 것이 하나님의 영광을 드러내는지 알아챈다.

9번은 무언가를 하는 것보다 존재 자체에 더 가치를 두기 때문에 하나님의 사랑 안에서 어떻게 쉬어야 하는지 알고, 나머지 사람들보다 더 관대하게 자신을 나누는 법을 안다. 또한 사물의 양쪽 면을 다 볼 수 있기 때문에 역설이나 미스터리도 불편해 하지 않는다. 이를테면 동정녀 탄생이나 하나이면서 동시에 셋인 삼위일체 하나님의 교리를 매우 쉽게 받아들인다.

하지만 9번은 진정한 영적 변화에 반드시 뒤따르는 불안전한 상황에 저항한다. 평화주의자들의 가장 큰 삶의 동기는 갈등을 벗어나 내적 조화를 경험하는 것이다. 하지만 사실 평화처럼 보이는 이것은 삶에 영향을 받고 싶지 않은 9번의 갈망일 뿐이다. 영적으로는 갈등 없는 삶이 곧 평화가 있다는 것을 말하지는 않는다. 평화를 위해 해야 하는 일이 있고, 때로 위험도 감수해야 한다. 그러므로 적어도 9번은 다음 말을 반드시 새겨들어야 한다. "일어나서 자기 삶의 모험에 '예'라고 대답하라."

### 타인의 뒤에 숨어 따라가길 멈추라

9번은 다른 모든 사람들과 마찬가지로 아주 소중하다. 또한 자기 자신으로 살아갈 자격이 있다. 이것은 그들의 타고난 권리이다. 각성은 자신의 권위와 삶에 대한 책임을 되찾는 것도 포함한다. 그것은 자신의 생각과 열정, 의견, 꿈, 원대한 뜻과 갈망을 찾아 부활시키는 것을 의미한다. 물론 두려울 것이다. 하지만 다른 사람의 뒤에 숨어서 따라가는 일을 멈추어야 한다. 만약 9번이 다른 사람을 사랑하는 만큼 자기 자신을 사랑한다면 진정한 자기 자신이 되는 모험으로 나아갈 수 있을 것이다.

역설적이게도 평화와 조화로 가는 길에는 수많은 갈등과 불화들이 가득하다. 분쟁이나 고통 없이 평화나 고요의 삶을 약속한다면 그것이 무엇이든 신중하게 피해야 한다. 재활 시설에서 당신의 마지막 삶을 보내고 싶지 않다면 말이다. 이 말을 받아들이고 싶지 않을 것이다. 오히려 화가 날 수도 있다. 나도 안다. 나 역시 반복적으로 소외감을 느끼면 화가 난다. 이들은 평화를 지키고 함께하는 관계를 유지하기 위해 희생했을 때 화를 낸다. 하지만 자신을 옹호하고 싶은 충동이 생기거나 스스로의 이익을 위해 행동할 때는 화를 내지 않는다. 9번은 자신이 분노를 표출하면 누군가에게 상처를 주거나 그들을 죽일까 봐 두려워하는데 사실 그렇지는 않다. 갈등이나 분쟁을 일으킬 수는 있지만 그것은 살인이 아니며, 오히려 자신이 생존할 수 있는 길이다.

9번은 올바른 행동을 찾아 그쪽으로 나아가야 한다. 그렇게 함으로써 스스로 존귀한 느낌을 가지게 됨을 알아야 한다. 그리고 다른 사람들도 그것을 알고 이들을 응원할 것이다. 이런 일이 벌어지면 9번은 그 기반 위에 굳게 서게 되고, 다시는 스스로에게서 도망칠 필요가 없을 것이다.

9번에게 들려주고 싶은 치유의 메시지이다. "당신과 그리고 당신의 삶은 소중합니다." 하나님은 다른 누군가의 삶을 살도록 하려고 당신을 이 파티에 초대하신 것이 아니다. 우리는 지금 '당신'이 필요하다!

# 9번의 변화를 위한 10가지 방법

1. "나의 부르심이나 인생의 계획은 무엇인가? 그것을 위해 노력하는가? 뒤로 미루는가?"

2. 다른 사람들에게 부탁해서 업무 수행에 도움이 될 만한 업무 관리나 작업 시스템을 찾아 보라. 도움을 받을 수 있는 훌륭한 어플이 많이 있을 것이다.

3. 누군가가 당신이 하고 싶지 않은 어떤 일을 부탁할 때 '아니오'라고 말하는 연습을 하라.

4. 와인 한 잔이나 쇼핑, 모금 활동 등 당신을 정신없게 하고 삶을 제대로 다루지 못하게 하는 전략들을 조심하라.

5. 자기 의견을 가지거나 그것을 표현하는 일을 두려워하지 말라.

6. 일을 미루거나 회피하는 것같이 수동적으로 공격하고 싶은 진부한 마음의 충동을 피하라. 화가 나면 솔직하게 드러내라.

7. 당신의 목소리가 얼마나 독특하고 중요한지 이해하라. 사람들은 자신들의 견해가 반사되어 돌아오는 게 아니라 당신의 생각이 무엇인지 들을 권리가 있다.

8. 당신에게는 극심하고 끔찍하게 느껴졌던 갈등이나 충돌이 상대방에게는 단지 전형적인 의견 차이일 수 있다는 것을 기억하라. 심호흡을 하고 계속해서 관계를 이어 가라.

9. 다른 사람들과 동화되려는 경향은 그것이 하나님을 향해 있다면 정말 아름다운 은사가 될 수 있다. 다른 유형들은 당신이 가진 이 영적 이점을 부러워한다. 하지만 다른 사람들과 융화되려다가 고유한 자신의 모습이 될 기회를 놓쳐서는 안 된다.

10. 결정의 순간이 왔을 때 온몸이 마비되는 느낌이 든다면 당신이 어떻게 해야 할지가 아니라 당신이 무엇을 하고 싶은지 알아내어 그것을 말해 줄 사람과 상담을 하고 실행하라.

## 3. 1번 유형 // 완전주의자
반드시 완벽하거나 좋은 사람일 필요는 없다

완벽주의는 국민의 적인 압제자의 목소리다.

-앤 라무트(ANNE LAMOTT)

# 1번, 나는 이런 사람이다

☐ 1. 사람들은 내가 지나치게 비판적이고 심판자 같다고 말한다.

☐ 2. 실수할 때면 나 자신을 때린다.

☐ 3. 긴장을 풀고 이완하려 하면 마음이 편안하지 않다. 해야 할 일이 너무 많다.

☐ 4. 나는 규칙을 무시하거나 위반하는 것을 좋아하지 않는다. 어떤 사람이 마트에서 정해
　　 진 개수보다 더 많은 물건을 가지고 빠른 계산 줄에 서 있으면 보기 불편하다.

☐ 5. 나에게는 세부 사항이 중요하다.

☐ 6. 종종 나 자신을 다른 사람과 비교하고 있다는 걸 발견한다.

☐ 7. 뭔가를 할 것이라고 말하면 그것을 반드시 한다.

☐ 8. 억울한 마음을 떨쳐 버리는 것이 힘들다.

☐ 9. 타고난 세계보다 더 좋은 세상을 만들고 떠나는 것이 나의 책임이라고 생각한다.

☐ 10. 수많은 자기 규율을 가지고 있다.

☐ 11. 돈을 어떻게 사용할지 항상 조심하고 신중하게 생각하려 한다.

☐ 12. 나에게 사물은 옳거나 그른 것으로 보인다.

☐ 13. 나는 어떻게 하면 더 나은 사람이 될 수 있을까 생각하는 데 많은 시간을 보낸다.

☐ 14. 용서는 어렵다.

☐ 15. 뭔가가 잘못되었거나 제자리에 없을 때 즉시 알아챈다.

☐ 16. 걱정이 많다.

☐ 17. 다른 사람들이 자신의 역할을 하지 않을 때 정말 실망한다.

☐ 18. 반복되는 일상을 좋아하며 변화를 쉽게 받아들이지 않는다.

☐ 19. 프로젝트 작업을 할 때 최선을 다한다. 그리고 다른 사람들도 그러길 바란다. 그래야 일을 반복해서 하지 않기 때문이다.

☐ 20. 일을 바로잡기 위해서 다른 사람들보다 내가 더 열심히 노력하는 것 같은 기분이 종종 든다.

· **Key Word**

원칙적, 완벽함, 계획적, 양심적, 윤리적, 정리정돈

- - - - - - - - - - - - - - - - - - - - - - - - - - - - - - - - - - - - - - - - - - - - - -

· **1번 유형인 사람들**

스티브 잡스

- - - - - - - - - - - - - -

### 건강할 때

이들은 성실하면서도 봉사하는 삶에 전념한다. 균형이 잡혀 있고, 책임감이 있으며 불완전한 자기 자신과 다른 사람들을 용서할 줄 안다. 이들은 원칙을 가지고 있지만 인내심이 있어서 천천히 그러나 확실하게 세상을 더 좋은 곳으로 만들어 간다.

### 보통일 때

이들은 자동적으로 오류나 결함에 대해 지적하고 판단하며 비교한다. 자기 안에 있는 비판적인 목소리의 폭정에 시달리면서 부족함이나 흠이 불가피함을 받아들이려고 몸부림친다.

### 건강하지 않을 때

이들은 작은 결함에 주의를 집중한다. 1번은 자신들이 할 수 있는 세세한 것에 지나치게 사로잡혀 있다. 무언가 또는 누군가에 대한 자신의 지배권을 주장하는 것이 유일한 위안이 된다.

# ❧ 불의에 맞서는 당당함

선생님이 교실 불을 끄고 프로젝터를 켰을 때 나는 책상 위에 두 팔을 괴고 얼굴을 묻은 채 하품을 했다. 7학년이던 그때 나는 그레고리 펙(미국의 영화배우)이 분했던 애티커스 핀치(소설 《앵무새 죽이기》의 주인공)의 이야기가 어떻게 내 마음속에 아무도 모르게 조용히 하나의 씨앗을 심을지 전혀 알지 못했다.

핀치는 1930년대 남부의 한 작은 도시에서 아내와 사별한 후 홀로 아이들을 키우며 살고 있는 훌륭한 변호사이자 자상한 아빠이다. 어느 날 무고하게 기소된 흑인 톰을 변호해 주면서 영화는 전개된다. 〈앵무새 죽이기〉라는 이 영화에서의 애티커스 핀치는 감각적이면서도 완벽하게 다림질된 슈트를 차려 입고, 항상 조끼 주머니에 체인이 달린 회중시계를 넣고 다닌다. 그는 자녀들을 친절과 존중으로 대하는, 현명하면서도 자상하고 반듯한 아버지의 표본이다. 그는 법을 고수하며, 모두에게 더 나은 세상을 만들어야 한다는 신성한 의무를 이행하는 개혁자이자 이상주의자이다. 옳고 그름에 대한 명확한 감각을 가진 그는 불의를 보고 참지 못하며 어떤 대가를 치러서라도 이에 당당히 맞서고자 한다.

그의 딸 스카우트가 왜 성가시게 이길 기회도 없는 소송에서 톰을 변호하는지, 그리고 마을 사람들이 아버지를 욕하게 그냥 두는지 물었을 때 애티커스는 이렇게 말한다. "다른 사람들과 같이 살아가려면 먼저 나 자신과 함께 살아야 한단다.[23] 다수가 지켜야 할 규칙을 지키지 않아도 되는 유일한 예외가 있다면 그것은 바로 우리 안에 있는 양심이란다."

애티커스의 명쾌하고 열정적인 최후 변론에도 불구하고 톰 로빈슨은 모두가 백인인 배심원들에 의해 유죄 판결을 받는다. 애티커스는 시선을 떨군 채 서류 가방을 싸기 시작했다. 그가 재판을 마치고 천천히 통로를 따라 법정을 빠져 나갈 때 발코니에 앉았던 흑인 청중들이 한 명 한 명씩 차례로 일어나 그에 대한 존경심을 표했다. 흑인 공동체가 자신들 발아래에 있는 애티커스에게 존경을 표하는 이 상징적 행동을 딸 스카우트가 이해하지도 못하고 알아채지도 못하자 가장 나이가 많은 사이크스 목사는 아래층에 있는 스카우트에게 다음과 같이 속삭인다. "미스 진 루이스? … 루이스 양, 일어나세요. 아버지께서 나가시잖아요."[24]

이 장면에서 나는 전율을 느꼈다. 애티커스 핀치의 모습 속에는 내가 아버지에게 바랐던 모든 것이 있었다. 하지만 알코올로 많은 어려움을 겪고 있는 아들의 모습으로는 그런 아버지를 결코 가질 수 없다는 것을 나는 알고 있다. 스카우트는 자신의 아버지에 대해 이렇게 말했다. "아빠와 함께 있을 때는 삶이 평온했고, 아빠와 함께하지 않았을 때는 삶이 견딜 수 없었다."[25]

나의 경우는 그녀의 말과 정반대였다. 20년의 시간이 더 흐르고 아들이 태어난 후에 우연히 길을 가다 애티커스 핀치에 대한 나의 기억을 뒤흔드는 골동품 회중시계를 발견하게 되었다. 얼른 그것을 샀다. 그 시계가 내가 원했던 아버지의 상을 상기시켜 주길 희망하면서 말이다.

이것이 애티커스와 같은 1번이 사람들에게 줄 수 있는 영향력이다. 그들이 보이는 본은 사람들로 하여금 더 나은 인생에 대한 영감을 일으키고 불의와 맞서 싸우게 하며, 높은 이상을 품을 수 있도록 한다. 그러나 모범적인 삶을 살겠다는 1번의 헌신은 자신과 다른 사람들에게 고통스러울 수 있는 엄격한 완전주의로 빠르게 변질될 수 있다.

## ✼ 1번의 중대한 죄

1번은 가느다란 선 위를 걷는다. 이들이 애티커스처럼 건강할 때는 공정함에 대한 관심과 세상을 온전하게 회복하고자 하는 열망으로 우리들에게 영감을 준다. 하지만 평균 또는 건강하지 않을 때는 그들만의 방식으로 들어가 버린다.

### 완벽주의로 인한 분노의 죄

일어나는 시간에서부터 잠자리에 눕는 시간까지 1번은 세상이 오류투성이라고 인식한다. 그리고 그것을 바로잡는 일이 자신이 해야 할 책무라고 느낀다. 할 일이 아주 많은 것이다. 누군가가 치약을 중간에서부터 짜 놓았거나, 학교 신문을 발행하는 교직원이 철자를 두 군데나 틀리게 적었거나, 아이 중 하나가 목욕 수건을 제대로 접거나 걸어 놓지 않았거나, 자동차 문에 없었던 흠집이 생겼거나, 어떤 이웃이 뚜껑도 덮지 않은 채 쓰레기통을 길가에 세워 놓고 가 버렸다. 이럴 때 뒤처리를 하는 사람은 어떤 종류의 사람들일까?

1번은 뭐든 완벽해야 한다. 1번의 마음속에는, 만약 자신이 실수를 하면 누군가가 뛰쳐나와 자기를 나무라거나 비난하고 처벌할 것이라는,

모호하고도 불안한 감정이 있다. 그래서 이들은 완벽함을 추구한다. 이들은 망가진 세상을 고치기 위해 부단히 애쓰지만 그 일은 결코 끝나지 않는다. 이 때문에 때로는 초조하고 짜증이 나기도 한다. 다른 사람들은 이 세상을 더 바르게 만드는 십자군 운동에 그다지 관심이 많지 않은 걸로 보이기 때문이다. '왜 사람들은 나만큼 신경을 쓰지 않는 걸까? 나 혼자서 이 모든 것을 다 해야 한단 말인가? 그건 공정하지 않아.'

1번의 중대한 죄는 분노이다. 하지만 그들의 경험에 더 잘 들어맞는 감정은 억울한 마음이다. 이들은 이 세계가 규칙을 따르지 않거나, 자기감정을 조절하지 못하거나, 적절하게 행동하지 않거나, 기본적인 동물적 본능을 점검하지 않는 사람들을 심판한다고 믿는다. 1번에게는 분노라는 것이 '좋은 사람들'이라면 절대로 표현해서는 안 되는 감정의 제1목록이다. 따라서 주변 환경이나 자기 자신, 그리고 다른 사람들 속에 보이는 결함에 대해 분노가 느껴질 때 그것을 묻어 버린다. 1번은 분노형 그룹(8번, 9번, 1번) 안에 속해 있다. 자신의 분노를 외면화는 8번이나 그것에 대해 잠들어 버리는 9번과 달리, 1번은 분노가 부글부글 끓어서 모두에게 드러날 때까지 표면 아래로 감춘다.

하지만 1번의 분과 화에 기름을 붓는 것은 또 다른 무엇이다. 사람들은 1번이 지켜보는 어디에서나 자신의 욕망대로 제멋대로 행동하거나 규칙을 어긴다. 그러고도 잡히거나 벌을 받지 않는 좋은 시절을 보내고 있다. 반면 1번은 자신이 해야 할 일, 곧 무질서한 세계를 제대로 바로잡기 위해서, 정작 하고 싶은 일을 포기해야 한다는 의무감을 느낀다. 엎친데 덮친 격으로 이들은 자신이 좋아하고 즐기는 일, 이를 테면 해변에서

맥주를 마시거나 배구를 할 때도 자신이 맡은 일을 완수할 뿐 아니라 바닥에 떨어진 모든 쓰레기들까지 치워야 한다.

잘못하면 보통의 1번은 세상을 향해 청교도와 비슷한 태도를 취할 수 있다. 마크 트웨인이 말했듯이 "가장 나쁜 의미에서 좋은"[26] 사람이 될 수 있다.


## ❧ 1번에 대한 모든 것

월터는 월 스트리트에서 명성 높은 한 회계 법인의 세무사로 일하고 있다. 일을 마치고 집으로 돌아왔을 때 그가 원하는 그림은 다음과 같다. 집은 깨끗하게 청소되어 있고, 아이들은 목욕까지 마쳤으며, 식탁 위에는 맛있는 저녁이 준비되어 있고, 세상도 질서정연하게 제대로 돌아가는 것이다. 나는 월터가 당당히 나서서 아내 앨리스에게 이것이 자신이 기대하는 모습이라고 말한 적이 있는지 의심스럽지만, 그가 주변에 있을 때면 어렵지 않게 그런 기운을 감지할 수 있다.

어느 날 밤 월터가 직장에서 돌아왔을 때 집도 깨끗하고, 아이들도 목욕을 끝냈고, 식탁 위에 저녁도 차려져 있었다고 치자. 그러면 우리는 월터가 서류 가방을 내려놓으며 "와우, 정말 멋진데!"라며 뭔가 긍정적인 말을 할 거라 생각할 것이다. 하지만 월터가 소파를 가리키며 내뱉은 첫 마디는 이것이었다. "저기 쿠션이 잘못 놓여 있네."

자, 만약 내가 집에 와서 아내에게 그렇게 말했다고 한다면 아내는 이렇게 말했을 것이다. "정말? 내가 어디에 놓을지 알려줄 테니까 당신이 해요."

군이 1번을 변호하자면, 이것은 다만 그들이 세상을 보는 방식일 뿐이다. 그들이 어디를 가든 오류와 실수들이 달려들어 그들에게 "날 고쳐줘!"라고 소리친다. 그리고 그들은 그것을 그냥 내버려둘 수가 없다. 당신 눈에는 안 보이지만 1번에겐 쉽고도 자세히 보이기 때문이다. 그들은 뭐라고 말을 하든지, 쿠션을 다시 정리하든지 할 것이다. 에니어그램을 배우면서 우리가 중요하게 유념해야 할 것은 이것이다. 곧 우리는 자신이 보는 방식을 바꿀 수는 없고 보이는 대상만 바꿀 수 있다. 월터는 앨리스와 불행한 일을 겪은 이후로 혼자서 많은 일들을 해 왔다. 지금의 모습이라면 비슷한 상황이 벌어졌을 때 즉시 사과했을 것이다. 그는 웃으면서 자신이 계속해서 노력해야 한다고 말한다. 그에게 하나님의 축복이 있기를 소망한다. 에니어그램은 오랜 여정 동안 그를 도와주었다.

### 나와 타인에 대해 높은 기대감을 가진다

평균 수준의 1번은 자신의 행동과 감정을 제어하는 것을 가장 우선으로 친다. '점잖지 못한' 충동이나 받아들이기 힘든 감정이 올라올 때 1번은 자동적으로 그것을 누르고 그와 반대되는 행동을 한다. 심리학에서는 이런 반응을 '반동 형성'이라고 말한다. 예를 들어, 1번은 당신의 노래 소리를 들으면 자신도 모르는 사이 부러운 마음이 의식적인 인식 수준까지 올라오는 것을 막기 위해 엄청난 칭찬을 할지도 모른다. 어떤 수준에서 이것은 감탄할 만하다. 그러나 이 칭찬은 기분을 망치기 싫은 이기심에서 비롯되었음으로 1번의 억지웃음과 친절한 말은 진심이 아닌 것처럼 느껴질 수 있다.

1번이 아무런 제어 없이 내달리기 시작하면 자신에게 무자비할 정도로 엄격해진다. 어떤 1번은 삶의 한 가지 분야(예를 들어, 정원 관리, 자동차, 사무실)에서만 완벽함을 추구하고 요구한다. 반면 다른 1번은 삶의 전 분야에 그것을 적용한다. 집은 먼지 하나 없어야 하고, 공과금은 제때에 납부해야 하며, 감사 편지는 선물을 받은 그날 바로 작성해서 올려야 한다. IRS(Internal Revenue Service: 미국 국세청-역주)규정을 어기지 않기 위해 세금 신고서 사본은 5년 동안 보관한다. 자신들의 신용 점수가 800점을 밑돌고 있다는 것을 알았을 때도 경제적으로 고통받고 있다고 말하지 않는다.

이들은 또한 사람들에게 자신들의 높은 기준을 강요한다. "매주 월요일마다 저는 우리 전도사님께 도움이 될 만한 몇 가지 목록을 이메일로 적어서 보내곤 했어요. 전날 예배 시간에는 전혀 생각지 못했던 것들이죠."

이제 막 자기 인식을 한 1번이 에니어그램 워크숍에서 배운 것들을 나누며 예전의 자기 모습에 대해 웃으며 이야기했다. "찬양을 더 은혜롭게 인도하는 방법이나 더 감명 깊게 설교를 하는 법, 성찬식 시간을 줄일 수 있는 방법 등을 제안했지요. 그리고 항상 사람들이 교회에 일찍 도착하는 걸 원하시면 10시 정각에 예배를 시작하시라고 말하며 끝을 맺었지요. 하지만 지금은 상황이 달라요. 아내는 제가 도움이 안 되는 방향으로 변화되었다는 것이 얼마나 자랑스러운지 모른다고 말해요."

만약 당신 주변의 누군가가 1번일 것 같은데 확신이 서지 않는다면 식기세척기를 열었을 때 어떻게 반응하는지 지켜보면 된다. 만약 그 사람이 혀를 쯧쯧 차면서 "왜 사람들은 이걸 제대로 못 넣는 거지?" 하고 그릇들을 다시 정리해서 넣는다면 1번일 확률이 50퍼센트가 넘을 것이다. 당신은 때로 그들이 끼어들어 마지막 정리를 하기 전에는 식기 세척기에 그릇 넣는 것을 끝내지 못할 수도 있다. 이들은 당신이 그릇을 넣는 동안 옆에서 그 모습을 지켜보다가 대접을 놓아야 할 자리에 컵을 놓으면 "어, 어!"라고 외칠 것이다.

접시들이 깨끗하게 씻기기만 한다면 어떻게 정렬되었건 무슨 상관이겠는가? 대부분의 사람들이 이해하지 못하는 것은 정작 1번들은 자신이 비판적이라고 생각하지 않는다는 것이다. 이들은 자신들이 당신을 도와주고 있다고 생각한다! 당신이 일을 더 잘할 수 있도록 말이다. 하지만 모든 사람들이 그들처럼 스스로를 개선하고 싶어 하는 것은 아니다.

그렇다고 해서 모든 1번이 환경의 결함에 집착하는 것은 아니다. 내가 아는 몇몇 1번은 집이 엉망이거나 애완견의 뒤처리를 하지 않는 사람을 보아도 그다지 신경 쓰지 않는다. 좋은 사람이 되고 모든 것을 개선하고 싶은 1번의 필요는 사회의 병폐를 다루려는 그들의 관심과 헌신을 통해 표현된다. 전설적인 소비자 보호 운동가인 랄프 네이더가 이 1번 유형에 속한다. 당신은 성매매나 부패한 정치인, 또는 환경을 오염시키는 회사처럼 잘못된 것을 바로잡으려고 애쓰는 1번 유형을 건드리고 싶지 않을 것이다. 1번이 정의를 실현하는 일에 끌리는 이유 중 하나는 자신이 나쁜 사람이 된 것처럼 느끼지 않고도 화를 낼 수 있기 때문이다. 게다가 불의에 대해서 공개적으로 분노를 표출하는 것은 괜찮을 뿐 아니라 적절하다고까지 여긴다.

이들은 우월한 도덕적, 윤리적, 영적 고지를 차지하고 있다고 믿기 때문에 자신이 보고 듣고 일하는 방식이 유일하게 옳은 방법이라고 믿는다. 따라서 다른 사람들을 판단하고 비판하는 것이 합당하다고 느낀다. 그럼에도 불구하고 대개는 그 방법이 괜찮았다고 생각하지 않는다. "사람들은 제 목소리와 몸짓이 창피함을 주고 비판적으로 들린다고 말해요. 딴엔 부드럽게 말하려고 의식적으로 노력하는데도 말이에요."

내 친구 자넷이 한 말이다. 1번이 말하는 스타일은 설교가 도움이 되지 않는다는 것이다. 어느 누구라도 자신을 하대하는 투의 이야기는 듣고 싶지 않을 것이다.

모든 사람은 바보 같은 행동을 했을 때 가끔씩 나타났다 사라지는 자신을 꾸짖는 내면의 목소리가 있다. 일반적으로 1번의 마음속에는 '무자비한 비평가'가 산다. 그는 우리와 달리 결코 사라지지 않는다. 그 소리는 냉혹하며 항상 혼을 낸다. '왜 너는 항상 그런 말실수를 하니?' '어떤 부모가 애 도시락을 가방에 넣는 걸 잊어버린다니?' '자기 넥타이도 제대로 못 매는 사람이 어떻게 성공할 거라 기대를 하니?'

어처구니없게도 1번 안에 있는 비평가는 때로 관련이 없거나 책임지지 않아도 되는 일까지도 일을 망쳤다며 비난의 화살을 쏘아댄다. 이것은 수년 간 작동되어 온 것이라서 이 잔인한 목소리를 차단하는 일은 1번에게 아주 어려운 작업이다.

자기 성격의 황홀경에 빠져 있는 1번은 자신을 과소평가하고 얕잡아보는 내면의 비평가가 위엄 있게 말한다고 믿는다. 뿐만 아니라 내심 사실 최선의 이익을 가져다 준다고 생각한다. '잘못한 일에 대해 혹독하게 지적해 주는 이 소리가 없었다면 내가 어떻게 더 나은 삶을 살았겠어? 내 기준을 낮추지 않도록 채찍질한 이 소리 때문에 인생의 진보가 있었지.' '늘 이 비판의 소리가 나의 부족한 점을 지적했기 때문에 내가 체면을 구기지 않고 살 수 있는 것이야.' '이 소리가 없었다면 얼마나 많은 실수를 저질렀을지 생각해 봐.'

### 실수를 두려워하다

이들은 정말 열심히 일한다. 너무 많은 일을 해서 휴식을 취하거나 여가를 즐기지 못한다. 곳곳마다 보이는 결함은 이들의 분노를 상승시킨다. 그 결과로 이들은 마치 조절 밸브가 고장난 압력솥처럼 분노로 가득하다. 그것은 자신들의 높은 기준을 고수하지 못하거나, 도와주지 못한 것, 혹은 실수를 저지르거나 적절하게 행동하지 못한 것에 대한 지나친 두려움과 같은 자신과 사람들을 향해 품고 있는 화난 마음이다. 일반적으로 평소 매우 잘 제어되고 단단하게 고정된 1번 밸브가 한번 터져 버리면 엄청난 폭발이 일어난다. 그런 일이 생기면 누군가는 반드시 화상을 입게 된다.

당신이 그것을 어떻게 볼지는 모르지만, 세상을 완전하게 만들려는 1번의 십자군 행군은 어리석은 일이다. 세상 어딘가에는 항상 정돈되지 않은 침대가 있기 때문이다. 영적 여정을 시작하기 전까지는 이들은 결코 순간의 평화를 알 수 없을 것이다.

하루 종일 내면으로부터 자신에 대해 부정적으로 말하는 비평의 소리를 듣기 때문에 1번은 비판을 잘 받아들이지 못한다. 당신이 서문에서부터 쉼표를 빠뜨렸다며 잘못을 지적하는 동료 작가에게 감사를 표하겠는가? 그 트집쟁이 작가는 당신 머릿속에 살면서 일을 시작한 새벽 3시부터 계속 손가락을 까딱이면서 당신의 문법을 악취와 비교해 왔다. "제발 한 번에 하나씩만"이라고 말하고 싶을 것이다.

1번이 비판에 매우 예민하긴 하지만, 당신이 그들에게 혹독할 정도로 비판적인 느낌을 받았다고 말하면 충격을 받는다. "진심인가요?" 당신은 그들이 매일 마시는 쓰디쓴 자기 질책의 작은 샘플을 맛보았을 뿐이다.

1번은 다른 사람들에 대해 비판적이 되거나 심판자가 될 수 있다. 부주의한 1번은 사람들이 자신의 완벽한 표준에 부합하지 못할 때 또는 동병상련의 이유로 그들을 비판한다. 만약 1번이 누군가의 잘못이나 적절하지 못한 행동을 잡아내어 비판할 수만 있다면, 공평한 마음이 들면서 안도감을 느끼게 된다. '정말 다행이다! 나 말고도 부족하고 모자란 사람이 있네.' 물론 다른 사람의 단점을 보고 기뻐하는 것은 점수를 만회하는 멋진 방법이긴 하지만 그렇게 되면 필드에서 실수하는 사람은 자신밖에 없는 것처럼 느껴질 수도 있다. 그곳은 너무나 외로운 자리이다.

### 한번 시작하면 끝장을 봐야 한다

따라서 이 문제는 1번에게 주어진 도전 과제들이다. 이들이 없는 세상을 상상이나 할 수 있겠는가? 완벽하게 디자인된 제품을 흠 없이 만들어 내는 스티브 잡스의 타협 없는 열정이 아니었다면 애플은 이 세상에 존재하지 않았을 것이다. 만약 끝까지 불의에 저항한 마하트마 간디나 넬슨 만델라 같은 고매한 지도자가 없었다면 오늘날의 인도나 남아프리

카 공화국도 없었을 것이다. 어쩌면 여전히 유럽 식민지의 멍에를 매고 있었을지도 모른다. 만약 리처드 로어와 같은 영적인 지도자가 없었다면 하나님의 사랑에 대해 이처럼 선명한 그림을 가지고 있지 않았을 것이다.

이 세상이 온갖 실수로 가득 차 있기 때문에 1번은 자신의 작업 관리 목록을 가지고 있다. 심지어 그들 중 일부는 너무 사려 깊고 관대해서 자신 뿐 아니라 타인의 작업 관리 목록까지도 만든다. 토요일 아침이 되면 1번의 배우자는 자신의 작업 관리 목록이 식탁 위에 있다는 것을 발견하곤 한다. 그것은 여름 내내 바쁘게 뛰어다녀야 할 만큼 아주 긴 목록이다.

1번 유형의 많은 이들은 에티켓을 중요하게 생각한다. 그리고 훌륭한 저녁 파티를 주최하는 방법을 알고 있다. 그들의 집은 대개 얼룩 하나 없고 내부 장식들은 오래 고민한 흔적이 보인다. 당신이 완벽한 시간을 보내는 것을 기대하기 때문에 그들은 아름다운 요리를 만들고 식탁에서 나눌 이야기 주제도 미리 준비해 두었다. 최근 어머니의 임종을 지켜본 한 사람은 내게 이렇게 말했다. "어머니는 제게 반복해서 자신의 장례에 대비해서 집은 깔끔하게 치웠는지, 임종 소식을 듣고 모일 가족들에게 대접할 커피 잔은 제대로 준비했는지 물으셨어요."

## 모든 일이 체계적이고 완벽해야

1번은 좋은 사람이 되고 싶어 한다. 그리고 항상 올바른 일을 하고 싶어 한다. 만약 당신이 버스 정류장에서 버스를 기다리고 있는데 어떤 정신질환자가 다가와서 "저는 집도 없고 며칠 동안 먹지도 못했어요. 절 좀 도와주세요"라고 말한다면 어떻게 반응할 것 같은가? 다른 사람들은 어떻게 반응할지 모르겠지만 1번은 그 사람이 적절한 돌봄을 받았다는 것을 확인하는 것이 자신이 해야 할 바라고 믿을 것이다. 왜냐하면 그것이 맞고 책임을 지는 것이며 옳은 일이기 때문이다. 우리 모두는 이것을 예상해야 한다.

1번은 모든 일이 체계적이고 정확한 방식으로 이루어져야 한다고 믿는다. 최근에 산 그릴의 조립 설명서를 읽을 때도 -모든 부품이 제대로 다 갖추어졌는지 확인하기 전까지는 아무것도 하지 말라고 되어 있다- 1번은 실제로 모든 나사의 볼트와 너트를 확인하고 또 확인한다.

만약 우연히도 그릴 받침대 끝 부분에 끼울 플라스틱 캡 하나가 없을 경우, 1번은 배우자에게 이렇게 말할 것이다. "오늘 저녁에는 조립을 못 하겠네요. 작은 조각 하나가 모자라요."

만약 그 배우자가 9번이라면 이렇게 대답할 것이다. "걱정 마세요. 성냥갑을 가져올 테니까 그걸로 바닥 수평을 맞추면 되잖아요."

진정한 1번이라면 이 말에 대해 단호하게 대응할 것이다. "내가 지켜보고 있는 한 그건 안 돼요." 그러고는 그릴 회사에 전화를 해 가능한 빨리 빠진 조각을 보내 달라고 요청할 것이다. 이 모든 단계는 정확하게 진행된다. 1번이 임시방편으로는 만족할 수 없는 이유는, 그릴을 볼 때마다 그들의 눈에는 매번 까만 캡 하나가 빠진 것이 보이기 때문이다(1번이 우리 집을 봤다면 아마 두드러기가 났을 것이다. 수평을 맞추는 성냥갑들이 널려 있기 때문이다).

# ✿ 1번의 어린 시절

1번은 모범적인 어린이가 되려고 애를 쓰며 자란다. 이들은 규칙을 배우면 그것을 글자 그대로 따른다. 이들은 다른 아이들과 비교하는 일에 많은 에너지를 쓴다. 학교에서 집으로 돌아올 때 차 안에서 나누는 대화도 자신에 대한 것은 거의 없다. 오히려 그날 다른 아이들이 뭘 잘했고 못했으며, 어떤 작은 사고가 있었는지, 자신과 그들을 비교하는 것들이 대부분이다. 열한 살의 헤르미온느가 호그와트로 가는 기차에 올라타서는 곧바로 《호그와트:역사》를 읽었는지, 다른 아이들이 할 수 있는 마법은 무엇인지 비교하던 장면을 생각해 보라. 이처럼 뭔가를 비교하고 판단하는 마음은 1번의 마음에 일생 동안 이어지는 일이다.

**완벽, 완벽, 완벽!**

그 마음속 비평가는 일찍부터 자기 존재를 드러내기 때문에 1번은 스스로에게 매우 엄격하다. 때로 1번은 자신이 뛰어나게 잘하는 분야가 아니라면 수줍어하면서 스포츠나 여타 그룹 활동에서 물러나기도 한다. 아주 어려서부터 완벽을 추구하기 때문이다. 이들은 자신이 일을 제대로 하고 있는지 아닌지 묻고 또 묻는다. 그리고 자기 잘못이 아닌 일에 대해서도 책임을 떠안는다. 잘못을 알고 바로잡는 것은 아이들에게 힘든 일임에도, 이들은 그렇게 하려고 시도한다.

1번이 멀티태스킹을 잘하지는 않지만(한 번에 하나 이상을 완벽하게 처리하기는 힘들다), 장난감을 주워 달라거나 침대를 정돈하거나 신발 끈을 묶어 달라고 할 때 대개는 개의치 않는다. 1번은 깔끔하고 정돈된 것에서 편안함을 느낀다. 그것이 아무리 작은 것이라도 말이다. 모든 것이 질서 있게 정리되어 있을 때 덜 불안하고 안전하기 때문이다.

곤도 마리에의 저서 《인생이 빛나는 정리의 마법》(*The Life-Changing Magic of Tidying Up*)에 대해 듣거나 읽어 본 적이 있는가? 전문적인 조직가들은 이미 다섯 살 때부터 잡지를 뒤적이며 완벽한 식사와 예쁜 인테리어 디자인을 둘러보곤 한다. 그래서 집에서는 가족들의 물건을 정리하기 시작하고 학교에서는 선생님의 물품을 정리하고 교실에서는 책장을 다시 재배열하느라 쉬는 시간을 건너뛰기도 한다. 그는 학교 측의 엉성한 보관 방법에 대해 불평할 수도 있다. "S자형 훅만 있으면 훨씬 더 사용하기 편했을 텐데"라며 한숨을 쉴 수도 있다. 장담하건데 곤도 마리에는 확실한 1번이다.

완전주의자가 되는 것은 힘든 일이다. 실제로 얼마나 힘들었으면 《완벽한 사람은 아무도 없어: 어린이들을 위한 완벽주의에 대한 이야기》라는 책까지 나왔겠는가? 이 책은 내면의 비평가가 어린이들의 머릿속에 영원한 가게를 차리기 전에 미리 도움을 주려는 것이다. 어린 1번이 선택하는 상처의 메시지는 이것이다. 그들은 '좋은' 사람이 되어야 하고, 모든 일은 '제대로' 해야 한다. 실수는 있을 수 없다. 사람이나 사물은 완벽하든지, 잘못되었든지 둘 중 하나다.

1번 어린이는 '실수를 저지르는 것은 정상적이며 완벽하지 않으면서도 동시에 사랑받을 수 있다'는 이야기를 자주 들어야 한다. 만약 이들이 실수라는 것이 배우고 성장하는 과정의 한 부분일 뿐이라는 치유의 메시지를 듣는다면, 보다 자연스럽게 1번의 건강한 측면으로 발전할 수 있을 것이다. 당신의 아이가 1번이라면 그들의 잘못을 지적할 때는 반드시 곁에 사람이 있는지 없는지 확인해야 한다. 곁에 사람이 있을 경우 강한 수치심을 느끼기 때문이다. 이 아이들은 항상 자신감 있게 보이지만 당신이 생각하는 것 이상으로 민감하다.

## ✿ 1번의 인간관계

1번이 친밀한 관계나 깊은 우정을 형성하려면, 우선 다른 사람들에게 자신의 취약성을 드러내야 한다. 이것은 무척 힘들 수 있지만 이 곤경을 극복할 수 있어야 한다. 저자 브레네 브라운은 완전주의를 말하면서 이것을 스스로 상처 입을까 봐 사용하는 '20톤짜리 방어막'[27]이라고 이름 붙였다. 불행하게도, 완전주의는 사실 우리가 다른 사람들과 연결되는 통로를 막아 버린다.

1번의 경우, 방어막을 내려놓는 것은 자신의 감정을 항상 단단하게 채워야 한다는 그들의 필요를 포기하는 것과 같다. 또한 실수를 저지르지 않을까 하는 두려움과 비난에 민감한 마음, 그리고 행동이나 말을 잘못하면 어쩌지 하는 걱정이나 우려를 인정하는 것과도 같다. 이처럼 1번이 투명하려면 많은 용기가 필요하다. 하지만 할 수 있다.

한번은 헬렌 파머가 1번에 대해 말한 것을 들었다. 1번은 포옹을 많이 하지도, 5분마다 '사랑해'라는 말을 분출하지도 않지만 그것이 사랑하지 않음을 의미하는 것이 아니다. 1번이 '사랑해'라고 말할 때는 상대방을 위해 책임을 지고 당신이 기대할 만한 행동을 함으로써 세상을 더 안전하고 나은 곳으로 만들겠다는 의미다. 이들은 당신이 매년 체력 검사를 받도록 할 것이다. 그리고 예산을 세워서 삶을 영위하고 매번 당신의 몸에 적합한 요리를 만들기 위해 알맞은 양과 단백질과 지방, 탄수화물의 적절한 조합을 신경 쓸 것이다.

이런, 더 많이 안아 주길 원했는가? 하지만 기억해 보라. 허리케인이 지나간 후에 마을에서 유일하게 전기와 불을 가지고 있었던 집이 바로 당신의 집이지 않았는가? 그것은 몇 년 전 1번 유형인 아버지가 백업 발전기를 구입해서 정기적으로 서비스를 받으며 점검하고 충분히 충전시켜 놓았기 때문에 가능한 일이었다. 나는 이것이 당신을 향한 포옹처럼 들린다.

## ⅔ 일터에서의 1번

1번보다 더 세부사항에 신경을 쓰는 사람은 아마 없을 것이다. 따라서 이들에게는 우리가 추구하길 원하는 어떤 직업의 길들이 있다. 작년에 나는 로스앤젤레스에서 호주 시드니까지 가기 위해 세계에서 가장 큰 비행기인 에어버스 A380을 탔다. 대개는 비행할 때 긴장하지 않는 편인데 그날은 비행기의 크기에 겁을 먹었다. 어떻게 저 거대한 물건이 땅에서 떠서 16시간 동안 공중에 머물러 있는 걸까?

이륙하기 전에 부기장은 기내를 돌며 승객들을 환영했다. 그러다 우연히 내 무릎에 놓여 있던 에니어그램에 대한 책을 보더니 이렇게 말했다. "제 아내도 에니어그램에 관심이 많던데요. 아내는 제가 1번이라고 하던데, 그게 무슨 소리인지는 잘 모르겠어요."

"그 말은 제가 전혀 긴장할 필요가 없다는 걸 뜻합니다." 나는 안도의 한숨을 내쉬었다.

## 성실하고 믿을 만하다

이들은 업무를 체계적으로 수행하며 절차와 계획에 따르는 것이 중요하다고 믿는다. 이런 이유로 1번이 비행기 조종 뿐 아니라 당신이 타는 자동차의 브레이크 시스템을 설계하는 엔지니어이길 바란다. 또한 당신의 처방전을 조제하는 약사이자, 당신 회사의 새로운 웹사이트 코드를 작성하는 프로그래머, 당신이 꿈꾸던 집을 설계하는 건축가, 당신의 세금을 관리해 주는 회계사, 당신이 최근에 쓴 책을 검토해 줄 편집자이길 바랄 뿐이다. 그런 일이 없기를 바라지만 당신을 치료할 심장병 전문의나 신경외과의 역시 1번이길 바란다. 1번 유형 안에는 최고 수준의 변호사나 판사, 정치인, 군인, 법 집행관 및 교사들이 있다.

성실하고 믿을 만하며 잘 정돈된 1번은 마감 시간이 언제인지, 누가 어떤 책임을 맡고 있는지 알 수 있는 구조화된 환경에서 일을 성공적으로 수행한다. 그리고 실수하는 것을 두려워하기 때문에 정기적인 피드백과 격려가 필요하다. 이들은 새로운 직장에 처음 출근했을 때 받은 800쪽 분량의 인사 운영 매뉴얼을 감사한 마음으로 집에까지 가져와 표지부터 마지막 페이지까지 꼼꼼히 읽을 것이다. 그리고 지각 때문에 하루 일당이 감봉되어도, 다른 사람들 역시 동일한 불이익을 받는 한은 이에 대해 반박하지 않을 것이다.

1번은 회사나 조직 내에서 작동되지 않는 것에 대해 평가하고, 이를 다시 실행시키기 위해 새로운 시스템과 절차를 고안하는 일에 매우 뛰어나다. 1번 유형인 내 친구는 건강과 복지 부서를 개편하는 일로 주요 주립 대학 가운데 한 곳에 채용되었다. 그리고 3년 만에 그 캠퍼스에서 가장 저조하던 사무실을 매우 효율적인 부서로 바꾸어 놓았다. 게다가 다른 대학들도 이 모범 사례를 모델링하여 많은 혜택을 보았다.

하지만 일터에서는 늑장을 부리는 1번의 성향 때문에 함께 일하는 데 문제가 생길 수도 있다. 만약 1번이 볼펜 끝을 만지작거리고 있거나 어두운 컴퓨터 화면을 멍하게 응시하고 있다면, 그것은 좋은 징조가 아니다. 이들이 자기 훈련이나 성공을 추구하긴 하지만 그중 일부는 일을 완벽하게 해내지 못할 것이라는 두려움 때문에 프로젝트를 시작하거나 마무리하는 데 미적거린다. 실수에 대한 두려움 때문에 주저주저하다가 결정을 빨리 내리지 못해서 일이 지연되는 상황이 벌어질 수 있다. 이 때문에 팀 전체의 진행 속도가 느려지기도 한다. 이처럼 실수할까 봐 두려운 마음 때문에 1번은 자기 일을 점검하고, 또 점검하며, 다시 확인하는 일을 계속해서 하게 된다. 다른 사람들은 이들이 다음 일로 넘어갈 수 있도록 격려해 주어야 할 것이다.

## 비판과 실패를 두려워하다

1번은 전형적으로 변화에 적응을 못하는 편이다. 따라서 프로젝트를 진행할 때 누군가 자신을 방해하거나 괜히 문제를 크게 만들면 분노한다. 이들은 비즈니스의 한 파트가 움직이기 시작하면 전체가 진행될 것이라고 생각한다. 그리고 사업 계획에서 하나의 결함을 발견하면, 전체 계획에 결함이 있을까 염려하여 중대한 개편을 하거나 전체 틀을 바꾸기도 한다.

1번은 비판이나 실패를 두려워하기 때문에 어떤 일이 잘못될 때 즉시 책임을 회피한다. 종종 1번이 다음과 같이 말하는 것을 들었을 것이다. "이건 내 잘못이 아니야." "나를 탓하지 마세요. 내가 그런 게 아니에요."

지도자로서 1번은 자신을 위해 일하는 사람들, 특히 진심으로 향상되려는 열망을 보이는 사람들을 지원하기 위해 열심히 노력한다. 하지만 때로는 그들을 통제하거나, 엄격하게 대하고, 충분한 자격이 있음에도 그들을 칭찬하는 데 인색하다. 또한 자신이 직접 하지 않으면 그 일이 제대로 수행되지 않을 것이라는 염려 때문에 다른 사람들에게 일을 쉽게 위임하지 못한다. 어떤 1번은 다른 사람들이 처음에는 일을 제대로 못 해낼 것이라고 생각하여 모든 종류의 일들을 다시 함으로써 동료들을 괴롭힐 수도 있다. 일반적으로 비판의 대상을 자신뿐 아니라 동료들에게까지 그 폭을 넓히는 1번은 직장에서 그다지 인기 있는 사람들은 아니다.

## 충분한 마음의 공간이 필요하다

마지막으로, 일터에서의 1번은 -삶의 다른 분야에서도 마찬가지겠지만- 자신의 분노를 명명하고 자기 것으로 만드는 문제에 있어서 힘들어한다. 당신이 1번과 함께 일하게 된다면 반드시 알아야 할 일이 있다. 만약 그들이 뭔가에 대해서(이를 테면 자신의 주차 자리를 빼앗은 얼간이에 대해) 지나치게 분노의 에너지를 쏟으며 불평을 시작한다면, 그것은 아마도 그 문제에 화가 났기 때문이 아닐 것이다. 이들이 화가 난 것은 그날 아침 있었던 배우자와의 사소한 말다툼 때문일 것이다. 하루 종일 인정하고 싶지 않아서 열심히 일을 하며 감정을 틀어막았는데 이제 와서 그 화가 옆으로 조금씩 새어 나온 것이다. 만약 당신이 부드럽고 명확하게 질문하면서 그들의 말을 듣고, 충분한 마음의 여유 공간을 준다면 1번은 결국 정말로 화가 났던 문제로 돌아올 수 있을 것이다. 자신 안에서 실제로 일어나고 있는 일에 대해 알아내려면 약간의 도움이 필요하다.

## 협력하여 이루는 진정한 선

하지만 1번의 좋은 면들도 있다. 건강할 때 이들은 사람들이 최고가 되도록 돕는 일에 깊이 헌신한다. 사람들에게 완벽을 요구하거나, 수치심을 느끼게 하거나 힐책하지 않고 사람들이 자기실현을 하도록 돕는다. 감독 교회 주교이자 성숙한 1번인 내 친구 멜라니는 이렇게 말한다. "지금까지 했던 모든 일에서 저는 항상 사람들이 열심히 일하고 자신의 재능을 확인하도록 함으로써 그들을 세워 줄 기회를 찾았고, 그로 인해 즐거웠습니다. 이것은 제 사역의 가장 위대한 선물 가운데 하나입니다. 예수님은 우리가 하나님의 사명을 나누도록 부르십니다. 바울도 우리가 함께 교회를 세워 나갈 것을 요청합니다. 사역자로서 저는 이 초청을 통해 사람들을 격려하는 기쁨과 즐거움을 누렸습니다. 그것은 그들로 하나님 나라를 인식하고, 성령께서 주신 은사를 분별하며, 사람들과 협력하여 최선의 모습으로 하나님 앞에 서도록 한 것입니다."

만약 내가 젊었을 때 이렇게 영적으로 성숙한 1번 멘토를 만날 수 있었다면 얼마나 큰 유익이 있었을지 상상이 안 갈 정도다.

다시 말해, 당신이 만약 효율적이고, 윤리적이며, 세심하고, 신뢰할 만하고, 두 사람 몫을 해낼 누군가를 원한다면 1번 유형의 사람을 고용하라는 뜻이다.

## ⸎ 날개

### 문제 해결에 탁월하다(2번 날개를 가진 1번 - 1w2)

2번 날개를 가진 1번은, 2번의 좋은 측면에서는 조금 더 외향적이고, 따뜻하며, 잘 돕고, 공감한다. 하지만 2번의 나쁜 측면에서는 좀 더 비판적이고 통제하려 든다. 개인적으로 보나 전체적으로 보나 이들은 문제 해결에 있어 매우 탁월한 사람들이다. 이들은 교회에 대해서나 교육, 지역 사회, 정부 및 가족에 대해서도 아주 관대한 편이다. 2번 날개를 가진 1번은 말이 많은 편이며 하루에 너무 많은 일을 하려고 한다. 2번 날개를 가진 1번은 말을 빨리 하는 편이다. 이 때문에 가르침에서 설교로 빠르게 전환하기도 한다. 2번의 영향으로 다른 사람들의 필요를 쉽게 감지하기도 한다. 하지만 2번과 달리 그 필요를 충족시켜 줘야 한다는 절박한 충동은 느끼지 않는다.

### 타인에게 기대 (9번 날개를 가진 1번 - 1w9)

9번 날개를 가진 1번은 내성적이고, 떨어져 있으며(분리되어 있으며) 느긋한 성향을 가지고 있다. 좀 더 이상적이고 객관적인 이들은 종종 말을 꺼내기 전에 잘못 말하거나 실수를 할까 봐 더욱 조심하며 신중히 생각한다. 그러고는 잠시 멈춘 뒤 말을 한다. 9번 날개를 가진 1번은 겉으로는 편안해 보이고 오랫동안 신중히 생각한 후에 결정을 내리기 때문에 미적거리는 1번의 특성을 더욱 악화시킨다. 느긋하고 여유로운 1w9번의 성향은 관계를 구축하고 유지하는 데 있어서 많은 도움이 된다. 9번의 영향이 없는 1번은 다른 사람들에게 너무 많은 기대를 할 것이다. 따라서 실망감을 느끼고 그 결과 종종 분노하게 된다.

## ❧ 스트레스와 안전

### 사랑받지 못한다고 느끼다

1번이 스트레스를 받게 되면 본능적으로 건강하지 않은 4번(낭만가)에게서 나타나는 그다지 좋지 않은 특성을 취하게 된다. 그들의 마음속 비평가는 초과 근무를 하기 시작하고 세상을 완벽하게 만들려는 요구로

과해지기 시작한다. 이들은 점점 즐거워하는 사람에 대해 더 분개하고, 비판에 민감해지며, 우울해진다. 이 공간에서 그들은 의무와 책임에서 벗어나 자유를 갈망하고 자신감을 잃으며 자신이 사랑받지 못한다고 느낀다.

### '나'라는 집에서 벗어나는 순간

1번이 건강한 상태일 때는 7번(열정가)과 관련된 훌륭한 자질을 취하게 된다. 자기 자신을 잘 받아들이고, 자발적이며, 재미있고, 새로운 시도를 해 보려고 하며, '이것 또는 저것' 아니라 '이것과 저것 모두'에 마음을 열 수 있는 것이다. 마음속 비평가의 소리가 잦아들면 자기 자신에 대해 엄격하지 않고, 세상의 잘못이 아닌 세상의 옳고 좋은 것에 관심을 두게 된다. 이처럼 1번이 7번으로 이동하게 되는 것은 이들이 집에서 벗어나거나, 뭔가를 개선하고 바로잡아야 할 책임을 덜 느낄 때이다. 1번이 일주일 동안 태양빛 아래서 휴가를 즐기기 위해 어딘가를 갔을 때 그는 완전히 딴 사람으로 변모할 수 있다.

## ✂ 영적 변화

만약 당신이 1번이라면 당신은 바깥세상의 모든 것을 완벽하게 만드는 것이 내면의 평화를 얻기 위한 유일한 방법이라고 믿고 있을 것이다. 하지만 그것은 사실이 아니다. 그 평화는 오직 당신이 완벽에 대한 강박적인 요구를 그치고, 자신의 감정, 특히 노여움을 억누르고자 하는 마음을 내려놓을 때 찾아온다. 완벽하게 보이는 겉치장 뒤에 참 자신을 숨기자 말라. 반드시 완벽하거나 좋은 사람이 될 필요는 없다. 골수까지 깊이 침투할 때까지 하루에 몇 번씩이라도 반복하는 것은 그럴 만한 가치가 있기 때문이다.

### 마음속 비평가와 친구가 되라

온전함을 향한 1번의 인생 여정 안에는 이들이 자기 마음속 비평가와 친구를 맺어야 하는 것도 포함되어 있다. 우리의 친구 리처드 로어의 말처럼 "당신이 저항하는 것이 무엇이든, 그것을 끝까지" 밀고 나가길 바란다. 이런 경우, 1번은 마음속 비평가에게 닥치라고 해서는 안 된다. 그렇게 되면 오히려 그것에게 힘을 더 실어 주는 격이 되기 때문이다. 많은 1번들은 마음속 비평가에게 웃기는 이름을 지어 주는 것이 꽤 도움이 되었다고 말한다. 그래서 다음과 같은 식으로 공격을 하는 것이다. "세상을 어린애의 시선에서 보게 해 주어서 고맙네. 그런데 어쩌지? 이제 난 어른이 되어 버려서 너의 도움이 더 이상 필요 없는데." 또는 그냥 웃어 버릴 수도 있고, 새디스트 비평가에게 소리를 좀 낮춰 달라고 말할 수도 있다.

1번은 일을 하는 데 있어서 하나 이상의 올바른 방법이 있다는 것을 잘 기억해야 한다. 평온이라는 것은 살아간다는 것과 살게 내버려 둔다는 것을 의미한다. 인생이란 것이 언제나 '이것 아니면 저것' 또는 '검정 아니면 흰', '좌 아니면 우'인 것은 아니다. 브레네 브라운은 1번이 반드시 들어야 할 치유의 메시지를 이렇게 요약하고 있다. "당신은 불완전하니다. 그리고 늘 고군분투하며 살아갑니다. 하지만 당신은 사랑받을 만하며, 함께할 만한 사람입니다."[28]

너무 자주 인용되어서 진부하게 느껴질 수도 있지만 그럼에도 불구하고 레너드 코헨의 노래 "송가"(Anthem)를 언급하지 않을 수 없다. 이것은 1번을 위한 합창이다.

소리낼 수 있는 종들은 모두 울리게 하라
완벽한 제물 따위는 잊으라(완벽한 것은 없다)
어디에든 틈이 있기 마련
빛은 그 틈을 통해 들어오는 법이다

## 1번의 변화를 위한 10가지 방법

1. 자기 연민을 일깨우기 위해서 마음속 비평가가 당신에게 말하는 전형적인 것들을 신문에서 캡처한 다음 큰 소리로 읽어 보라.

2. 마음속 비평가가 활동하기 시작할 때 미소를 지으면서 이렇게 말하라. "내가 실수하지 않도록 도와주고 더 발전할 수 있도록 채찍질해 주어서 얼마나 고마운지 몰라. 하지만 지금 난 자신을 받아들이는 새로운 길을 걸어 보려고 해."

3. 사람들이 당신의 기준에 못 미친다고 생각될 때 그들에게 할 일의 목록을 주거나 다시 하라고 촉구해서는 안 된다. 대신 일을 제대로 할 만한 사람에게 일을 맡기고, 그들에게 얼마나 고마운지 모르겠다고 말해 주라.

4. 불의를 바로잡거나 잘못을 바로잡는 일에 몰두하기 전에 먼저 그 이슈에 대해 느끼는 열정이 정말 그것 때문이지 아니면 다른 것에 대한 분노 때문인지 자문해 보라.

5. 7번이나 9번 친구들로부터 휴식하는 법과 즐겁게 사는 법을 배우라. 당신이 하려던 일은 내일도 그 자리에 있을 것이다.

6. 일을 미적거리고 있는 자신을 보며 그 이유가 무엇인지 생각해 보라. 그 일을 완벽하게 끝내지 못할까 봐 두려워서 미루는 것은 아닌가?

7. 취미를 가져 보라. 특별히 잘할 필요까지는 없고 그냥 좋아하는 것이면 된다.

8. 자신과 다른 사람들의 실수를 용납하고 용서하라. 실수하지 않는 사람은 없다.

9. 누가 더 나은 직장을 가졌는지, 또는 더 열심히 일하고 있는지, 더 성공했는지 재보고 비교하는 일을 어떻게 하면 멈출 수 있을지 고민해 보라.

10. 당신이 사람들로부터 어떤 비판을 받는지 인식하고 그것을 방어하지 않고 받아들일 수 있도록 노력하라.

# 4. 2번 유형 // 조력자

영혼의 홀로 있음을 연습하라

당신이 행복하길 바랍니다.
그리고 그 행복의 이유가 나이기를 원해요.
-작자 미상

## 2번, 나는 이런 사람이다

☐ 1. 사람들을 돌보는 일이라면, 언제 어떻게 거절해야 할지 모르겠다.

☐ 2. 나는 훌륭한 경청자이면서 사람들이 살아온 이야기들을 잘 기억하고 있다.

☐ 3. 나는 관계에서 오해가 생기면 그것을 극복하려고 애쓰는 편이다.

☐ 4. 나는 영향력이 있는 사람이나 힘 있는 사람들에게 끌린다.

☐ 5. 사람들의 필요나 요구를 잘 알고 있기 때문에 사람들은 내가 초능력을 가지고 있다고 생각한다.

☐ 6. 나를 잘 모르는 사람들도 자신들의 속 깊은 이야기를 내게 한다.

☐ 7. 나를 사랑한다면 내가 필요한 것을 이미 알고 있어야 한다고 생각한다.

☐ 8. 내가 기여한 부분에 대해서 사람들이 알아주고 고마워해야 한다고 생각한다.

☐ 9. 나는 받는 것보다 주는 것이 더 편하다.

☐ 10. 가족들과 다른 사람들이 우리 집에 와서 안정감을 느끼고 환영받는 기분을 느끼는 것이 좋다.

☐ 11. 나는 사람들이 나에 대해 어떻게 생각하는지 상당히 신경이 쓰인다.

☐ 12. 다른 사람들이 나를 '모든 사람을 사랑하는 사람'이라고 생각해 주었으면 좋겠다. 비록 모두를 사랑할 수는 없지만 말이다.

☐ 13. 나를 사랑하는 사람이 나를 위해 뭔가 예기치 못했던 일을 해 주는 것을 좋아한다.

☐ 14. 많은 사람들이 내게 도움을 청하면 내가 가치 있는 존재인 것처럼 느껴진다.

☐ 15. 사람들이 내게 무엇이 필요하냐고 물으면 뭐라고 대답해야 할지 모르겠다.

☐ 16. 피곤할 때는 종종 사람들이 나를 당연하게 취급하는 것 같은 느낌이 든다.

☐ 17. 사람들은 내가 지나치게 감정적이라고 말한다.

☐ 18. 나의 요구가 다른 사람들의 요구와 부딪칠 때 화가 나고 갈등이 생긴다.

☐ 19. 때로는 영화를 보는 것이 힘들다. 사람들이 고통당하는 모습을 지켜보는 것이 너무
　　　힘들기 때문이다.

☐ 20. 실수를 했을 때, 용서받을 수 있을지 걱정을 많이 한다.

- **Key Word**

  감정의 풍부, 따뜻한 마음, 친절, 희생, 배려, 관계 중심

  ------------------------------------------------

- **2번 유형인 사람들**

  마더 테레사, 다이애나 왕세자비

  ------------------------------------------------

**건강할 때**

이들은 관계가 멀어질까 봐 두려워하지 않고 종종 자신의 필요와 감정을 말할 수 있다. 이들은 관대한 마음을 가지고 있으며, 다른 사람들을 돌보고 사랑하려 노력한다. 행복하고 건강한 2번들은 적절한 경계를 가지고 있으며, 해야 할 일과 하지 말아야 할 일이 무엇인지 잘 구분한다. 사람들에게 편안하고 안전한 공간을 제공하기 때문에 인기가 많은 편이다. 사람들과 많은 사랑을 주고받는 이들은 환경의 변화에 잘 적응하며, 자신이 맺고 있는 관계를 뛰어 넘어 진정한 자아의 존재를 인식한다.

**보통일 때**

이들은 자신의 필요와 감정을 표현하게 되면 자동적으로 관계가 흔들릴 것이라고 확신한다. 이들은 관대하지만 의식적으로 또는 무의식적으로 자기 노력의 대가에 대해 뭔가를 기대한다. 이들은 엉성한 경계를 가지고 있고 보통은 다른 사람들과의 관계 안에서만 자신을 안다. 이들은 힘 있는 사람들에게 매력을 느끼며, 그들이 자신들을 규정해 주길 기대한다. 그리고 그들을 끌어들이기 위해 아첨을 한다.

**건강하지 않을 때**

이들은 관계에 있어서 종속적이다. 사랑받고 싶은 욕망 때문에 그 어떤 대용품도 거의 다 받아들인다. 이를 테면 궁핍이나 빈곤, 감사, 우정, 순전히 실용적인 관계들이다. 이들은 늘 불안하고, 다른 사람을 조종하며, 종종 순교자인 체한다. 이들은 다른 사람들의 필요를 충족시켜 줌으로써 사랑을 얻으려 애쓴다. 항상 투자한 것보다 높은 수익을 기대하지만 그다지 많은 것을 투자하지는 않는다.

## ❦ 지구상에서 가장 친절한 사람들

신학교를 졸업한 후 나는 코네티컷 주 그리니치에 있는 한 회중 교회에서 사역을 시작했다. 그 지역 사회에 대해 알아보기 위해 나는 지역 성직자들을 위한 오찬에 참석했고, 거기서 이웃 마을에서 온 침례교 목사인 짐을 만났다. 짐과 나는 젊었고, 갓 아빠가 된 참이었다. 그리고 목회 사역을 시작하는 것이 마치 술에 취해 문신을 할까 말까를 결정하는 것처럼 뭔가 더 신중히 생각해야 할 일은 아닌지 내심 궁금하던 중이었다. 서로를 돕기 위해 우리는 필사적으로 한 달에 한 번씩 식당에서 아침을 먹으며 모임을 가지기로 했다. 전날의 예배를 간략하게 나누고, 교회 섬김에 대한 성공 사례와 변화들을 주고받기 위한 목적이었다. 우리는 금세 친구가 되었다.

어느 월요일 아침, 짐과 나는 동시에 식당 주차장에 도착했다. 놀랍게도 그는 신형 쉐비 서버밴을 운전하고 있었다. 그가 멋지게 주차하려 애쓰는 모습을 지켜보며 나는 웃음을 터트렸다. 그것은 주차를 한다기보다 마치 유람선을 정박하는 것 같았다.

"목사가 타기에 너무 좋은 차인데." 짐이 차 열쇠고리의 잠금 버튼을 누르는 걸 보고 내가 말했다. "월급이라도 오른 거야?"

"사연이 좀 있어." 그는 한숨을 쉬더니 머리를 흔들었다.

"빨리 말해 봐." 식당 문을 열어 주며 내가 물었다.

커피와 오믈렛을 먹으면서 짐은 자신이 어떻게 서버밴의 소유자가 되는 영광을 누리게 되었는지 말해 주었다. 이 이야기에는 중년의 부동산 중개업을 하는 교인이 얽혀 있다. 그녀의 이름은 글로리아로 사랑스럽고, 활동적이며, 수다스러우면서도, 따뜻하며 터무니없을 정도로 쾌활한 교인이다. 글로리아는 모두가 자신을 가장 친한 친구인 것처럼 느끼게 하는 법을 잘 알고 있었다. 그녀는 여고생들을 위해 성경공부를 인도하고 있었는데, 누구든지 울고 싶거나 기댈 곳이 필요할 때 전화를 걸거나 자신의 집에 들르라고 권하기도 했다. 그리고 여름성경학교에서부터 지역 소프트볼 팀 코치에 이르기까지 그야말로 많은 자원봉사 활동을 하고 있었다.

몇 주 전 짐은 자신의 낡은 센트라를 몰고 쌍둥이 자녀들을 유치원에 데려다 주러 가는 길이었다. 마침 적색 신호등에 걸려 멈춰 있는데 글로리아도 같은 차선에 서게 되었다. 짐이 옆 차선에 있다는 것을 알고 글로리아는 경적을 울리며 창문을 내려 손을 흔들었고, 아이들에게도 하트를 날려 보냈다. 신호가 바뀌어 짐은 글로리아에게 손 인사를 하며 출발했다. 그러면서 짐은 사이드 미러를 통해 글로리아가 마치 버려진 강아지를 쳐다보는 것 같은 눈빛으로 자신의 차를 보고 있다는 것을 흘깃 보왔다.

객관적으로 보더라도 글로리아가 짐의 차를 보고 걱정할 만하기는 했다. 짐의 십 년 된 센트라의 몸체는 움푹 들어가 있었고, 범퍼도 성한 데 없이 찍혀 있었다. 차의 머플러도 옷걸이처럼 붙어 있어서 마치 F-15 엔진처럼 굉음을 내며 달렸다.

그 다음 주일에 짐과 가족들은 교회 일정을 마치고 귀가했는데 집 앞에 글로리아가 서서 마치 치어리더처럼 손뼉을 치면서 뜀박질을 하고 있었다. 그리고 그 옆에는 빨간 리본으로 장식된 커다란 신형 쉐비 서버 밴이 있었다. 짐과 그의 아내 카렌은 자신들이 집을 제대로 찾아왔는지, 아니면 엉뚱한 길로 들어서서 우연히 방송 프로그램 세트장에 온 건 아닌지 어리둥절했다. 그들은 글로리아가 달려들어 마치 방언을 하듯 빠르게 이야기를 할 때까지도 상황을 파악하지 못하고 차 안에 있었다. 짐이 차에서 내리자 글로리아는 그를 포옹하며 당신은 지금까지 만났던 목사 중 최고의 목사였다고 말했다. 그리고 눈물을 닦으며 차 반대쪽으로 달려가 카렌을 껴안고 얼마나 멋진 사모의 본을 보여 주었는지 칭찬했다.

차 안에 있던 쌍둥이들은 차 밖으로 나와 마치 황금 송아지를 대하는 이스라엘 백성들처럼 새 차 주위를 돌며 환호했다. 글로리아는 적색 신호등 앞에서 짐의 낡은 차를 보고 그와 가족들의 안전이 걱정되었다는 것과 마음이 아팠다는 설명을 했다. 그녀는 짐의 가족들에게 새 차가 필요하다는 것과, 목사의 월급으로는 새 차를 살 수 없겠다는 데 생각이 미쳤다. 그래서 새 차를 사주고 싶다는 마음을 갖게 된 것이다.

짐과 카렌은 할 말을 잃었다. 이 상황은 그들에게 어떤 "어, 오"의 느껌이었다. 그들은 우선 감사한 마음과 이렇게 부담스러운 선물을 받는 것에 대한 우려를 동시에 표현할 말을 찾으려 애썼다. 그러나 글로리아는 그들의 거절을 받아들이지 않았다.

"짐, 축복의 통로가 될 수 있어서 감사해요." 그녀는 이렇게 말하며 짐의 손바닥에 차 열쇠를 쥐어 주었다.

짐은 이야기를 이어갔다. "글로리아의 말이 어떤 의미인지 너무 잘 알아. 하지만 그 차는 애물단지가 되었어. 다른 목사님들은 이제껏 그 누구도 나처럼 차를 받지 못했기 때문에 불평을 하지, 카렌은 스티어링 휠이 안 보인다며 운전을 못하지, 게다가 기름은 얼마나 먹는지 항공모함 같다니까."

"글로리아에게 어쩔 수 없다고 말하고 돌려주지 그랬어?" 내가 물었다.

그러자 짐은 머리를 흔들며 이렇게 대답했다. "농담하는 거야? 그분은 나를 볼 때마다 차는 맘에 드는지, 다른 도울 건 없는지 물어보는 걸."

나는 글로리아가 에니어그램의 2번 유형일 거라는 강한 확신이 든다.

## ❧ 2번의 중대한 죄

2번은 하나님이 만드신 푸른 빛 지구상에서 가장 친절한 사람들이다. 그리고 사람들을 잘 보살피고 지지해 주며, 낙관적이고 친절한 사람들이다. 나의 가장 친한 친구 중 세 명도 2번이다(이 책의 공동 저자 수잔도 그 중 한 명이다). 이들과 함께라면 커다란 도시도 충분히 따뜻하게 할 만큼 사랑과 관대함의 정신이 뿜어져 나온다. 2번은 위기에 빠져 있을 때 가장 먼저 반응하는 사람들이며 저녁 파티 때 가장 마지막까지 남아서 설거지를 해 줄 사람들이다. 에니어그램에서는 이들을 '조력가'라고 부른다.

## 자만심의 그늘 속에 살다

자신이 2번이 아닐까 추측된다면, 다음 문장을 읽기 전에 각 휴지를 준비한 뒤 향초를 피우고, 조용히 앉아 심호흡을 하라. 2번은 에니어그램의 모든 번호 중에서 비판에 가장 민감하다. 따라서 내가 말하는 것을 끝까지 잘 듣고 받아들여야 할 것이다.

2번, 3번, 4번은 감정형 또는 가슴형 그룹으로 에니어그램 중에서 가장 감성 지향적이며, 관계 중심적이고, 이미지를 많이 의식하는 사람들이다. 이 세 유형은 스스로의 힘으로는 사랑을 받을 수 없다고 생각하기 때문에 사람들의 인정을 받을 만한 거짓 이미지를 투영한다.

2번은 누군가의 필요가 되길 원한다. 이들은 요동치는 자아 가치를 높이고 강화하기 위해서 자신들을 필요로 하는 사람들에게 의존한다. 쾌활하고 바람직한 이미지를 제시하고 다른 사람들을 돕는 것은 사랑을 얻기 위한 이들만의 전략이다. 2번에게 감사라는 단어는 일종의 술 취함과 비슷한 경계에 있다. "네가 없으면 내가 뭘 할 수 있겠어?"라든지 "너는 나의 생명의 은인이야!"와 같은 감사의 표현은 2번을 기분 좋게 만드는 말들이다.

2번의 치명적인 죄는 자만심이다. 겉으로는 이들이 자신을 드러내기보다는 이타적인 사람으로 보이기 때문에 이것은 말도 안 되는 소리처럼 들린다. 하지만 2번의 마음에는 자만심의 그늘이 드리워져 있다. 그것은 다른 이들의 필요를 충족시키는 데 자신의 모든 관심과 에너지를 집중하는 동시에 자신들은 아무것도 필요한 것이 없다는 인상을 심어 주는 방식으로 드러난다. 2번은 다른 사람들이 자신들보다 더 도움이 필요하고, 그 필요를 가장 잘 아는 사람은 자신들 밖에 없다고 믿음으로써 자만심을 드러낸다. 이들은 자신들이 필수불가결한 사람이라는 전설을 즐긴다.

2번은 무분별한 돌보미들이다. 이들은 약하고 경험이 부족하거나 자신의 삶을 관리할 능력이 없다고 생각되는(자신들이 없으면 길을 잃게 될) 사람들에게 조언과 충고를 아끼지 않는다. 그리고 다른 사람들의 필요를 감지하고 그들을 구조하기 위해 자신의 시간과 에너지, 보물과 재능을 거의 무한정으로 제공한다. 이러한 2번의 초자연적인 은사에는 등을 토닥거리지 않을 수 없다. 2번은 자신들의 도움을 필요로 하는 사람들을 구하기 위해 백마에 오르는 걸 좋아한다. 하지만 상황이 바뀌어 정작 자신들이 도움을 받아야 할 때는 도움을 청할 생각조차 하지 못한다. 2번이 도움을 요청하는 일은 거의 없다. 있다 해도 직접적으로는 아니다. 그리고 도움을 어떻게 받아야 하는지도 모른다. 다른 사람들이 자신에게 의지할 수는 있지만 자신이 다른 사람들에게 의지하는 건 말이 안 된다고 생각한다. 백만 년 내에는 그럴 일이 절대로 없다. 노골적으로 말하자면 2번은 자신의 힘이나 독립성, 타인에 대한 가치에 대해 부정적인 시선이 주어지는 것을 아주 고통스러워한다. 그 자만심 아래에는 무엇이 있는 것일까? 그것은 공포다. 2번은 자신의 소원이나 필요를 인정하는 것이 굴욕으로 마무리될까 봐 두려워한다. 그리고 누군가에게 직접 자신의 요구를 들어 달라고 요청했는데 거절당할까 봐 겁을 낸다. 이들의 속마음은 이렇다. '그 사람이 날 거부하면 어쩌지?' '창피하고 수치스러움을 어떻게 떨쳐 낼까?' '그렇게 되면 내가 사랑 받을 가치가 없는 존재라는 걸 확인하는 꼴이 되고 말 거야.'

### 조건부 사랑과 헌신의 죄

이들이 비록 그것을 항상 의식하는 것은 아니지만 도움을 받지 못하는 2번은 조건이 붙어 있는 상태로 무언가를 제공한다. 이들은 무언가를 돌려받고 싶어 한다. 이를테면 사랑이나 감사, 관심, 미래에 정서적, 물질적 지원을 해 주겠다는 무언의 약속 같은 것이다. 이들의 베풂은 계산적이고 받는 사람의 마음을 조종한다. 2번은 만약 자신들이 다른 사람들로부터 감사와 인정을 애써 얻어내고 뭔가 빚진 느낌을 불러일으킨다면, 다른 사람들도 2번에게 도움이나 필요가 생길 때 굳이 요청하지 않아도 그것을 알 것이라고 생각한다. 이들은 자신도 모르는 사이에 일종의 일회성 계약서를 작성하고 있는 것이다. "내가 도움을 요청하거나 알리지 않아도 당신이 필요한 때 나를 도와주기만 한다면 나도 당신과 함께하겠습니다."

2번이 믿는 세상은 "사랑을 받을 수 있으려면 먼저 필요한 존재가 되어야 한다"는 것이다. 그리고 무언가를 얻기 위해서는 먼저 주어야 한다고 생각한다. 또한 당신에게 서비스를 제공하지 못하면 자신들도 지속적으로 도움을 받을 수 없을 거라고 믿기 때문에 시간과 에너지에 제한을 두기가 힘들다. 이런 이유로 그들은 당신을 돌보는 일에 헌신하게 된다. 사랑의 열차 바퀴 뒤에서 미성숙한 2번을 보는 것은 경이로운 일이다. 열차가 한번 역을 출발하고 나면 그것을 멈추는 일은 거의 불가능하다.

## ✺ 2번에 대한 모든 것

2번은 사람들에게 편하고 안전한 기분을 느끼게 해 주는 데 놀라운 기술이 있다. 당신이 만약 내 친구 수잔의 집에 가게 된다면 현관에 들어서는 순간부터 마치 시끄러운 세상 가운데 평온한 섬에 도착한 것과 같은 느낌을 받을 것이다. 수잔의 집은 커다란 쿠션 의자와 고디바 초콜릿이 들어 있는 그릇, 양초, 성화가 걸려 있는 벽 등으로 꾸며져 있다. 그리고 사이드 테이블 위에는 손님들을 배려하여 비치해 둔 헨리 나우웬 책들이 있다. 2번은 당신을 판단하지 않고 있는 그대로 받아들인다. 그리고 사람들이 마음과 경험에서 우러나오는 말을 할 수 있도록 신체적으로나 정서적인 공간을 창조한다.

반면 리처드 로어의 말처럼 "2번은 항상 이익을 노린다." 왜냐하면 이들은 되갚음의 세상에 살고 있기 때문이다. 매력 넘치고, 아부를 잘하며, 호감이 가는 이미지이든지 아니면 사람들을 즐겁게 해 주는 머리가 벗겨진 얼굴이든지 간에 2번은 항상 사람들을 유혹하거나 꾀려고 노력한다. 왜냐하면 자신들이 쾌활하게 아양을 떨지 않으면 그들이 뭔가 필요할 때 사람들이 그들과 함께할 것이라고 믿지 않기 때문이다.

평균적인 2번은 누군가를 돕는 행동 뒤에 무언의 기대와 숨은 저의(속셈)가 숨어 있음을 깨닫지 못한다. 이들은 자신들이 우리를 위해 하는 행동을 우리가 언젠가 보답할 것이라는 가정에 근거하지 않고 자신들의 관대하고 이타적인 자질로 본다. 그들이 아침에 눈을 떠서 다음과 같이 중얼거리는 것은 아니다. '이런, 내 친구 자넷이 일하느라 정신이 없네. 자넷의 인정과 감사를 얻고 나도 언젠가 그 친구의 도움을 확실히 받으려면 자넷의 문 앞에 음식과 허쉬 초콜릿을 좀 가져다 두어야겠다.' 그리고 그 다음 주 상황이 바뀌어 이제는 2번이 과로에 시달리게 되었는데, 자넷은 물론이고 그 누구도 2번에게 음식을 가져다주지 않으면 2번은 몹시 서운해지거나 화가 난다. 2번의 진짜 동기가 드러나는 순간이다. 하지만 2번이 건강해지면 무슨 일이 일어나고 있는지 인식할 수 있게 되고, 스스로를 연민하며 이렇게 말하게 된다. "오, 이런. 또 그러고 말았네. 나는 내가 베푼 친절이 다시 돌아올 줄 알았는데 그게 아니었어. 좀 더 연구해 봐야겠어."

많은 사람들이 모여 있는 방으로 들어설 때 2번이 즉각적으로 보이는 관심은 이런 것이다. "어떻게 지내세요? 필요한 게 있으세요? 기분은 어떠세요?" 그리고 가장 중요한 질문은 이것이다. "당신이 원하는 건 무엇인가요?" 이들은 다른 사람들의 고통에 대해 정말 공감을 잘하고 반응을 잘한다. 그래서 우리는 때로 그들이 초능력을 가지고 있는 건 아닐까 생각한다. 이것은 당신의 번호가 지닌 가장 좋은 면이 어떻게 가장 나쁜 면이 될 수 있는지 보여 주는 좋은 예다. 다른 사람들의 필요에 부응하고 그들을 도울 줄 아는 것은 정말 훌륭한 은사이다. 하지만 2번이나 다른 번호가 자신들의 수퍼 파워를 이용하여 원하는 바를 얻고자 사람들을 조종하게 될 때는 정말 좋지 않은 것이 된다.

이들의 자존감은 다른 사람들에게서 오는 반응에 달려 있기 때문에 2번은 항상 다른 사람들에게 너무 많은 힘을 넘겨 주게 된다. 2번 유형인 내 친구 마이클이 막 결혼을 했을 때다. 그는 아내 에이미에게 고마움을 표현하고 싶었다. 에이미는 대학원에 다니면서 가정의 재정적인 필요를 채우느라 두 가지 일을 하고 있었다. 그래서 마이클은 에이미가 사무실에서 있는 동안 집 청소를 하고, 테이블 위에 양초와 함께 아내가 좋아하는 차를 끓인 후 카드를 써 놓았다. 그리고 사랑의 메시지가 적힌 포스트 잇을 집 안 곳곳에 붙였다. 에이미(2번이 아니다)가 집에 도착했을 때 그녀는 일에 지쳐 정신이 없었다. 그래서 그 테이블을 알아채지 못하고 지나갔다. 두 시간이 꼬박 지난 후에야 에이미는 그것을 보고 말했다. "이 꽃들을 나를 위해 준비한 거예요?" 하지만 너무 늦었다. 마이클은 이미 화가 머리 꼭대기까지 나서 분을 표출하고 있었다. 그는 서프라이즈 이벤트를 위해 몇 시간을 힘들게 보냈는데 그의 불쌍한 아내는 그것을 알아차리지도 못한 것이다. 그날 밤 마이클의 수고에 대한 에이미의 무심함 때문에 둘은 엄청나게 싸웠다. "다음날 저는 내가 정말 에이미가 나한테 고마워하길 바라고 있구나 하는 것을 깨달았어요. 내가 마치 사심 없는 성인이 된 것처럼 아내가 내 발 앞에 엎드려 존경을 보내길 바랐던 거죠. 나중에 결혼생활을 하면서 에이미나 다른 사람들이 나를 보며 '도움을 주는 사람'이라고 알아주는 것에 내 존재감(자부심)이 얼마나 매여 있는지 알게 되었어요. 그것은 다른 사람에게 나를 평가할 주도권을 줘버리는 격이지요."

2번은 항상 사람들이 자신들에게 감사를 표시하는지 안 하는지 그 표식을 찾아다닌다. 나의 2번 친구 레이놀드는 아주 뛰어난 작가이자 연사이다. 한번은 그가 대중 연설을 하는 어려움에 대해 말하면서 그것이 악몽 같다는 이야기를 했다. "나는 항상 청중들의 반응을 쫓아가게 돼. 한 무리의 사람들 앞에 설 때마다 이마에 '아직도 저를 사랑하나요?'라는 카드를 붙여 놓은 것 같은 기분이 들어. 어쩔 수 없이 나의 '2번 안테나'는 그냥 행복하지 않게 보이는 청중으로부터 발산되는 부정적인 신호를 감지하게 되는 거야. 그러면 그들을 기쁘게 하기 위해서 물구나무를 서는 것 빼고는 뭐든 다 하게 되지. 근데 나를 인정해 주거나 고마워하는 표정이나 기미가 보이지 않으면 마치 내가 실패자가 된 기분이거든."

2번은 사람들이 일단 자신들을 차 버리면 다시 두 발로 일어설 수 있을지 두려워한다. 수잔은 아이들의 존경을 받는 네 자녀를 둔 어머니다. 수잔은 아이들이 태어나던 날부터 그들 모두와 친밀한 관계를 가져왔지만 아주 오랜 시간이 흐르고 아이들이 자라 결혼을 하게 되면 자신과 어울리고 싶지 않을 때가 올 것이라고 확신한다. 그녀는 항상 자신의 도움이 필요 없게 되면 아이들이 떠날 것이라고 생각한다. 2번이 알지 못하는 것은 사람들이 삶의 매순간 자신들의 도움을 필요로 하지는 않는다는 사실이다.

2번은 파티에 갔을 때 어느 커플이 오는 길에 서로 다퉜는지, 혹은 집에서 야구 경기나 보는 편이 더 나았을 사람은 누구인지, 직장을 잃게 될까 봐 걱정하고 있는 사람은 누구인지 직감적으로 안다. 이들은 악수를 청하며 물어보지 않아도 다른 사람들이 느끼고 있는 것을 감지할 수 있다. 2번의 대화 스타일은 도움과 조언이다. 당신이 뭔가를 필요로 한다는 힌트가 많다면 미성숙한 2번은 대화에 끼어들어 '도움이 될 만한' 제안(또는 당신을 도와줄 계획)을 할 것이다. 문제는 파티에 온 사람들 모두가 그것을 원하지는 않는다는 것이다. 2번은 그것을 분별할 수 있도록 배워야 한다. 마치 래브라도 리트리버가 물에 빠진 아이를 구하기 위해 바다로 뛰어 드는 것처럼 뭔가 행동을 취하기 전에 그들은 반드시 자문해 봐야 한다. '이것이 내가 해야 할 일일까?' 실제로 누군가가 물에 빠졌다면 그를 구하기 위해 뛰어 들라. 그게 아니라면 나서지 않기를 선택하라.

평균적인 수준의 2번은 수잔과 내게 자신들이 다른 사람들의 필요를 감지하고 채워 줄 수 있는 능력이 있다고 말한다. 여기서 핵심 단어는 감지한다는 것이다. 당신은 2번에게 무엇이 필요한지 말할 필요가 없다. 그들은 다만 알 뿐이다. 문제는 이들이 모든 사람들이 타인의 내면을 감지할 수 있는 동일한 능력을 가지고 있다고 가정한다는 데 있다. 이에 대해 누군가는 손을 내저으며 이렇게 항변할 것이다. "나는 마음을 읽는 사람이 아니에요. 당신이 원하는 것을 내가 어떻게 알 수 있다고 생각하죠?" 그러면 2번은 이렇게 소리치면서 방을 뛰쳐나갈 것이다. "아니 그것도 몰라요? 내가 원하는 바를 일일이 말하는 것도 이제는 지쳤어요."

2번은 자신의 기력이 소진되었다는 느낌이 들면 무척 놀란다. 자신들이 돌보는 사람들로부터 얻는 감사와 고마움이 계속해서 공급되어야 자존감이 생기기 때문이다. 에너지를 다 써 버리면 줄 수 없게 되고 자신들도 소용없는 사람이 되기 때문이다. 이 점에서 지칠 대로 지친 2번은 폭발할 수도 있다. 이런 일이 벌어지면 활활 타면서 대기로 재진입하는 위성을 지켜보는 느낌일 것이다.

수잔은 유능한 2번이다. 그녀는 강연가와 사모로서 도움을 베풀 많은 기회를 얻었다. 어쩌면 너무 많을 정도다. 이 말은 수잔이 귀가하여 부엌으로 걸어 들어갈 때쯤에는 지치고 탈진한 상태가 된다는 소리다.

"어땠어요?" 부엌에서 설거지를 하던 조가 묻는다.

"끝났어요."

"뭐가 끝났다는 거요?"

"모두 다요. 아무도 나한테 고맙다는 인사를 안 해요. 사람들은 나한테 기대서 자신들의 필요를 말하면서 정작 고맙다는 말은 하지 않아요. 이제 모두가 잘 지내고 있으나 나만 지친 것 같아요. 사실 내가 도와준 사람들이 지금 기분이 너무 좋아서 나를 초대하는 것도 잊어버리고 파티를 열고 있을지도 모르겠네요. 분명 그럴 거예요."

앞으로 몇 시간 동안 수잔은 문을 닫을 것이고 조에게 교회 공동체에서 탈퇴하겠다고 사직서를 제출할 것이다. 그리고 왜 교회 리더들이 교회 주일학교에서 수많은 수업을 담당하고 있는 그녀에게 한 번도 고맙다고 하지 않았는지, 수년 동안 일찍 일어나 아이들의 주일학교 옷을 다린 것에 대해 한 번도 감사를 표현하지 않았는지 그 이유를 물을 것이다. 가장 좋은 상태에서 2번은 따뜻하고 관대한 사람이지만 최악의 상태에서는 분개하는 순교자가 된다.

# ❧ 2번의 어린 시절

강박적으로 모두를 기쁘게 하려는 아이들은 아마도 2번 유형일 가능성이 크다. 2번 아이들은 대체로 사교적이며 친밀한 우정 관계를 유지한다. 하지만 아무도 자신을 좋아하지 않을까 걱정하기 때문에 좋아하는 장난감이나 먹을 것을 주면서 사랑을 얻거나 유지하려고 애쓸 것이다.

비정상적으로 민감한 아이들은 자신의 감정을 감추지 않고 솔직하게 말한다. 가끔은 슬퍼하는 기미도 보인다. 자신들이 사랑스럽지 않다고 생각하기 때문이다. 누군가를 도와줄 때 사람들의 칭찬과 미소를 얻어낼 수 있다는 것을 일단 배우게 되면 이들은 첫 번째 지원자가 되려 한다. 축구 연습 후에 코치를 도와 장비들을 치우거나, 선생님을 도와 필요한 물품을 나누어 주는 것을 기꺼이 맡는 식이다. 시간이 지날수록 이 아이들은 사람들을 즐겁게 하는 역할에 적응하게 된다. 그리고 가정이나 학교, 스포츠 팀 전반의 운영에 대해 그 가치를 과대평가하게 된다. 자녀의 역할에 있어서도 자신들의 요구나 필요를 해결해야 할 문제로 보기 때문에 일찌감치 독립할 수도 있다.

이 아이들은 자기 필요를 표현하는 것이 굴욕과 거부로 이어질 것이라는 안 좋은 메시지를 어디에선가 들었다. 이들은 모든 사람의 감정을 알고 있으며, 자신의 행동과 이미지를 다른 사람들이 원하는 것에 맞추려고 노력한다. 2번 아이들이 당신의 필요뿐 아니라 자신들의 필요도 알고 있을 거라 생각하지 마라. 2번이 힘든 시간을 겪고 있을 때 만약 당신이 그들에게 무엇이 필요한지 묻는다면 그들은 아마도 필시 모른다고 대답할 것이다. 계속해서 압박을 가하면 좌절하거나 감정적으로 될 것이다. 2번은 자신과는 접촉점을 잃어버리면서 다른 사람들의 필요에 초점을 맞추는 데만 엄청난 시간과 에너지를 쓴다. 성인이 되어서도 비슷한 패턴의 삶을 살아가게 된다.

## 🎋 2번의 인간관계

만약 당신이 살아가면서 운 좋게도 2번을 만나게 된다면 인간관계가 그들의 모든 것을 의미한다는 것을 알 수 있을 것이다. 정말 모든 것이다.

### 지극히 관계 중심적인 사람
에니어그램의 번호들 중에서 2번은 가장 관계 중심적인 사람들이다. 따뜻하고 촉각이 좋은 이들은 쉽게 다른 사람들을 향해 움직인다. 예를 들어 수잔은 아는 사람을 만나면 그들의 등을 두드리거나 팔을 잡지 않고는 그냥 지나치는 법이 없다. 잠시 멈춰 서서 사람들을 얼굴을 보면서 손을 붙잡고는 마치 눈으로 "자, 제가 당신을 사랑하고 있다는 것을 아시겠죠?"라고 말하는 것 같다.

하지만 2번 역시 우리가 자신들을 사랑하고 있다는 것을 아는 것이 중요하다. 이들은 어떤 것에 대해 깊은 감정을 느끼며, 비교적 쉽게 그 감정을 표현한다. 당신이 알지 못하는 것은 2번이 가진 대부분의 감정들이 그들의 것이 아니라는 사실이다. 2번은 당신이 느끼는 것을 느낀다. 2번 아이들은 재빠르게 엄마나 아빠가 느끼는 감정이 무엇인지 자신들의 감정보다 먼저 알아낸다. 하지만 일단 그렇게 되면 이것은 집을 걸고 도박을 하는 것과 같다.

감정 또는 느낌형 그룹의 번호들은 개인적인 정체성을 추구한다. 2번이 정체성을 확립하려고 시도하며 사용하는 방법 가운데 하나는 자신들이 맺고 있는 관계의 렌즈를 통해 자신을 정의하는 것이다. 따라서 자기 이름을 소개하는 대신 상대방이 알 만한 관계에 초점을 맞추어 자신을 소개한다. 그들은 항상 "안녕하세요. 저는 에이미의 남편입니다"라거나 "저는 잭의 엄마예요"라고 말한다. 2번은 자신이 되기 위해서 먼저 자신이 누구인지 배울 필요가 있다.

2번은 자신의 필요보다 다른 사람들의 필요를 먼저 생각하기 때문에 쉽게 지쳐 버린다. 따라서 이 여정은 지쳐 버린 그 시점인 중년에 종종 시작된다. 어느 날 이들은 문득 깨어나 '이렇게 많이 줄 수는 없어. 내 자신을 더 잘 돌보아야 하니까"라며 깨닫게 된다. 이것은 힘들지만 필요한 과정이다. 물론 2번의 방식에 길들여진 사람들에게도 마찬가지다. 이들은 다른 사람들의 관심을 우선에 놓았던 2번의 좋았던 시절로 돌아가고 싶어서 그들에게 압력을 가할 수도 있다. 때가 되면 다른 사람들도 2번이 자신을 적절히 돌볼 수 있도록 이들을 격려해야 한다. 이것은 그들이 진정한 자신이 되도록 돕기 위해서 매우 중요한 일이다.

## ℀ 일터에서의 2번

전문적인 직업에서 2번은 종종 2위를 지키지만 그것이 자신의 가치를 떨어뜨린다고 느끼지는 않는다. 그들은 군대를 관리하는 사람은 장군이 아니라 병장이나 하사라는 것을 알고 있다. 그래서 왕좌의 뒤에서 권력을 행사하는 일에 더욱 만족한다.

초등학교에 다녔을 때 우리 학교의 교장 비서는 친절하고, 활력이 넘치며, 따뜻한 마음을 가진 선생님이었다. 미스 파커라는 이름의 그분은 사무실에 앉아서 계속 울리는 전화에 응대하며, 카페인을 과다 섭취한 것 같이 흥분한 엄마들을 진정시키고, 좋은 시험 성적을 받았을 때는 바구니에서 초콜릿을 한 움큼씩 가져가게 했다. 그리고 땅콩 알레르기가 있는 학생들이 응급 처방을 할 수 있는 약을 학교에 가져오도록 했다. 또한 녹초가 된 선생님들을 격려했고, 하교 시간인 3시가 되면 주황색 조끼를 입고 아이들이 무사히 차를 타고 귀가하는지 모니터링했다. 그 초등학교에서 사랑이 필요하거나 점심을 먹을 돈이 없거나 또는 긴급한 비상 상황이 생기면 모두 미스 파커에게 갔다. 내가 알기로 교장 선생님도 분명 좋은 분이었지만 나는 그분의 이름조차 기억하지 못한다.

### 조직을 빛나게 만들다

2번은 고도로 발달된 대인관계 기술을 지닌 직관적인 사람들이다. 따라서 사람들과의 접촉이 많은 자리에서 일할 필요가 있다. 이들은 커뮤니티를 구축할 줄 안다. 그리고 누가 사무실 안에서 일하는 게 적합한

지, 아닌지 알고 있다. 이들은 사람들의 생일이 언제인지 기억하고 있으며 모든 사람들의 자녀 이름까지 알고 있다. 가장 먼저 특종을 잡는 이들이기도 하다. 누가 이혼을 했는지, 누구의 아이가 장애를 가지고 있는지, 누가 임신을 했는지(아이 아빠는 누군지도) 하는 배경까지 다 알고 있다. 2번 유형의 리더는 어떤 사람이 직무를 완수하기에 적합한 사람인지 잘 알고 있다. 그리고 그들에게 동기를 부여하고 자극하기 위해 격려와 칭찬을 활용한다. 이들은 공감을 잘하고, 낙천적이며, 자기 이미지를 의식하기 때문에 바깥사람들이 보기에 빛나는 조직을 만들어 낸다.

감독하는 사람들은 직원들에게 필요할 때마다 건설적인 피드백을 제공해야 한다. 하지만 그 대상이 2번이라면 너무 많은 비판이나 혹독한 말을 하지는 말라. 그 말들 때문에 그들이 뭉개질 수도 있다. 이들은 승진하는 일에는 다른 유형만큼 크게 관심이 없다. 혹시 그런 마음이 있더라도 원하는 바를 인정하게 되면 실망할 수도 있기 때문에 자기 인식 밖에서 인정과 관심에 대한 갈망을 유지한다.

대중적인 믿음과 달리, 이 세상에는 2번 유형을 가진 수많은 남성들이 있다. 내 친구 제이미는 월스트리트에서 35년 간 일한 후에 하나의 조직을 만들었다. 매년 컨퍼런스를 열어 유망한 젊은 리더들과 그보다 나이가 많은 성공한 리더들이 함께 우정을 쌓고 서로 멘토링할 수 있도록 하려는 의도에서다. 사람들을 서로 연결시키고 보다 젊은 사람들을 가르쳐 자신의 분야에서 더 빨리 성공하고 함정을 피할 수 있는 방법을 제시한 것이다. 이것이 2번 성격이 지닌 열정이다.

## ✺ 날개

### 노력에는 대가가 필요하다(1번 날개를 지닌 2번-2w1)

1번 날개를 지닌 2번은 일을 올바르게 수행하는 것에 신경을 많이 쓴다. 이들은 믿을 수 있고 책임감 있게 보이길 원한다. 1번 날개를 가졌기 때문에 자신들에 대해 좀 더 비판적이고 통제하려 들며 죄책감을 느끼기 쉽다. 이런 2번은 경계가 분명하고 자신들의 정서적인 필요들을 보다 잘 알고 있다. 하지만 그것을 표현하는 데는 많은 어려움이 있다. 이들은 사람들을 잘 믿지 못하며 자신의 노력에 대한 대가나 보답을 많이 기대하는 편이다.

### 이미지를 만들고 경쟁적이다(3번 날개를 지닌 2번-2w3)

3번 날개를 지닌 2번은 더 야심이 있고, 남들에게 보이는 이미지를 의식하며, 경쟁적이다. 3번(능력자)처럼 외향적이면서 때로는 매혹적인 이들은 1번 날개를 지닌 2번에 비해 관계나 연결에 더 관심이 많다. 이런 2번은 자신감이 많기 때문에 더 많은 성취를 이룬다. 성공한 사람으로 보이는 것과 사랑스럽고 관대한 사람으로 알려지는 것의 차이는 거의 막상막하이다. 여기서 강한 자아 이미지를 가진 2번은 원하는 결과를 얻기 위해 자신을 자유자재로 바꾸는 3번의 모습처럼 될 수도 있다.

## ❧ 스트레스와 안전

### 타인을 통제하려 들다

스트레스를 받을 때 2번은 건강하지 않은 8번의 특징적 행동을 취한다. 그래서 직접적으로 또는 사람을 조종하는 식으로 요구하고 통제하는 사람이 된다. 이들은 자신을 불행하게 만들었다며 다른 사람들을 비난하고, 과거의 잘못에 대해 놀라울 정도로 공격적이고 복수심을 느낄 수 있다.

### 이제 나를 돌볼 차례

안전하다고 느낄 때 2번은 4번의 건강한 측면으로 이동한다. 여기서 이들은 모든 사람을 사랑하는 척하지 않아도 된다는 편안함을 느낀다. 그리고 자신을 돌보는 일이 필요하다는 것을 어느 정도 이해하고 내면에 집중할 수 있다. 또한 자신들에게 기쁨을 가져다 주는 창조적인 일을 함으로써 자기 자신에게 투자한다. 그렇게 되면 누군가를 돕지 않을 때도 자신에 대해 좋은 기분을 느낄 수 있다.

## ❧ 영적 변화

모든 번호가 그렇듯이 2번이 가지고 있는 훌륭한 점은 정작 자신들에게는 그다지 좋지 않다. 너무 많은 것을 주거나, 좋지 못한 이유로 도와주거나, 하나님의 부르심이 아닌 이기적인 목적으로 사람들을 섬기게 되면 그들의 봉사나 기부는 계산적인 것이 되고 남을 통제하고 조종하는 것이 된다. 만약 당신이 조력가이라면 이번 장의 내용을 읽는 것이 제법 힘든 일이었을 것이다.

### "당신은 꼭 필요한 존재"

2번은 오랫동안 자신의 욕구나 남모르는 슬픔을 사람들이 발견해 버리면 자신들을 거부할 것이라는 두려움을 가진 채 살아왔다. 이처럼 사랑을 얻기 위한 유일한 방법이 거짓말을 하면서 살아가는 것이라고 생각하는 것이다. 자신의 진짜 모습인 '망가지고 취약한 모습'을 숨긴 채 겉으로는 '생기 넘치고 사심 없는 조력가'으로 사는 것이다. 감정형 그룹의 모든 번호와 마찬가지로 이들은 진짜 모습을 세상에 보이면 거절을 당할 거라고 믿는다. 2번을 위한 치유의 메시지는 "당신은 필요한 존재"라는 것이다. 2번의 요구는 중요하다. 따라서 이들은 굴욕이나 거부에 대한 두려움 없이 실제로 자신이 느끼는 감정과 욕구들을 직접적으로 표현하는 방법을 배워야 할 것이다.

모든 2번은 이기적인 목적으로 주는 것과 이타적인 목적으로 주는 것의 차이를 분별하는 법을 배워야 한다. 이기적인 목적으로 주는 것은 돌려받을 것을 기대하는 것이며, 이타적인 목적으로 주는 것은 아무런 조건 없이 주는 것이다. 우리가 잘 아는 속담처럼 "돌려받을 것을 기대하고 주는 것은 거래이다. 아무것도 기대하지 않고 주는 것이 진정한 사랑" 이다.

감사하게도 2번이 약간의 자기 이해와 자기 인식이 있다면 대가 없이 주는 법을 배울 수 있을 것이다. 만약 당신이 2번이라면 그것은 넘치거나 모자라지 않게 정확하게 받을 만큼만 준다는 것을 의미한다. 만약 당신의 친구 이사벨이 직장 일에 바빠서 당신이 그 집 아이들을 돌보았다고 하자. 그런데 당신이 비슷한 어려움에 빠졌을 때 그녀가 보답하지 않는다면 어떨까? 만약 당신이 이사벨에게 그것을 기대하지 않았다면 이일은 중요하지 않다. 나의 자동차 스폰서가 했던 말이 생각난다. "기대는 일어나길 기다리고 있는 분노와 같다."

이번 장의 첫 부분에서 말했던 내 친구 짐의 이야기를 떠올려 보라. 그는 글로리아의 도움을 원하지 않았고, 요청하지도 않았다. 사실 그녀의 '도움'은 아무런 소용이 없는 것으로 밝혀졌다. 만약 글로리아가 자기 인식을 좀 더 잘했다면 이야기는 훨씬 다르게 마무리될 수도 있었을 것이다. 글로리아가 짐에게 가서 "짐, 지난번에 신호를 기다리고 있다가 당신 차가 수명이 다 된 것을 알게 되었어요. 하나님이 어떤 이유에서인지 필요보다 더 많은 돈을 내게 주셨는데 제가 두 분을 도울 수 있는 방법이 있는지 함께 이야기해 보았으면 좋겠어요. 부담 갖지는 마시고요. 도움이 필요하면 언제든 제게 알려 주세요."

### 영혼의 홀로 있음을 연습하라

너무 흔해빠진 이야기이긴 하지만 2번은 누가복음 10장의 마리아와 마르다의 이야기를 읽으며 도움을 받을 수 있을 것이다. 이 이야기는 이렇게 시작된다. "그들이 길 갈 때에 예수께서 한 마을에 들어가시매 마르다라 이름 하는 한 여자가 자기 집으로 영접하더라"(38절).

분명 그 집은 마리아와 마리아 둘 다의 집일 텐데 유독 마르다만 예수님과 그 제자들을 초대했다고 하는 것이 흥미롭지 않은가? 마리아는 손님 초대에 야박했다는 말인가? 아니면 두 자매 중에 마르다만 예수님과 제자들의 필요를 채우는 데 다급함을 느꼈다는 말인가?

마르다는 예수님과 그분의 친구들이 도착했을 때 좋은 2번이 할 법한 일들을 했다. 모두가 편안하지, 필요한 것은 무엇인지 확인했다. 그녀는 아마도 벌써 예수님의 발 씻을 물을 챙겼을 것이고, 이제는 저녁 식사를 준비하느라 정신없이 이리저리 뛰어다니고 있을 것이다. 반면 그녀의 둘도 없는 자매 마리아는 예수님의 발 앞에 붙어 있었다. 마르다는 슬슬 질투심과 억울한 마음이 생기기 시작한다. 자신은 부엌에서 양고기를 요리하느라 분주한데 다른 사람들은 거실에서 올리브를 던지며 웃고 있다.

예수님이 무슨 일이 일어나고 있는지 아시고 이렇게 대답하신다. "마르다야 마르다야 네가 많은 일로 염려하고 근심하나 몇 가지만 하든지 혹은 한 가지만이라도 족하니라 마리아는 이 좋은 편을 택하였으니 빼앗기지 아니하리라"(41-42절).

2번이 배워야 할 점은 간단하다. 때로 당신은 하나님과 다른 사람들을 섬기고 있다고 생각하지만 사실은 그렇지 않다. 때로 당신이 하는 모든 돌봄과 봉사는 하나님의 부르심이 아니다. 성경은 마르다가 예수님이 원하셨던 것을 물었다고 말하지 않는다. 그녀는 큰 일을 하려고 그것을 혼자 떠안았다. 어쩌면 하나님은 2번에게(그리고 우리 모두에게) 그분의 임재 앞에서 다만 쉬기를 원하신다.

만약 2번이 다른 사람들의 필요에 관심을 두는 만큼 자신의 필요에도 주의를 기울이는 법을 배우려면 영혼의 홀로 있음을 연습해야 한다.[29] 공동체 안에서 이 일을 하려면 자신의 성장에 집중하기보다 다른 사람들이 영적으로 성장하도록 돕고 싶은 유혹을 받게 될 것이다. 이런 상황에서 2번이 위기에 처한 사람들을 돕기 위해 모든 것을 포기하는 것은 섬김의 행동이라기보다 그들 자신의 필요와 감정을 마주해야 하는 것에 대한 방어적인 행동이다. 하나님과 함께하는 시간에 그들은 스스로에게 이렇게 물어야 한다. '아무도 나를 필요로 하지 않을 때 나는 누구인가?'

## 2번의 변화를 위한 10가지 방법

1. 자신의 필요를 암시한다든지 다른 사람들이 알아맞히도록 내버려 두기보다 직접 말하도록 노력하라.

2. 내적으로 깊은 호흡을 하라. 다른 사람들의 인정을 얻으려고 좋은 이미지를 보여 준다거나 아첨하려 애쓰는 자신의 모습을 발견하면 다시 심호흡을 시작하라.

3. 반사적으로 "예"라고 대답하지 말라. 누군가가 도움을 요청할 때 그것에 대해 생각해 볼 시간을 달라고 말하라. 아니면 연습하는 셈 치고 그냥 "아니요"라고 말하라. 이것은 완전한 문장이다.

4. 도와주고 싶은 충동이 생길 때는 스스로에게 물어보라. "이것이 내가 해야 할 것인가?" 확신이 서지 않는다면 믿을 만한 친구에게 물어 보라.

5. 만약 2번의 전형적인 행동으로 돌아가고 있다는 걸 깨닫게 되면 부드럽게 자문해 보라. '지금 당장 이 사람의 필요를 채워 주거나 맞춰 주지 않는다면 어떤 느낌이 들까?'

6. 가능하다면 오른손이 하는 일을 왼손이 모르도록 하라.

7. 2번은 자신을 보는 관점과 사람들에 대한 자신의 가치에 대해서 과도하게 부풀었다가 과도하게 바람이 빠졌다를 반복한다. 자기 자신이 최고도 아니고 최악도 아님을 기억하라. 당신은 그냥 당신이다.

8. 분노나 억울한 느낌이 생길 때 그것을 뒤로 미루지 말라. 대신 친절함을 가지고 내면을 들여다 볼 초대장으로 보라. 그리고 이렇게 질문하라. '지금 내 인생에서 가장 주의를 기울여야 할 것은 무엇인가?'

9. 다른 사람들에게 지나치게 공격적이거나 감정적으로 변할 때 너무 자책하지 말라. 그것을 알아챈 것을 축하하고 자제하도록 하라.

10. 하루에 두세 번씩 스스로에게 물어보라. '지금 어떤 기분인가?' '지금 나에게 필요한 것은 무엇인가?' 대답할 수 없어도 괜찮다. 자기 돌봄의 근육을 키우는 데는 시간이 걸리는 법이다.

# 5. 3번 유형 // 능력자

## 삶의 속도를 늦추라

정말 묻고 싶은 것은, 당신이 진짜 내 모습을 사랑할 수 있느냐는 것이다.
나에 대해 가지고 있는 이미지가 아니고 진짜 나를 사랑할 수 있는가?
-크리스틴 피한(CHRISTINE FEEHAN)

# 3번, 나는 이런 사람이다

☐ 1. 나는 내가 승자라는 인상을 주는 것이 중요하다고 생각한다.

☐ 2. 사람들 사이로 걸어갈 때 그들에게 강렬한 첫인상을 주는 것을 좋아한다.

☐ 3. 나는 빌 게이츠가 애플 컴퓨터를 사도록 설득할 수 있다.

☐ 4. 나의 행복의 열쇠는 효율성, 생산성, 그리고 최고라고 인정받는 것이다.

☐ 5. 사람들이 나에게 속도를 늦추라고 말하는 것이 싫다.

☐ 6. 나는 실패를 어떻게 다듬어 성공처럼 보이게 하는지 그 방법을 알고 있다.

☐ 7. 나는 언제나 따라가는 것보다 이끌고 가는 것이 좋다.

☐ 8. 나는 지나칠 정도로 경쟁적이다.

☐ 9. 나는 사람들을 설득하는 방법을 찾아낼 수 있고, 누구라도 연락을 취할 수 있다.

☐ 10. 나는 멀티태스킹에 관해서는 세계 챔피언이다.

☐ 11. 나는 매 순간 사람들이 어떤 반응을 보이는지 세심하게 관찰한다.

☐ 12. 휴가 때 일을 하지 않는 것이 내게는 힘들다.

☐ 13. 나의 감정을 명명하고 접근하는 것이 어렵다.

☐ 14. 나는 나의 개인적인 삶에 대해 많이 이야기하지 않는다.

☐ 15. 가끔은 나 자신이 가짜처럼 느껴진다.

☐ 16. 나는 측정 가능한 목표를 세우고 그것을 성취하는 것을 좋아한다.

☐ 17. 다른 사람들이 내가 성취한 것을 아는 것이 좋다.

□ 18. 나는 성공적인 사람들과 함께하는 것이 좋다.

□ 19. 일을 더 효율적으로 끝낼 수 있다면 원칙을 좀 무시해도 개의치 않는다.

□ 20. 사람들은 내가 언제 어떻게 일을 멈출지 모른다고 말한다.

· **Key Word**

융통성, 성공 지향적, 자신감, 야망, 에너지, 노력, 일중독

· **3번 유형인 사람들**

탐 크루즈, 앤드리 애거시

## 건강할 때

이들은 단지 좋게 보이려는 목표를 초월하여 자신들이 성취한 것을 통해서가 아니라 자신이 누구인지에 대해 드러내고 사랑받는 방향으로 나아간다. 이들은 여전히 목표를 정하고, 어려움에 도전하며, 닥친 문제들을 해결하는 것을 좋아하지만 자신의 가치가 이런 것들에 묶여 있지는 않다. 이들은 일과 휴식 사이에서 자신들의 넘쳐나는 에너지의 균형을 맞추려고 애쓴다. 그리고 일종의 명상 수련과 뭔가를 하는 것이 아니라 존재의 중요성을 인식한다. 자신을 가치 있게 느끼기 때문에 공동선에 초점을 둔 부드러운 자비심이 흘러나오게 된다.

## 보통일 때

이들은 과도한 성취를 이루려 자신을 내몰고, 직장이나 체육관에서 너무 많은 시간을 보낸다. 뭔가를 해야 한다는 욕구 때문에 여가 시간을 쪼개 아이들의 축구팀을 지도하거나 교회에서 자원 봉사하기도 한다. 이들은 사랑을 얻어야 하는 것으로 본다. 그래서 사람들이 성공이라고 정의한 것을 중요하게 생각하고, 더 많은 일을 더 잘하도록 노력하면서, 자신들의 내적 확신을 잠재운다. 자신의 능력에 대한 자신감을 가지고 있지만 또한 겉으로 보이는 이미지를 의식한다. 그래서 실적이 나빠서 다른 사람들의 눈에 띄지 않게 될까 봐 끊임없이 걱정한다.

**건강하지 않을 때**

이들은 실수나 실패를 용인하지 못하기 때문에 마치 자신이 뛰어난 것처럼 행동한다. 그리고 관심을 끌기 위해 필사적으로 애쓰기 때문에 자기기만의 중대한 죄가 오히려 의도적인 속임으로 바뀔 수 있다. 다른 사람들에게 자신의 이미지를 유지하기 위해서 자신과 업적에 관해 이야기를 지어내게 된다. 최악의 경우 건강하지 않은 3번은 편협하고 비열하며 복수심이 강한 사람이 된다.

## ❧ 성공과 성취에 대한 갈구

나는 전 세계에서 가장 성공적인 헤지 펀드 매니저들과 벤처 자본가들, 그리고 투자 은행가들이 많이 있는 코네티컷 주 그리니치에서 성장했다. 그리니치는 그 어느 곳보다 3번 유형이 많이 살고 있는 도시다. 그리고 그중 최고는 우리 아버지다.

나의 아버지는 다른 모든 3번과 마찬가지로, 성공하거나 성공적으로 보임으로써 사랑받을 수 있다고 믿었다. 그리고 어떻게든 실패를 피하고 대중을 즐겁게 해 줄 이미지를 제공하려 했다. 아버지는 수년 동안 유럽과 중동의 컬럼비아 스크린 젬스 모션 픽처스(Columbia Screen Gems Motion Pictures)의 전무이사로 일하면서 영화와 텔레비전 방송사에서 화려하고 눈에 띌 만한 경력을 쌓았다. 하지만 나이 사십에 몇 가지 개인적인 결정과 직업적인 결정을 잘못하는 바람에 이 모든 것을 잃고 말았다. 직업적으로는 실패한 사람이지만 그가 하는 말이나 겉모습만 보면 아무도 그렇게 생각하지 않을 것이다.

가족이 재정적으로 궁지에 몰렸을 때조차 아버지는 영국의 제르민 스트리트(Jermyn Street)의 핸드 메이드 양복을 계속 입었고, 중고였지만 고가의 영국 스포츠카를 운전했으며, 크라바트(남자용 목도리)를 맬 줄 아는 유일한 사람이었다. 우리가 런던에 살았을 때 아버지는 거실에서 여러 사람들에 대해 이야기를 했다. 멜 브룩스와 칼 레이너의 코미디가 어떻게 나온 것인지, 윌리엄 홀든과 함께했던 사파리 여행은 어땠는지, 제임스 본드를 연기했던 로저 무어가 아버지에게 얼마나 고마워했는지에 대해서 말이다. 이 모든 이야기는 '사실'이긴 하지만 과장되고 미화되어 있었다. 아버지는 10년 전의 이야기를 마치 지난달에 있었던 일처럼 말했다.

아버지는 부유하고 넉넉한 그리니치 사람들을 믿었다. 교양 있고, 성공하고, 세련되고 연줄이 많은 그곳 사람들을 정말 소중하게 여겼다. 그래서 '그 사람'으로 변모하여 그들의 존경을 얻었다.

하지만 사람들에게 깊은 인상을 주기 위해 완벽한 이미지를 투사하는 아버지의 재능은 그리니치의 상류사회에만 국한되지는 않았다. 아버지는 언제 어디서나 누구와도 그럴 수 있었다. 아버지의 방식은 이런 것이다. 파티에 도착했을 때 아버지는 가장 먼저 그곳의 분위기를 읽는다. 그리고 그 사람들의 일반적인 구성을 알아낸다. 누가 있는지, 취향은 어떤지, 가치나 기대는 무엇인지 말이다. 마치 다음과 같은 질문에 대답하려는 것처럼 말이다. '여기 있는 사람들의 인정을 받기 위해 어떤 모습을 보여야 할까?' '이 사람들이 나를 사랑하고 존경하려면 내가 어떤 모습이어야 하나?' 이 질문에 대한 답을 알고 나면(30초면 충분하다), 아버지는 즉각 변신을 하여 '그 사람'이 되었다. 한번은 정말로 이런 모습을 목격한 적이 있는데 휴게소 근처의 자동차 정비 업체에 걸어가더니 그들이 '카뷰레터'(기화기)라고 말하기도 전에 그들의 매너나 말하는 스타일, 기분 및 전반적인 모습으로 변신했다. 아버지는 머플러와 글로브 컴파트먼트의 차이점도 모르는 분이지만 우리가 그곳을 떠날 즈음에는 그곳 정비공들이 아버지가 자동차 방송에 나와도 될 만큼 차에 대해 정통한 사람으로 생각했다.

## ❧ 3번의 중대한 죄

이 이야기를 보면서 당신이 내 아버지를 허풍쟁이로 단정한다 해도 비난하거나 탓할 생각은 없다. 다만 아버지가 대중들이 원하는 것이 무엇이든 그렇게 되어야 한다고 믿었고, 성공과 성취에 대한 빛나는 이미지를 만들어내고 투사했다는 것을 안다면 그분을 향해 좀 더 연민을 느끼지 않을까 싶다.

어쩌면 아버지는 자신의 가치를 증명하고 싶었던 것 같다. 사랑을 얻는 유일한 방법이 성공을 하거나 적어도 그렇게 보이는 것이라고 믿은 것이다. 만약 아버지가 소년이었을 때부터 지켜보고 알았다면 다른 사람들의 인정을 받기 위해 끊임없이 자기 이미지를 꾸미고 있는 그를 좀 더 따뜻한 마음으로 보지 않았을까? 그래서 결국 자신의 진짜 모습과 가짜 모습을 구분할 수조차 없게 된 그를 긍휼히 여기게 되지 않았을까? 이것이 능력자 3번의 덫이다.

### 자신을 속이는 기만의 덫에 걸리다

에니어그램에 따르면, 능력자들의 중대한 죄는 기만이다. 이것은 다른 사람들을 속이는 것이 아니라 자신을 속이는 것이다. 너새니얼 호손(Nathaniel Hawthorne)이 말한 바와 같다. "어떤 사람도 상당한 기간 동안 자기 자신과 다른 많은 사람들에 대해 하나의 얼굴만 가지고 살 수는 없다. 그래서 결국 어느 쪽이 진짜인지 당황스러워 한다."[30]

인격 형성에 있어서 3번은 누군가에게 강한 인상을 주거나, 어쩌면 자신들을 사회적으로나 직업적으로 앞서 나가도록 도와줄 영향력 있는 사람들과 관계를 형성하려고 한다. 하지만 그 와중에 진정한 자신이 누구인지에 대해서는 놓쳐 버린다. 시간이 지남에 따라 자신의 빛나는 참자아가 길을 잃었다는 것을 과소평가한다. 다른 사람들과 같이 이들은 자신들의 허상이 실제로 존재하고 있다는 착각에 속아 넘어간다.

충족되지 않은 욕구를 채우기 위해 거짓 이미지를 투사하는 것은 3번의 고유한 전략은 아니다. 감정형 또는 가슴형 그룹(2번, 3번, 4번)의 번호들은 자신이 아무런 조건 없이 존재하고 사랑받을 수 있다는 생각을 거부한다. 이 때문에 자신들의 참 자아를 포기하고 역할에 머물게 된다. 2번은 함께 있는 사람을 즐겁게 해 주기 위해 쾌활하고 호감이 가는 이미지를 던진다. 반면 4번은 당신이 곧 배울 수 있다는 이유로(똑같아지기 싫어서) 자신만의 독특한 이미지를 투사한다. 그리고 3번은 존경과 감탄을 얻기 위해 성공과 성취의 이미지를 던진다.

미성숙한 3번은 성공을 이루고 그것을 남들이 보기 쉽도록 만들어야 한다. 이들에게는 2등을 차지하는 것이 첫 번째 패배자가 된 것에 대한 젠 체하면서도 완곡한 표현이다. 학교 교실에서건, 운동 경기장이나 주식 거래소, 또는 무대에서건, 대형 교회 사역이나 회의실, 가난한 사람들을 위한 봉사에서도 3번은 스타가 되어야 한다. 3번은 세상이 '자신이 누구인지'보다 '자신이 무엇을 하느냐'로 사람을 판단한다고 믿으며 성장하기 때문에 골목대장이나 여왕이 되는 것이 삶과 죽음만큼이나 중요한 문제이다. 이들은 성공하는 것과 사랑받는 것을 혼동한다. 그래서 자기 인식이 부족한 3번은 모든 테스트에서 에이스가 되어야 하고, 모든 거래를 마무리해야 하며, 매 주일마다 "나는 꿈이 있습니다"(마틴 루터 킹 목사의 명연설)에 맞먹는 설교를 해야 하며, 기업 내의 모든 판매 기록을 깨야 한다. 이들에게 삶은 단지 박수갈채를 얻기 위한 업적을 달성하는 데 있을 뿐이다.

3번은 자신의 모습을 자유자재로 바꾸는 사람들이다. 또한 환경에 맞게 자신의 성격(persona)을 맘대로 전환할 수 있다. "3번은 하나의 성격(persona)을 가지고 있지 않아요. 다 모으면 군대 하나쯤은 만들 수 있을 걸요."

3번 유형이면서 이제는 영적으로 자기 인식을 하게 된 한 목사가 언젠가 내게 농담 삼아 했던 말이다. 최근에 한 워크숍에서 말쑥하게 차려입은 여성이 3번의 특징에 대한 이야기가 끝난 후 휴식 시간에 내게 다가와 이렇게 고백했다. "제 사업 파트너는 우리가 잠재적 고객들이 있는 방으로 걸어 들어갈 때 제 머릿속에서 '청중 분석 소프트웨어'가 돌아가는 소리가 생생하게 들린다고 해요. 저는 소개가 끝나기도 전에 어떤 계약이 성사될지 정확하게 알거든요."

지각을 못하는 3번은 사회적인 카멜레온과 같다. 하지만 당신이 상상하듯이 물건을 팔고 이성을 사귀기 위해 어떤 이미지를 만들어 내고 투사하는 이들의 능력은 진정한 자아의 모습을 헷갈리게 할 수 있다. 아주 드문 경우지만 3번이 일단 삶의 속도를 늦추고 자신의 삶을 충분히 되돌아보게 된다면 자신이 마치 사기꾼처럼 느껴질 것이다. '수천 개의 가면을 쓰고 있지만 어느 것이 진짜 내 모습이지?' 이와 같은 섬광의 통찰이 왔을 때 이들이 지닌 최악의 두려움이 겉으로 드러나기 시작한다. '이 이미지 뒤에 그 누구의 모습도 없다면 어떡할까? 만약 내가 빈껍데기 이상도 이하도 아니라면 어떡할까?'

만약 3번이 자신의 공허함을 충분히 느끼고 그 자리에 머물러 진정한 자아를 만날 기회를 가질 수 없다면, 또는 자신을 도와줄 지혜로운 영적 조언자를 얻지 못했다면, 이들은 패닉 상태에 빠져 자신들의 페르소나 뒤로 다시금 후퇴할 것이다. 이번에는 자신들의 공허함을 가리기 위해 성공적이고 강한 느낌을 주려고 두 배로 더 애쓸 것이다. 3번이 정신을 차리고 "당신 자신에게 진실하라"는 삶의 모토가 "이미지가 전부다"라는 모토보다 더 낫다는 것을 깨닫게 되는 일은 그리스 비극에서보다 더 자주 실패로 이어진다.

# ✺ 3번에 대한 모든 것

　건강한 3번은 우리가 좋아할 만한 면들이 아주 많다. 그들은 다른 사람들에게 영감을 주겠다는 대담한 꿈을 가진 이들로, 아주 긍정적이고 강한 회복력을 가지고 있다. 이들이 영적으로 건강하고 자기 인식을 잘 할 때는 뭔가를 증명할 것이 없다. 그들은 자신의 업적을 과시하거나 하얀 거짓말하기보다 당신의 꿈에 대해 이야기하고 당신의 업적을 축하해 주기 원한다. 성숙한 3번에 대해서는 거짓말에 대한 힌트가 없다. 이들은 더 이상 실패를 두려워하지 않으며 실수를 통해 배운 것들을 공개적으로 나눈다. 이들은 너그럽고 현명하며, 종종 조직이 더 효율적으로 사명을 완수할 수 있도록 돕기 위해 상당한 기술을 지원한다.

　하지만 건강하지 못한 3번처럼 가만히 있지 못하는 이들도 있다. 이들은 항상 노력하고, 언제나 승진이나 출세할 길에서 서성인다. 정치적인 상식을 갖추고 있고, 옷차림이 끝내 주는 이들은 어떤 면에서는 군중 속으로 들어가 이렇게 묻고 있는 것 같다. "저 잘하고 있습니까?"

　어떤 3번들은 한 곳에서 오랫동안 가만히 있는 것을 견디지 못하기 때문에 스쿠버 다이빙이나 프랑스를 가로지르는 자전거 여행 같이, 활동적인 여가활동이 필요하다. 그때는 일거리로 가득한 서류 가방은 놔두고 가라고 설득해야 할 것이다. 3번은 사람들과의 대화에서 실제로는 아닌데 관심이 있는 척할 수도 있다.[31] 만약 3번이 실제로 부동산 거래를 하거나, 자신의 머리에 기록을 남기거나, 누가 실세인지 보기 위해 당신 어깨 너머로 방안의 사람들을 주기적으로 훑어 볼 때, 당신이 '선수'가 아니거나 그다지 관심이 없는 표정을 짓게 되면, 웃으면서 고개를 끄덕일 것이다. 마치 당신의 모든 말을 다 듣고 있는 것처럼 말이다.

수잔과 나는 최근에 청중의 대다수가 매우 성공한 사람들로 구성된 한 컨퍼런스에서 강의할 기회가 있었다. 그룹 내 사람들과 모임을 가졌는데 60대 중반의 데이빗이라는 법인 변호사가 자신의 삶에 대해 나누었다. 그는 50세가 되기 전까지 얼마나 알고 있고, 얼마나 좋게 보이고, 무엇을 가지고 있느냐가 인생의 전부라고 믿고 살았다고 말했다. 그러다 예수님을 만나는 계기를 통해서 자신의 민낯과 마주할 수 있었다고 한다. 데이빗은 자신의 손을 가슴에 얹으며 이렇게 말했다. "저는 참된 나를 알고 또한 그 사람이 되기 위해 엄청난 노력을 했습니다. 요즘에는 일이나 승리 같은 것은 훨씬 덜 생각하죠. 대신 더욱 나다워지는 것에 대해 생각합니다."

데이빗은 고도로 발전된 3번에 속한다. 그는 더 이상 한 주에 80시간씩 일한다거나 사랑받기 위해 모든 일에서 최고가 되거나 널리 인정받아야 한다고 생각하지 않는다. 일반적으로 3번은 에니어그램의 다른 유형보다 자신의 감정을 인식하고 연결하는 데 더 많은 어려움을 겪는다. 이들은 자신의 감정을 알아차리지 못할 뿐더러 다른 사람들의 감정도 이해하지 못한다. 지난 장에서 살펴본 것처럼 2번은 자신의 감정에 대해서는 모를 수 있지만 상대방의 감정에 대해서는 도플러 레이더의 정확성으로 맞출 수 있다. 반면 3번은 감정에 대해서는 자신의 감정이든 상대방의 감정이든 정말 아무것도 모른다.

3번은 감정을 가진다기보다 감정을 행한다. 이들은 감정에 접근하거나 그것을 잘 인식할 수 없다. 이런 이유로 무의식적으로 다른 사람들이 어떻게 감정을 표현하는지 관찰한 후 그대로 따라한다. 장례식에서 이들이 슬퍼하는 것처럼 보이지만 실제로는 슬픔과 연결되지는 않았을 수도 있다. 이 사실을 보여 주는 증거는 그들이 눈물은 흘리면서도 아직 끝내지 못한 프로젝트에 대해 생각할 수 있다는 것이다.

3번은 '나는 모두 다 가지고 있어'라는 껍데기를 날려 버리지 않기 위해 기분을 숨기거나 미룰 수 있다. 매 순간마다 이들은 우울하거나, 화나거나, 무섭거나, 낙관적이거나, 자신감 넘치는 포커페이스를 유지할 수 있다. 하루가 끝나갈 때 3번은 일의 효율성과 완성도에 대해 가장 중요하게 생각한다. 감정이나 느낌 같은 건 골치만 아프고 목표를 향해 가는 데 방해만 될 뿐이므로 거기에 너무 많은 시간을 쓰지 않는다.

리소와 허드슨에 의하면 3번이 어린 시절에 받는 메시지는 "너만의 감정이나 정체성을 가져서는 안 돼"라는 것이다. 아이인 3번은 성공과 관련된 삶을 사는 어떤 종류의 중요한 사람들이라도 완벽한 원형이 되기 위해서는 진정한 자아를 제쳐 두어야 할 필요가 있다고 느낀다. 한번은 영적 여정 가운데 있는 3번에게 이렇게 말한 적이 있다. "아버지의 사랑을 얻고 그를 기쁘게 해드리기 위해 참 자아는 버려둔 채 얼마나 애쓰셨어요?" 그 남자는 마치 공허함이 아니라 그 사랑이 자신의 가면 뒤에 있다는 것을 알아서 안도감이 생긴 것처럼 눈물을 흘렸다.

그렇다면 "성공으로 정의된 우리 문화에서 박수갈채와 보상으로 상징되는 3번을 변화시키려면 무엇을 장려해야 할까?" 미국은 3번의 나라이다. 우리 가운데 셀 수 없이 많은 사람들이 3번을 보면서 생각한다. '이

봐, 만약 내가 저 남자(또는 여자)였다면 정말 좋았을 텐데.' 내가 이렇게 말하는 이유는 우리 모두가 이 훌륭한 사람들이 계속해서 거짓말하며 살도록 격려하는 일에 연루되어 있기 때문이다. 3번에게 자신들의 재능을 사용하여 우리 회사를 성장하게 한다든지, 교회의 자본 선거 운동을 위해 기금을 모으게 한다든지(특히나 그들을 선두에 앞세워) 하고는 뒤에서는 그들이 진짜가 아니다, 자아도취에 빠졌다며 비판하는 것은 잘못된 일이다. 이것이 수잔과 내가 에니어그램을 좋아하는 이유이다. 3번 성격을 이끄는 동기와 세계관을 모르겠는가? 우리는 그들의 성격이 지닌 곤경에 대해 동정심을 느끼게 된다.

우리는 매일 성공 지향적이고 관념에 사로잡힌 우리 문화의 조류에 역행하여 살아가면서도 영적으로 발전하고 있는 3번을 만날 때 경이로울 뿐이다. 그리고 우리 주변에는 자기 자신이 되려고 애쓰는 사람들이 많이 있다. 그들은 완성을 향해 나가고 있는 성도들이다.

## ❧ 3번의 어린 시절

어린 시절 3번은 "네가 누구인가는 네가 무엇을 하느냐에 달려 있다"는 상처의 메시지를 받아들인다. 그 결과 이들은 고도로 발달된 성취와 업적의 기계가 되어 간다. 그래서 이들은 자기 정체성의 기반을 구성하기 위해 뛰어난 업적과 탁월한 성과를 내려고 노력하게 된다. 부모님의 기대를 감지하거나, 무엇보다 학업적인 성취를 이루는 것이 문화적으로 가장 인정받는 것임을 알게 되면 중학교 때부터 하버드에 입학하는 것을 목표로 공부할 것이다. 마찬가지로, 만약 3번이 마피아 두목의 자리에 오르는 것이 궁극적인 성공을 의미하는 문화나 가족 안에서 성장한다면 그것이 이들의 목표가 될 것이다. 좀 이상하게 들리긴 하지만 그것은 상황에 따라 달라진다.

무엇보다 가장 슬픈 것은 3번이 어떻게 그들의 가족이나 문화가 선호하는 이미지에 부합해 가느냐 하는 것이다. 그것이 비록 그들의 진정한 자아와 전혀 닮지 않은 누군가 되는 것이거나 본성에 반하는 행동을 억지로 해야 하는 일일지라도 말이다.

테니스 선수인 앤드리 애거시(Andre Agassi)에 관해 이런 이야기가 있다. 1991년 캐논 리벨(Canon Rebel)이라 불리는 카메라 광고에 아가시가 출연했다. 화려한 옷을 입고 돈 냄새가 폴폴 나는 운동선수가 하얀 람보르기니에서 내린다. 그는 코에 걸쳐진 레이벤 선글라스를 반쯤 내리며 카메라를 향해 무심한 시선을 던지며 이렇게 말한다. "이미지가 모든 것이죠." 오, 유치하고 3번스럽다. 그는 회고록 《오픈》(Open)에서 자신이 코트에서 기록을 세우는 모습을 아버지가 정말 좋아했다고 묘사한다. 책에서 아가시가 테니스 라켓을 처음 잡았던 때부터 마지막 은퇴하는 날까지 테니스 치는 것을 싫어했다고 공개적으로 고백했을 때 세상은 큰 충격에 빠졌다. 그를 챔피언의 자리로 이끈 것은 테니스 경기에 대한 열정이 아니었다. 오히려 그가 묘사하고 있듯이 "테니스를 사랑하는 것과 아들을 사랑하는 것"[32]의 차이를 구별할 수 없는 아버지의 마음을 얻고 싶은 열망 때문이었다. 다른 3번들도 만약 자신들이 뛰어난 성적이나 트로피를 가져오지 않으면 부모나, 동료, 또는 코치들이 자신을 간과하거나 잊어버리지는 않을까 염려하면서 자랐다고 이야기하고 있다.

내 친구 알렌은 찢어지게 가난한 집안에서 자랐다. 그의 부모님은 알렌과 쌍둥이 동생에게 "우리는 너희가 우리보다 더 많은 것을 이루기를 바란단다"라고 반복적으로 말했다. 두 아이들은 이른 시기에 우수한 성적을 받았고 농구에서 뛰어난 기량을 보였다. 그러자 알렌의 어머니와 아버지는 너무나 기뻐서 그들에게 칭찬을 아끼지 않았다. 그리고 선택의 여지없이 그것을 계속하도록 했다.

알렌은 지금 이렇게 말한다. "우리 부모님은 훌륭하신 분들이고 우리를 세상 그 누구보다 사랑하셨어. 단지 우리를 성공시키기 위해 얼마나 많은 압력을 가하고 있는지 모르셨을 뿐이지. 우리가 자라면서 그분들의 사랑이 모든 일에 대해 엉덩이를 걷어차는 조건적인 것임을 무의식적으로 믿고 있었다는 것과, 또한 그분들을 실망시키게 될까 봐 얼마나 두려웠는지 그분들이 아셨다면 아마 마음이 아프셨겠지. 부모님은 한번도 '너희가 잘한다면, 사랑해 줄게'라고 말씀하신 적이 없었어. 하지만 비록 어리긴 했어도, 그것이야말로 우리가 무의식적으로 들었던 말이야."

안타깝게도 부모들의 과도한 욕심은 종종 자식들을 그들이 선택하지 않은 운명으로 몰아붙인다. 3번 유형인 아이들은 아침에 일어나면서부터 그날 하루의 계획을 세운다. 사회적으로 의식이 있는 이들은 학교에 갈 때 무엇을 입을지, 누구와 점심을 먹을지 알고 있다. 이들은 무리에 속하기 위해서 누가 차가운 아이인지, 누가 자신의 감정이나 소망과 맞지 않는 아이인지 알고 있다. 이 아이들은 뭔가를 이루고 성공하기 위해서 자신들에게 탑재된 모든 장비를 사용하여 치장한다.

이들은 자기 주변 사람들이 소중하게 여기는 일들을 하려고 애쓰며, 실패를 받아들이는 것을 힘겨워 한다. 자신들이 성취하는 것으로 사랑받는다고 믿기 때문에 집중을 잘하며 자연스레 경쟁적인 사람이 된다. 이 아이들은 눈에 띄기를 원하고 그렇게 한다.

## ❧ 3번의 인간관계

3번은 에니어그램에서 자기감정과 가장 접촉이 적은 번호이기 때문에 관계 부분에서 해결해야 할 일이 많다. 영적으로 무지한 3번은 대규모 셀프 마케팅 캠페인의 일환으로 완벽한 가족의 이미지를 바깥 세상에 보여 주고 싶어 한다. 하지만 그런 겉모습을 유지하는 일은 배우자나 자녀들을 지치게 할 수 있다.

3번은 자기 느낌과 연결되지 못한 채 올바른 인상을 남기기 열망하기 때문에, 의식적으로든 무의식적으로든, 전형적으로 헌신적인 부모나 배우자의 역할을 맡을 수 있다. 아무 생각 없이 사는 다른 3번들은 무의식적으로 자신의 파트너나 인간관계를 대할 때 마치 작업 관리 목록의 항목을 처리하듯이 바라볼 수 있다. 이런 사람들은 주어진 시간에 해야 할 많은 프로젝트 중의 하나가 될 수 있다.

예를 들어, 3번은 자신의 배우자와 1년에 한번은 그들의 관계나 결혼생활에서 요구되는 사회적, 영적, 신체적, 재정적인 목표들을 정할 수 있다. 그리고 가족들이 하루하루를 보다 효율적이고 생산적으로 관리할 수 있는 방법에 대해 토론할 수 있다. 분명한 것은 서로의 관계가 관리를 필요로 하는 비즈니스 파트너십이 아니라 돌보아야 할 영적 연합으로 남아 있다면 계획을 세우는 것도 훌륭하다.

예외 없이, 영적으로 발달되지 못한 3번은 거의 모두 일 중독이기 때문에 관계에서 고통을 겪는다. 그들은 너무 많은 프로젝트에 매달려 있고, 달성해야 할 목표가 너무 많기 때문에 사랑하는 사람들에게 전적인 관심을 쏟을 수가 없다. 헬렌 파머가 말했듯이, "3번의 마음은 그들의 일에 있기 때문에"[33] 그들이 어떤 느낌을 가지고 있든 상관없이 결국 목표나 일을 성취하는 쪽으로 마음을 쓰게 되어 있다. 다른 사람들에게 남겨줄 것이 별로 없는 것이다.

3번은 멀티태스킹에 있어서는 초자연적인 재능을 가지고 있다. 이들은 운전을 하면서 동시에 휴대폰으로 수백만 달러짜리 거래를 완료하고, 샌드위치를 먹으면서 데이빗 알렌의 베스트셀러 《효율적으로 일 잘하는 방법》의 오디오를 듣고, 배우자와 아이의 학교 문제에 대해 이야기를 나눌 수 있다. 이것은 단순히 감동적인 게 아니라 '태양의 서커스'와 같은 강한 인상을 준다. 만약 당신이 3번의 배우자나 자녀, 친구가 아니라면 말이다. 그런 경우, 3번이 지닌 야망보다 당신이 덜 중요하고 가치 없는 존재라는 느낌을 가지게 될 것이다.

3번은 다양한 유형의 사람들을 이기기 위해 자기 모습을 바꾸기 때문에 친구들 모임을 서로 분리시켜 둔다. 만약 이들이 파티를 열었는데 실수로 다른 분야의 모든 친구들을 초대했다면 3번은 정신을 못 차릴 것이다. 그렇게 빨리 자신을 변형할 사람은 아무도 없기 때문이다.

이들은 자유로우면서도 서로 요구하지 않는 우정 관계를 소중하게 여긴다. 인생은 주어진 일을 끝내는 것이 전부라고 믿기 때문에 3번 유형은 목표를 달성하는 것과는 거리가 먼 우정 관계를 멀리하려고 한다. 우정은 그것을 유지하는 데 많은 노력이 필요하고, 복잡하며, 요구 사항이 많을 뿐 아니라 시간과 에너지가 많이 들기 때문이다.

3번의 방어 전략은 어떤 것과 자신을 동일시하는 것이다. 이들은 자신이 수행하는 일에 완전히 몰입함으로써 자신을 방어한다. 그리고 자신의 정체성이나 직업적인 타이틀, 일하고 있는 기관과 자신을 동일시함으로 피해를 막으려 한다. 이것 때문에 자기 회사의 명성이나 사무실에서 보내는 시간을 어떻게 해서든지 지켜내려 할 것이다.

리처드 로어가 관찰한 바에 따르면 에니어그램에서 가장 비참한 번호는 성공하지 못한 3번이라고 한다.[34] 그들이 품고 있는 야망이 자신들이 가지고 있는 재능에 비해 너무나 크기 때문이다. 나는 여기에 덧붙여 삶의 후반기가 되어서도 자신의 게임 속에서 깨어나지 못한 3번을 만나는 것이 얼마나 가슴 아픈 일인지 말하고 싶다. 파티에 참석했을 때, 여전히 유명인의 이름을 들먹이고, 자신이 어느 대학을 나왔는지, 또는 결혼했을 때 얼마나 젊었는지, 은퇴 후에도 얼마나 많은 현금을 쓰고 있는지 등을 말하는 일흔 먹은 남자 옆에 앉아 있는 것은 정말 끔찍한 일이다.

# ✻ 일터에서의 3번

다시 말하자면 3번은 직장에서 그들이 가장 중요한 구성원이라고 느낀다. 이들은 다른 어떤 유형보다도 성취와 인정을 원한다. 그것이 의미하는 바는 대부분의 직장인들에게는 죽음이다. 항상 집에 있는 부모들처럼 밖에서 일을 하지 않는 3번은 자연스럽게 다른 방식으로 자신을 입증하고 싶어 한다. 예를 들면 누구 집 아기가 태교를 잘해서 배변 훈련을 잘하게 되었는지, 어느 아이가 유치원에 다닐 때부터 벌써 프린스턴대학 조기 입학 허가를 받았는지 비교하는 식이다.

## 마지막 성공만큼만 사랑받는다

본질보다 성공을 선택하는 3번은 미국에서 존경을 받는다. 그들은 미국인의 이상적인 아바타들이다. 스마트하고 카리스마 있고, 야심 찬 A형 남녀들이다. 하지만 조심하라. 유형(type)과 정형화(stereotype)는 종이 한 장 차이이다. 어떤 사람들은 모든 3번 유형이 AMC(미국의 케이블 채널) 시리즈의 돈 드래퍼(Don Draper-일과 사랑, 권력 싸움을 그린 '매드 맨'의 주인공으로 전형적인 나쁜 남자 캐릭터이다) 캐릭터와 닮았다고 생각한다. 그렇다면 영적으로 성숙하지 않은 3번이 인기를 얻고 기업 먹이 사슬의 꼭대기에 올라서서 성공에 미치고, 이미지에 집착하기만 하는 걸까? 물론 그렇긴 하지만 이들은 더 정형화되어 있어서 누구나 볼 수 있는 특정 종류의 사람들이자 공식적인 캐리커처이다.

우리 모두와 마찬가지로 복잡하며, 무한할 정도로 다양한 색깔과 음영을 가지고 있다. 따라서 모든 3번이 CEO이거나 유명 인사이거나 뭔가가 되려고 하는 사람들은 아니다. 이들은 음악에서 선교지에 이르기까지 그야말로 거의 모든 직업에 분포하고 있다. 가수 겸 배우인 데이비드 보위에서 가톨릭 노동 운동의 창시자 도러시 데이에 이르기까지 3번은 그 누구도 될 수 있다. 하지만 모든 3번 유형의 사람들은 한 가지 거짓말을 믿고 있다. "당신은 당신의 마지막 성공만큼만 사랑받는다."

대학 교수인 친구 한 명은 내게 이런 말을 한 적이 있다. "우리 학교 직원회의 시간에 교수들 사이에서 벌어지는 대화를 한 번 들어보게. 자신이 박사학위를 받은 곳을 서로 상기시켜 주지 않으면 최근에 논문을 게재한 권위 있는 저널의 이름을 언급하곤 하지. 최근에 받은 유명한 학술회의의 초청장이나 본회의 연설을 언급하거나 종신 교수직을 얻었다는 것을 들먹인다네."

이들이 영적으로 건강할 때는 카리스마 넘치고, 생산적이며, 힘내라고 격려하는 사람들이 된다. 이들은 참 되고 비전 있는 리더들이며 존경받을 만큼 특별한 건설자들이다. 그럼에도 불구하고 다른 모든 번호들과 마찬가지로 이들이 성숙하지 못할 때나 자신의 맹점을 알지 못할 때는 사고를 일으킬 수 있는 교차로와 같다.

사람들은 3번이 앞으로 나아가기 위해서라면 그것이 뭐든 할 의향이 있다고 말할 것이다. 이들은 누가 승진을 할지, 누가 사무실의 가장 좋은 공간을 차지하게 될지, 자신의 직함은 뭔지에 관심이 많다. 이들은 물건을 파는 사람들에게 자부심을 심어 주고, 고객이 원하는 세일즈맨이 되도록 개발시켜 경이로운 세일즈맨으로 변모시킨다.

3번에게는 지위가 아주 중요하기 때문에 신분의 상징도 매우 중요하다. 그들이 자기 자본을 형성할 때 어떤 모형 메시지를 배경으로 해야 성공할 수 있을지 알아낸다. 만약 그들이 은행 투자자이거나 프로 운동선수라면 그것은 보트나 두 번째 집, 또는 테슬라 전기 자동차일 것이다. 만약 그들이 사회 정의를 옹호하는 사람들이라면 가난한 사람들과 연대하며 살아가겠다는 헌신을 보여 주는 캠페인의 일환으로 수수한 옷차림을 할 것이다.

### 성공을 위해 멈춤이 없다

당신이 직장에서 그들을 볼 때 감정에 관한 3번의 이슈는 정말 명확해진다. 이들은 목표를 세우고, 능숙하게 해내며, 다른 목표를 정하고, 또 이루어 내며, 그 다음 목표를 정하고, 완수하기 위해 산다. 3번은 여기에 자신들의 에너지를 쓴다. 물론 여기에는 비용도 든다. 3번이 중요한 프로젝트를 수행하고 있는데 배우자나 친구가 전화를 걸어 어떤 일 때문에 화가 난다거나 기분이 안 좋다고 말한다고 가정해 보라. 3번도 그 상황에 대해 어떤 감정들이 일어날 것이다. 하지만 감정을 다루는 것은 자신의 프로젝트를 계획표대로 수행할 능력에 위협이 된다. 그래서 이들은 일에 집중하기 위해 전화를 끊어 버린다. 그들은 마치 "나는 이 감정을 '나중에 다루어야 할 감정' 파일에 넣어 버릴 거야. 이 일을 끝내고 나면 다시 생각해 봐야지"라고 말하는 것 같다.

이들이 얼마나 자주 그때로 다시 돌아가 감정을 다룰 것 같은가? 그런 일은 거의 없다. 하나의 프로젝트가 끝나면 이들은 다른 프로젝트에 다시 매달린다. 중년이 될 때까지, 3번의 '나중에 다시 다루어야 할 감정' 파일은 어떨 것 같은가? 벌써 찢어졌거나 분명 차고 넘쳐 버렸을 것이다. 감정을 제쳐 두거나 미루는 3번의 능력은 종종 사람들로 하여금 그들을 피상적이고 감정적으로 얕으며 연결되기 힘들다고 생각하는 이유를 잘 설명해 주고 있다. 3번이 신경을 쓰는 것은 생산성이나 효율성, 목표, 측정 가능한 결과들과 특히 효율적으로 그 어떤 누구보다도 잘하는 것뿐이다. 3번은 프로젝트나 작업의 결승점에 가능한 한 빨리 들어오기를 원한다. 그리고 효율성에 대한 이런 욕구들은 관계와 의사결정에 많은 영향을 미친다.

　3번은 실용적이다. 이들은 일을 끝내기 위해서라면 뭐든 할 것이다. 그리고 목표를 달성하기 위해 편의 등을 명분으로 절차나 원칙 따윈 무시할 수도 있다. 이는 업무의 질을 떨어뜨릴 수 있다. 그들이 반드시 비윤리적인 것은 아니지만 거래를 성사시키거나 승진을 위한 자신의 입지나 각을 확보하기 위해서 몇 가지 사실을 생략하거나 치장할 수 있다. 나는 작곡을 하면서 가끔씩 뉴욕 시에 있는 한 성공적인 출판인과 함께 작업을 한다. 그는 3번의 교과서라 할 수 있는데 하루는 내가 동료 작곡가에게 그에 대해 어떻게 생각하는지 물었다. 호감이 가긴 하지만 약삭빠른 그가 정직한 출판인인지 아닌지 말이다. 그 사람은 웃으면서 이렇게 말했다. "더그가 거짓말쟁이는 아니에요. 하지만 해야 한다면 진실을 요리조리 조각해서 다듬긴 할 거예요."

　3번은 결승선으로 달리는 도중에 종종 사람들을 친다. 그리고 그에 대해서 사과할 수도 있고 사과하지 않을 수도 있다. 이들은 직원들로부터 충성을 요구한다. 그래서 당신의 상사가 만약 미성숙한 3번이라는 것을 알게 된다면 그가 새로운 생산 라인을 도입하겠다는 결정에 대해 나라면 공개적으로 이의를 제기하지는 않을 것 같다. 그러다가 대대적인 런칭을 패널티 박스에서 지켜 볼 수도 있기 때문이다.

열정적이고 자신에 찬 3번의 이야기 스타일은 홍보나 영업이다. 3번은 많이 말하기보다 오히려 너무 적게 말할 것이다. 이들은 사람들에게 그들이 근무하고 있는 회사, 그들이 판매하고 있는 제품, 그들이 챔피언이 된 이유, 그들이 즐기는 취미 등에 대해 자신의 생각을 판매하는 것을 좋아한다.

3번은 카리스마가 있고, 다른 사람들이 자신에게 원하는 바에 맞춰 적응할 수 있다. 따라서 사람들이 자신들을 위해 일하는 데 필요한 동기부여나 영감을 주려면 어떤 말을 해야 할지 정확하게 안다. 이들이 이끌리는 직업들은 좋은 인상을 만들거나, 회사 또는 회사에서 일하는 사람들의 가치를 가장 잘 구현한 사람들에게 승진할 기회를 주는 곳이다.

## 🦋 날개

### 혼란과 내적 불일치를 경험하다(4번 날개를 가진 3번-3w4)

4번 날개를 지닌 3번이 되기는 참 어렵다. 다음 장에서 다루겠지만 4번은 심오한 것과 진실한 것에 가장 관심이 많은 낭만가들이다. 이 사람들은 풍성한 내면의 삶을 완전히 새로운 차원으로 가져온다. 3번은 카멜레온과 같고 4번은 참된 것에 가치를 두기 때문에 4번 날개를 가진 3번은 엄청난 혼란과 내적 불일치를 경험한다. 이와 동시에 그들은 군중을 즐겁게 해 주기 위해 이미지를 투사하는 반면, 4번 날개는 그런 자신을 가리키며 "가짜! 사기꾼!"이라고 소리친다. 4번 날개를 가진 3번은 보다 내성적이고 2번 날개를 가진 3번보다 수치심이나 이외의 감정을 더 잘 느낀다. 이들은 민감하고, 예술적이며, 정서적으로 강렬하다. 그리고 바른 이미지를 꾸미는 일에 보다 더 신중하게 작업한다. 4번 날개를 가진 3번은 2번 날개를 가진 3번만큼 스타가 되는 일에 끌리지는 않는다. 하지만 2w3보다 더 잘난 척할 수 있다.

### 인정의 욕구를 적절히 다스릴 때 성공한다(2번 날개를 가진 3번-2w3)

매력적이고 친밀한 이들은 훌륭한 연예인이나 정치인, 영업하는 사람이나 목사가 될 수 있다. 하지만 관심과 인정을 받고 싶은 욕망이 과할 때나 자신의 진가를 인정받지 못하고 있다고 느낄 때면 화를 내거나 적대적으로 변할 수 있다. 이들은 4번 날개를 지닌 3번에 비해 스타가 될 필요가 있다.

그들은 실제로 더 사랑스럽고 너그럽고 친절한 사람으로 보이기 위해 이미 사용하고 있는 성격 가운데 일부를 구체화시킨다. 이들은 여전히 자신들의 성취에 대해 인정받고 싶은 강한 욕구를 가지고 있다. 하지만 또한 다른 사람들이 성공할 수 있도록 자기 에너지를 사용한다.

## ❧ 스트레스와 안전

### 자신과 모든 것을 잃다

3번이 스트레스를 받게 되면 건강하지 않은 9번의 행동 특성을 취하게 된다. 이들은 소파에 기댄 채 리모컨만 만지고 있거나 비생산적인 분주함으로 자신을 잃어버린다. 겉으로 보기에 지쳐 있다면 낙천적이고 자신감 넘치는 그들만의 특징들을 상실하여 자기 자신을 의심하게 된 것이다. 동기가 부족하고 스트레스가 쌓인 3번은 운동이나 건강한 식생활에 대해서도 관심을 잃을 수 있고, 외모에 대해서도 신경을 쓰지 않을 수 있다.

### '일'이 아닌 '나'를 사랑받는 경험

3번이 안전감을 느끼게 되면 6번의 긍정적인 면으로 이동하게 한다. 그래서 좀 더 따뜻하고 자신의 감정이나 다른 사람들의 감정과 더 접촉하게 된다. 이 공간에 있는 3번은 덜 경쟁적이고 방어적인 모습도 줄어든다. 이들은 가족이나 친구들에게 헌신하는 데 자신들의 에너지를 더 많이 사용한다. 더 이상 스타가 되거나 통제할 필요가 없기 때문에 그룹에 가장 좋은 것이 무엇인지에 대해 더 많은 관심을 기울이고, 자신들보다 더 큰 무언가에 연결되고 싶어 한다. 6번의 긍정적인 측면과 연결된 3번은 마침내 자신이 하는 일이 아닌 그저 자기 자신으로 사랑받는 것을 경험하게 된다.

# ✻ 영적 변화

3번이 되어 미국에서 살아간다는 것은 술집에서 알코올 중독자로 살아가는 것과 같다. 성공과 이미지에 집착하는 문화에서 이들은 에니어그램의 다른 어떤 번호보다 존경과 보상을 더 많이 받는다. 그들이 영적인 일을 힘들어 한다는 것이 이상한가? 전략적으로 적응을 너무 잘하고 길게 가는 이들의 성격적인 특성 때문에 3번은 중년이 될 때까지 영적인 일에 첫 발조차 내디디지 못하는 경우가 많다. 또는 그 일에 실패했을 때를 감당할 수 없다.

## 당신은 존재만으로 사랑스럽다

필연적으로 3번이 영적으로 각성하고 스스로를 인식하게 되면 자기 자신이 벌거벗은 것 같이 부끄러움을 느끼게 될 것이다. 그 순간에는 주위를 둘러볼 필요가 없다. 그때 이들에게 필요한 것은 친절하면서도 강한 친구이다. 그는 3번이 다시 예전처럼 대량 소비를 위한 마케팅과 포장을 하기 시작할 때 그들을 불러 세워 자기 존재의 진실 앞으로 돌아오게 할 사람이다. 사실 우리는 모두 자기 자신이 되려는 몸부림 안에서 우리를 격려할 수 있는 적어도 한 명의 친구가 필요하다. 이것은 누군가가 혼자서 해야 할 일은 아니다.

우리는 누구나 자신의 존재 자체로 사랑받는 사람이라는 말을 들을 필요가 있다. 하지만 3번은 이 말을 거울을 들여다봤을 때 거기에 하나님의 아들과 딸의 모습이 보이는 날까지 이 말을 들어야 할 필요가 있다.

3번을 위한 치유의 메시지는 이것이다. "당신은 단지 존재만으로 사랑받는 사람입니다."

　이 메시지가 3번의 마음에 깊이 스며든다면 천사들도 기뻐 노래할 것이다.

## 3번의 변화를 위한 10가지 방법

1. 묵상과 홀로 있음, 침묵을 연습하고 개발시키는 일은 모든 유형에게 중요하겠지만 특히 3번에게는 이 일이 반드시 필요하다. 이들이 활동과 생산성에 높은 가치를 두고 있기 때문이다.

2. 진정한 자아를 되찾는 여정에 동행할 영적 지도자를 찾으라. 그 길을 홀로 걷는 것은 매우 힘든 일이다.

3. 가족이나 문화로부터 물려받았던 성공에 대한 당신의 정의를 되돌아보고 당신의 감정과 욕구, 가치에 기초한 새로운 정의를 만들어 보라.

4. 당신이 바람을 피거나, 알코올 중독자가 되거나, 가족 중 가장 젊은 나이에 심장 마비를 일으키는 일이 벌어지기 전에 스스로에게 물어보라. '내가 이 성격이 아니라면 나는 누구인가?' 지금 당장 해 보라.

5. 물질적인 성공과 진짜가 되는 것은 상호배타적인 것이 아니다. 그것을 맡고 있는 사람이 진짜 당신이라면 성공은 좋은 것이다.

6. 결승선을 먼저 통과하는 과정에서 놓쳤거나 희생된 사람들의 목록을 적어 보라(예를 들면 배우자, 자녀들, 건강, 우정 등).

7. 일거리들을 챙기지 말고 휴가를 떠나 보라.

8. 버스 안에서 그냥 멍청한 사람이 되기를 시도해 보라. 관심을 독차지하거나 리더십을 떠맡고 싶은 유혹에 저항하라. 대신 다른 사람들이 빛을 발하고 성공할 수 있도록 돕는 협동적인 팀원이 되려고 노력하라.

9. 함께 있으면 솔직해지고, 자신의 연약한 모습까지도 보일 수 있는 친구를 적어도 한 명 이상 두도록 하라. 당신이 3번이라면 아마 주위에 많은 친구들이 있을 것이다. 하지만 그들

이 당신이 성공적으로 살고 있을 때 뿐 아니라 완전히 실패했을 때도 여전히 당신을 사랑할지 확인해 보라.

10. 리처드 로어의 책 《위로 추락하다:인생의 두 면에 대한 영성》과 《불멸의 다이아몬드:우리의 진짜 자기를 찾아서》를 읽으라.

# 6. 4번 유형 // 낭만가

## 타인에게 확신과 인정을 갈구하지 말라

외로움을 느껴본 적이 있다면, 이방인이 된 것 같다면
그 느낌은 절대로 널 떠나지 않을 거야.

-팀 버튼(TIM BURTON)

# 4번, 나는 이런 사람이다

☐ 1. 나는 세련되고 극적이며 판에 박히지 않은 것을 좋아한다. 분명 평범한 것을 좋아하는 사람은 아니다.

☐ 2. 나는 어디에 속해 있다고 느낀 적이 없다.

☐ 3. 나는 하루에도 여러 감정을 느껴서 어느 것에 신경을 써야 할지 잘 모르겠다.

☐ 4. 어떤 사람들은 내가 쌀쌀맞다고 생각하지만 나는 그냥 독특할 뿐이다.

☐ 5. 사회적인 상황에서 나는 다른 사람들이 내게 접근해 오길 기다리며 뒤로 물러서 있는 편이다.

☐ 6. 사람들은 우울해지면 짜증을 내면서 기운을 내려 하지만 나는 우울한 채 있어도 편안하다.

☐ 7. 나는 다른 사람들과 같지 않다.

☐ 8. 나는 비판에 매우 민감하다. 그리고 그것을 극복하는 데 어느 정도의 시간이 필요하다.

☐ 9. 나는 나를 설명하기 위해 많은 시간을 쓴다.

☐ 10. 사람들이 나에게 무엇을 해야 한다고 말하면 종종 그것과 반대되는 일을 하고 싶은 마음이 생긴다.

☐ 11. 가끔은 그냥 사라져서 조용히 며칠 동안 지내고 싶다.

☐ 12. 나는 슬픈 노래나 슬픈 이야기, 슬픈 영화를 보거나 들어도 괜찮다. 과도하게 행복한 사람들을 보면 머리가 아프다.

□ 13. 나에게 본질적인 뭔가가 결여된 것 같은 느낌이 든다.

□ 14. 나는 항상 이상적인 소울메이트를 찾고 있기 때문에 하나의 관계에 정착하기가 힘
들다.

□ 15. 나는 자의식이 강하다. 사람들이 많은 곳에서 나의 자리를 찾기가 어렵다.

□ 16. 사람들은 내가 너무 예민하고 내 감정이 그들을 압도한다고 말한다.

□ 17. 나는 예술가이거나 창의력이 뛰어난 사람이다. 나는 연달아 놀랍고 창의적인 아이디
어를 제시한다. 그것을 실행하는 것은 그들에게 어려운 일이다.

□ 18. 대부분의 사람들이 나를 오해하기 때문에 좌절감을 느낀다.

□ 19. 나는 사람들을 끌어들이지만 그러고 나면 긴장이 되어서 그들을 밀어낸다.

□ 20. 나는 포기에 대해 많이 걱정한다.

· **Key Word**

내성적, 낭만적, 창의적, 개인적, 우울, 자기 연민

--------------------------------------------------------------

· **4번 유형인 사람들**

토머스 머튼, 빈센트 반 고흐

--------------------------------------------------------------

**건강할 때**

이들의 정서적 영역은 아주 광범위하다. 그리고 자신들이 지닌 모든 느낌에 대해 말하거나 행동하지 않음으로써 그것을 관리한다. 그들은 하나님의 무조건적인 사랑을 얻기 위해 특별한 존재가 되어야 할 필요가 없음을 안다. 건강한 4번은 대부분의 분야에서 수치심과 열등함의 패턴에서 벗어나 살아가는 방법을 찾았다. 이들은 깊은 창조력을 지녔고, 정서적으로 정직하고 연결되어 있으며 아름다움에 자신을 맞춘다.

**보통일 때**

이들은 매일 있는 그대로의 자신을 용납하는 것을 배우려 발버둥 친다. 이러한 노력은 자신의 독특함을 과장함으로써 그들의 정체성을 추구하기 때문에 매우 복잡하다. 평균 수준의 4번은 수줍음이 많다. 이들은 당신이 자신을 원하기를 바라고 있지만 관심이 없는 척 비싸게 군다. 이들의 우울은 종종 억제되지 않기도 한다. 그리고 다른 사람들과 자신들의 사이에 고통스런 거리를 만들어 낸다. 평균적인 4번은 변덕스럽고, 멜로드라마와 같으며, 궁핍하고 자기 동정적이다.

**건강하지 않을 때**

이들은 사람들을 교묘하게 조종하는 경향이 있고, 관계를 형성하거나 유지하기 위해 희생자 역할을 자처한다. 이들은 자신이 다른 사람들에 비해 부족하다는 것을 발견하지만 이것은 자신의 가치를 더욱 저하시킬 뿐이다. 건강하지 못한 4번은 수치심을 너무 많이 느끼기 때문에 그들이 변할 수 있고 더 나아질 수 있다고 믿는 바로 그 부분에 연결될 수 없다.


## ᴥ 어느 면에 있어서는 젬병

첫째 아이 케일리가 태어나기 직전, 아내는 유모차에 대해 조사하기 시작했다. 우리와 마찬가지로 대부분의 친구들은 20대 후반에 임신하기 시작하여 마치 자판기처럼 아기들을 낳았다. 따라서 육아에 대해 조언을 구할 사람들이 부족하지 않았다.

"모두들 그라코(Graco)를 사야 한다고 말했어요." 어느 날 저녁 식사를 하면서 앤이 공표를 했다.

"모두가?" 내가 눈썹을 치켜세우며 물었다.

나는 누군가가 '모두 그렇게 하기' 때문에 나도 뭔가를 반드시 해야 한다고 말하는 것을 좋아하지 않는다. 노르웨이의 나그네쥐는 해마다 이주하는 동안 수천 마리가 집단 자살을 한다. 다른 쥐들을 따라가다가 그렇게 된다.

"우리는 좀 더 창의적일 수 없을까?" 내가 물었다.

"여보, 이건 무도회 드레스가 아니라 유모차란 말예요." 앤은 8개월

된 임산부를 건드리지 말라는 투로 대답했다.

"아, 알았어요." 나는 재빨리 이야기를 접었다.

그러나 그 다음날 아침, 나는 아기 용품 카탈로그를 뒤적이다가 우연히 멋지고 끝내주는 유모차 광고를 보게 되었다. 제조사가 영국이라 해외 배송을 통해 받아야 했고, 가격도 확실히 비싸긴 했지만 우리의 첫 아이가 사용할 것이 아닌가? 나는 즉시 그 유모차를 주문했다.

"당신, 정신이 나갔어요?" 이 이야기를 했을 때 앤은 반대 의사를 보였다. "지금 당장 시어스(Sears)에 가서 그것의 반값에 그라코 유모차를 살 수 있잖아요."

"첫 딸이니까. 그 아이가 영국 유모차 타는 거 바라지 않아?"

"영국 유모차라고?" 앤은 돌아서 방 밖으로 걸어 나가면서 믿기지 않는 듯 머리를 흔들면서 비웃었다. "'난 내가 되어야 해'라는 노래가 떠오르네요."

"유모차가 올 때까지 기다려 봐요. 분명 나한테 고마워할 테니까." 나는 장담했다.

앤이 출산하기 3일 전에 신형 유모차가 들어 있는 박스가 문 앞에 도착했다. 나는 얼른 상자를 뜯어서 멋진 유모차를 보고 싶었다. '조립 요망'이라는 단어가 포장 상자에 크게 쓰여 있는 것을 발견하기 전까지는 말이다.

솜씨에 관해서라면 나는 유전적으로 젬병이다. 실제로 한번은 직업 카운슬러가 내게 나의 공간 시각화 및 손재주 점수가 인간보다는 조개와 더 가깝다고 말한 적이 있다. 그는 내게 이런 조언을 했었다. "도구에 관한 노래는 얼마든지 편하게 만드세요. 하지만 절대로 도구를 잡지는 마세요. 다른 사람을 다치게 할 수도 있어요."

나는 카운슬러의 경고를 무시하고 깊은 숨을 내쉬었다. "나는 할 수 있다. 이것을 조립할 수 있다." 나는 상자를 집 안으로 끌고 오면서 이 말을 하고 또 했다.

일단 안으로 들인 후 거실 바닥에 유모차 조각들을 펼쳤다. 한 손으로는 설명서를 붙잡고 다른 한 손으로는 머리를 긁적이며 여러 가지 너트와 볼트, 스프링, 플라스틱 스패너 및 기타 뭔지 모를 잡다한 조각들을 죽 살폈다. 내가 유모차를 조립하는지, 보잉747비행기를 조립하는지 도대체 알 수가 없었다.

도전 앞에서 포기하는 사람이 되지 않으려고 나는 앤이 일을 마치고 집에 도착하기 전까지 저 유모차를 굴러갈 수 있도록 하겠다고 맹세했다. 그러나 몇 시간 후에 앤이 집으로 돌아왔을 때 나는 소파에 나가 떨어져 천장만 바라보며 슬픈 날의 레오나드 코헨처럼 비탄에 빠져 기타만 치고 있었다.

"이것은 나에게는 실제가 아니라 은유인 것 같아." 나는 거실 바닥에 펼쳐져 있는 조립하다 만 유모차를 가리키며 한탄했다. 위로 튀어나온 바퀴는 마치 새가 날갯짓을 하는 것 같았다. "나는 가망이 없나봐."

앤은 웃으며 내 옆에 앉았다. "당신은 지금 스스로를 고문하고 있네요." 그러면서 내 손을 잡았다.

앤이 우리의 결혼생활 동안 내게 이렇게 말한 것은 한두 번이 아니었다. 어쨌거나 나는 에니어그램의 4번 유형이다.

## 4번의 중대한 죄

4번은 자신들의 본질적인 형성(makeup)에 뭔가 중요한 것이 빠졌다고 느낀다. 그것이 무엇인지, 빼앗겼는지 아닌지, 아주 오래 전에는 있었던 것인지 아닌지 알 수 없지만 어쨌든 현재는 없는 것이다. 그 빠진 부분은 그 어디에서도 찾을 수 없고 누구의 탓도 할 수 없다. 이로 인해 그들은 남들과 '다르다'는 것을 느끼고 수치심과 함께 자신이 누구인지에 대해 불확실한 기분을 느낀다. 또한 이 세상에서 살아가는 것이 불편하고 거북하다.

내가 열두 살 때 자전거 수리하는 사람이 내게 "자전거 앞바퀴가 제자리에 있지 않고 흔들리네"라고 말했다. 그런 표현을 한 번도 들어본 적이 없지만 나는 즉시 이 말이 나의 자전거뿐 아니라 나 자신을 묘사하는 말이라는 것을 깨달았다. 제자리에 있지 않다. 이것이 4번이 느끼는 감정이다.

### '다름'에서 오는 시기심

4번은 자기 혼자만 이 비극적인 결함을 지니고 있다고 믿는다. 그래서 자신을 다른 사람들과 비교할 때(항상 그렇지만), 열등한 느낌을 갖는다. 리처드 로어의 말처럼 4번은 종종 "가려진 수치심에 지배당하고 있다"[35]고 느낀다. 다른 사람들이 누리는 것처럼 보이는 기쁨과 완전함은 이들에게는 자신의 부족함을 매일 상기시켜 주는 것일 뿐이다.

영화 〈폭풍의 언덕〉에 보면 버려지고 분실되고, 분리된 것 같은 4번의 내적 감각을 놀라울 정도로 잘 묘사한 장면이 나온다. 주인공인 캐서린과 히스클리프는 부유한 이웃인 린튼의 집 바깥에 서 있다. 그곳에서는 파티가 열리고 있었다. 코를 유리창에 댄 캐서린과 히스클리프는 밤늦도록 우아한 드레스를 입고 춤추며 웃고 떠드는 손님들을 지켜보고 있다. 그들의 애처로운 얼굴 표정에서도 역력히 드러나듯 그들은 그 축제에 합류하기를 원한다. 그리고 곧 들어갈 수 있을 만큼 가깝게 있다. 하지만 그들은 파티의 이방인일 뿐이다.

히스클리프와 캐서린처럼 4번은 인생의 파티에 함께 참석하기를 갈망한다. 하지만 뭔가 근본적인 것의 결여로 인해 초대장을 받을 자격이 박탈된다. 그들은 자신들이 지닌 이름을 알 수 없는 잘못으로 인해 장난감 섬으로 추방되었다.

4번의 치명적인 죄가 시기심이라는 것은 그다지 놀라운 일이 아니다. 이들은 정상적인 것, 행복, 다른 사람들이 인생을 살아가며 느끼는 편안함 등을 부러워한다. 이들은 누가 더 흥미진진한 삶을 사는지, 또는 누가 가족들과 더 행복하게 사는지, 즐거운 어린 시절을 보냈는지, 누가 더 나은 직장이나 뛰어난 취향을 가지고 있는지, 누가 더 특별한 교육을 받았는지, 누가 더 눈에 띄는 옷을 입었는지, 그리고 누가 남다른 예술적 재능을 가졌는지 즉시 알아챈다. 이 부러움은 이들 안에 배어 있는 '보완할 수 없는 결핍'[36]이라는 감정과 짝을 이루어 4번으로 하여금 이 세상의 집에서는 결코 느낄 수 없는 뭔가를 경험하고 빠진 조각을 찾기 위해 끊임없이 탐색하게 한다. 안타까운 것은 4번이 무엇이 빠졌는지 너무 몰두한 나머지, 현재 자신의 삶에 무엇이 있는지 보지 못한다는 것이다. 자신이 이미 가지고 있는 많은 훌륭한 자질에 대해서는 눈이 멀게 된다.

혹시 궁금할지 모르겠는데 시기와 질투는 다르다. 시기 또는 부러움은 다른 사람들이 가지고 있는 특성들을 바라는 것과 연관이 있다. 반면 질투는 우리가 이미 가지고 있는 것이 빼앗길 위험에 처할 때 발생한다. 시기가 이들의 큰 죄이긴 하지만 4번은 시기 못지않게 질투도 경험한다. 이들에게 질투는 버려질 두려움과 관련이 있다. 이들은 사랑하는 사람을 향해 느끼는 소유욕 때문에 질투를 표현한다.


## ❦ 4번에 대한 모든 것

여러분도 짐작하겠지만 4번은 우울해지기 쉽다. 구약성경의 욥처럼 이들은 슬픔에 잠길 수 있다. 어쨌거나 삶 가운데 즐거운 음악이 흘러나온다 해도 명랑하고 쾌활한 사람이 되기는 힘들다.

하지만 우울함을 우울증으로 오해해서는 안 된다. 4번이 지닌 그리움과 아쉬움은 달콤 씁쓸한 성질을 가지고 있다. 내가 20대 후반이었을 때 누가 만약 "모든 비용을 지불해 줄 테니 어디를 갈래?"라고 하면서 디즈니월드와 아일랜드를 제시했다면 나는 생각해 볼 것도 없이 즉각 아일랜드를 선택했을 것이다. 그곳에서 바다가 내려다보이는 절벽 위에 앉아 곡을 만들었을 것이다. 《레미제라블》의 작가 빅토르 위고는 이런 말을 하고 있다. "우울함은 슬픈 행복입니다."

## 특별해지고 싶은 욕구

불행하게도 4번의 우울함은 멜로드라마로 변형될 수도 있다. 4번은 친구와의 사소한 말다툼을 바그너의 오페라로 바꿀 수 있다. 이를 테면 여자친구나 남자친구와 헤어져도 닥터 지바고의 한 장면과 맞먹을 만한 그림을 만들어 낸다. 이런 모든 연출 때문에 4번은 종종 자신들이 가장 진지하게 관계를 맺고 싶은 사람들을 밀어낸다. 에니어그램의 모든 유형이 그러하듯, 자신의 필요를 충족하기 위해 채택하는 전략들은 종종 자신에게 불리하게 작용한다.

어울리고 싶고 어디에 속하고 싶은 이들의 바람을 감안할 때 4번이 다른 사람들과 더 섞이고 싶어 한다고 생각할 것이다. 하지만 이것은 4번이 최종적으로 원하는 것이다. 4번의 필요는 특별하고 독특하게 되는 것이다. 이들은 자신들의 잃어버린 조각을 찾아 맞출 수 있는 유일한 방법이 고유하고 독특한 이미지를 만들어 냄으로써 가능하다고 믿는다. 다른 모든 사람들과 구별되는 것이 최종적으로 진짜 자신을 확보하는 방법이라고 생각하는 것이다. 그러고 나면 사람들이 아마도 자신들을 사랑하고 받아들일 것이며 그들도 유배되었던 장난감 섬에서 돌아올 수 있다고 생각한다.

특별해지고 싶은 4번의 욕구에 대해서는 로저와 린다 부부만큼 명확하게 설명할 사람이 없을 것 같다. 결혼 전 나는 이들로부터 상담을 받았는데, 숙련된 의사인 로저는 내가 예상했던 대로 1번 유형이었다. 린다는 자신이 4번일 거라 생각했지만 확실하지는 않았다. 그래서 나는 4번의 성격 특성에 대해서 설명해 주었다. 절반쯤 진행하고 있는데 신호가 왔다.

"잠깐만요, 저 같은 사람이 또 있어요?" 린다는 마치 내가 6주 밖에 못 살 거라고 말한 듯이 흐느끼기 시작했다.

"음, 그런 셈이죠. 그러니까…."

"그럴 리가 없어요, 저는 제가 다르다고 생각했어요." 그녀는 두 손으로 얼굴을 가리며 통제할 수 없을 정도로 흐느껴 울었다.

대부분 4번은 고뇌를 제2의 언어로 사용하고 있다. 이들은 비극적인 모든 것들에 끌린다. 그리고 그들이 말하는 스타일도 슬프다. 이들은 비극적인 로맨티스트나 때로 예술로 괴로워하는 예술가의 역할을 수행하고 있다. 이들에게 가면 언제나 슬픈 이야기를 들을 수 있다. 항상 고통스럽고 슬픈 주제를 이야기하지는 않지만 그런 이야기를 할 때면 다른 사람들은 나에 비해 우울한 영향을 받지 않는 것처럼 보인다. 사실 슬픈 이야기들은 그것이 정직하고 감상적이지만 않다면 늘 내 마음을 움직인다. 그 이야기들이 불러일으키는 어둡고 진지한 감정들은 의미를 찾고 나의 고유한 깊이를 탐구하도록 돕는다. 하지만 시간이 지나면서 내가 배운 것은 모든 사람들이 나와 같은 렌즈를 통해서 세상을 보는 것이 아니라는 것이었다. 1990년, 나는 팀 버튼 감독의 〈가위손〉 영화가 여자친구와 첫 데이트를 하면서 보기에 가장 완벽한 영화라고 생각했다. 하지만 모두가 그렇게 생각하지는 않는다는 걸 나중에야 알게 되었다.

## 보이는 모습이 전부가 아니다

4번은 에니어그램의 모든 유형 중에서 가장 복잡한 유형이다. 보이는 것이 모두는 아니다. 겉모습 아래에는 항상 더 많은 층들이 있다. 이들의 물은 깊게 흐른다. '나는 누구인가?' '내 삶의 목적은 무엇인가?' '내 삶의 이야기들은 이 거대한 사물의 계획 속에 어떻게 들어맞는가?' 이런 질문들은 4번의 뇌리에서 떠나지 않는 실존적이고, 고뇌에 찬, 비오는 날 카뮈의 글을 읽으며 나올 법한 유의 물음들이다.

여러분이 상상할 수 있듯이, 4번은 불만과 씨름하고 있다. 이들은 항상 자신이 손에 넣을 수 없는 무엇인가를 원하고 있다. 이들이 가진 것은 자신들이 정말 원한 것이 아니며, 이들이 원하는 것은 언제나 자신의 손이 닿지 않는 어딘가에 있다. 자신들이 원하는 것이 그들 안에 있다는 것을 알았다면 좋을 텐데 말이다.

4번은 감정을 갖지 않는다. 이들은 존재 자체가 감정이다. 이들의 감정은 정체성의 기초를 형성한다. 감정 없이는 그들 자신이 될 수 없다. 하지만 4번은 평범하고 그저 그런 감정으로는 만족하지 않는다. 이들은 초대형 감정을 원한다.

젊었을 때 나는 항상 꾸미는 것을 좋아하고 강렬한 감정을 느꼈다. 기분이 좋으면 그 희열을 더 느끼고 싶어서 시나트라의 빅 밴드 레코드를 연주하고, 마지막 순간에는 십여 명의 친구들을 초대해서 같이 저녁을 먹었다. 반면 우울하거나 사색에 잠길 때면 사무엘 바버의 "현을 위한 아다지오"를 들었다. 그 순간을 느낄 수 있는 것이라면 무엇이든 좋았다.

이들의 사랑과 지나친 자기 정체성에는 감정이 담겨 있기 때문에 4번의 기분은 계속해서 변한다. 마치 원숭이가 이 나무에서 저 나무로 옮겨 가듯이 이들의 감정도 이랬다저랬다 하면서 빠르게 바뀐다. 저자인 톰 콘던(Tom Condon)이 지적한 대로, 4번의 감정과 이슈가 그려내는 풍경은 십대들의 그것과 크게 다르지 않다. 두 부류 모두 "소외감이나 정체성에 대한 의식적인 탐구, 자신은 남들과 다르게 독특하다는 선입견, 죽음을 낭만적으로 인식하는 경향, 그 누구도 자신과 같은 감정을 느껴 보지 못했을 것이라는 확신, 사랑 안에는 기쁨과 고통이 공존한다는 예리한 인식"[37]을 가지고 있다.

4번의 기분은 마치 빠르게 바뀌는 날씨와 같다. 이들은 눈 깜짝할 사이에 위에서 아래로, 다시 평소대로, 그리고 수직으로 떨어진 다음, 솟아오르다가 마침내 원래대로 돌아갈 수 있다. 사실 4번은 한 번에 너무 많은 느낌을 경험하기 때문에 감정에 너무 압도될 수 있다. 그 감정들을 정리할 때는 어느 것을 먼저 말해야 할지 알지 못한다. 문제가 보이는가? 4번의 정체성이 이들의 감정에 연결되어 있으므로 그것은 항상 바뀔 수밖에 없다. 4번이 가지는 자신에 대한 느낌은 결코 안정적일 수 없다. 이들이 깨닫지 못할 때는 마치 놀이동산에서 롤러코스터를 타는 모습을 지켜보는 것처럼 보인다.

### 별난 행동, 보상적인 행동

4번은 풍부한 상상력과 환상적인 삶을 지니고 있다. 거기서 이들은 과거를 회상하며 그리워한다. 4번은 자신의 어린 시절을 회상하는 데 많은 시간을 보낸다. "만약 ~했다면, 그때 만약 ~했다면"이라고 말하면서 말이다. 만약 과거에 대해 공상하지 않으면 미래를 상상한다. 완벽한 곳에서 이상적인 직업을 가지고, 좋은 친구들을 곁에 두고 살고 있는 모습이나 마침내 소울 메이트를 만나 모든 것이 완성되는 모습을 그린다.

4번에게 인생은 이러지도 저러지도 못하는 상황과 같다. 이들은 세상에 속하기 바라지만 그러기엔 자신이 부족하다고 느낀다. 그래서 특별한 이미지를 투사하여 자신의 부족함을 보완하려고 한다. 그런데 특별하게 행동하려는 모습 때문에 자신을 세상에 맞추는 일이 더 어렵게 된다. 주목할 만한 작곡가이자 성숙한 4번인 내 친구 돈의 이야기를 해 보겠다. 돈이 8학년이었을 때 그의 가족은 미주리 주에서 캔자스 주로 이사를 했다. 거리상으로는 4시간 밖에 안 떨어진 곳이었지만 새로 이사한 곳은 지구상의 평행 우주라 할 만큼 모든 것이 달랐다. 새로운 학교에 전학을 가서 인기 있는 아이들과 친구가 되고 싶었지만 실패하게 되자, 돈은 코스를 바꾸었다. 그는 학교에 갈 때 모터가 달린 노란 자전거를 타기 시작했다. 빨간 헬멧 꼭대기에는 장난감처럼 생긴 한 쌍의 다트가 안테나처럼 달려 있었다. 그리고 자전거 뒤쪽으로는 검은색 샘소나이트 서류 가방을 번지 끈으로 고정시켜 두었다. 어떤 날은 아버지의 항공 점퍼를 입고 과학용 고글을 쓴 채 교실에 나타나기도 했다.

보다시피 이처럼 별나고, 보상적인 행동은 돈이 바라는 바(친구들과 어울리는 것)와 한참이나 어긋나게(오히려 반대로) 작용하고 있다. 비록 돈처럼 빨간 헬멧을 쓰거나 항공 점퍼를 입지는 않을지라도 4번은 독특하고 주의를 끌 만한 옷을 입는 것을 좋아한다. 4번이 옷 입은 모습을 보면 그냥 대충 걸친 것처럼 보일 수도 있지만 그것은 분명 깊이 생각한 끝에 나온 조합이다.

참과 진실성에 대한 추구는 4번에게 모든 것을 의미한다. 이들은

1마일 밖에서도 젠 체하는 사람을 알아낼 수 있다. 고등학교 때 읽었던 샐린저(J. D. Salinger)의 소설 《호밀 밭의 파수꾼》은 내 인생에서 중대한 분수령이 되었다. 주인공 홀든 콜필드가 '거짓과 위선'에 대해 경멸하는 모습이 내 모습과 너무나 닮아 있었기 때문이다. 얼마나 많은 4번 유형이 나와 똑같은 반응을 보일지는 모르겠다. 우리는 평범함이나 피상적인 태도, 어느 때고 낙천적인 사람들을 좋아하지 않는다. 딸아이가 16세였을 때 나는 저녁을 먹으면서 "이 녀석, 어디서 그런 사치스런 취향을 배웠니?"라고 야단을 쳤다. 아빠의 말에 "저는 그냥 행복해지고 싶을 뿐이에요"라고 대답하며 엉엉 울었다. 물론 나도 행복하기를 바라지만 이 세상을 볼 때 어느 누가 영원한 기쁨을 기대할 수 있겠는가? 게다가 고통을 겪어 보지 않았거나 항상 행복하기만 한 사람은 길가의 관목보다 재미가 없다.

4번은 인생의 색다르고 아방가르드한 것에 매료된 사람들이다. 이들은 아름다움과 예술에 깊은 관심을 가지고 있다. 그래서 자신만의 독창적인 방식으로 집을 꾸민다. 그리고 세상의 비뚤어진 시각과 자신들의 감정을 표현할 창작물들을 만들어 낸다. 이들은 평범하지 않은 취미를 가지고 있으며 종종 아주 흥미롭고 다양한 친구들을 두고 있다.

이 모든 고상한 관심사는 사람들에게 우월감에 빠져 있거나 차가운 인상을 줄 수 있다. 솔직히 말해서 우리는 가끔 스스로를 얕은 감정이나 저급한 취향을 가진 대중적인 사람들보다 우월하다고 생각한다. 또는 우리가 인생의 더 큰 질문에 몰두하고 있을 때는 빨래를 하거나, 낙엽을 긁어모으는 것 같은 잡다한 일에서 면제된다고 생각한다. 하지만 때로는 군중의 편에 서 있는 것이 다른 그 어떤 것보다 우리를 다른 사람들과 연결시켜 주고 초대받을 수 있게 해 준다.

4번은 언어의 한계를 테스트할 법한 독특한 느낌이나 진리를 표현할 수 있는 이미지나, 은유, 이야기 및 상징을 찾는다. 이것들을 통해 그 의미들이 가장 잘 표현될 수 있도록 고민한다. 내슈빌에 사는 감독 교구 목사인 나는 주일 아침에 교회를 찾는 약간의 4번들을 보게 된다. 그들은 향이나 종, 동상, 아이콘, 성례, 채색된 예복 및 볼거리들이 있는 의식이 강조된 교회를 좋아한다. 이런 교회는 신비와 초월에 대한 그들의 감상을 만족시켜 준다.

## 🥀 4번의 어린 시절

4번은 종종 자라면서 부모님이나 형제자매, 또래 친구들로부터 이해받지 못하고 그들과 다른 느낌을 가졌다고 말한다. 나는 신체적으로 왜소하고 내성적이었던 것에 반해 형들은 가끔씩 운동장에서 싸움이 벌어질 때 소심하게 피하지 않고 난투극을 벌이는 아이들이었다. 나는 기타를 연주하며 우드하우스(P. G. Wodehouse)의 책을 읽는 동안 형들은 축구를 하며 야단법석을 떨었다. 형들은 가톨릭 학교에 다녔지만 나는 호그와트에 있었다. 나는 자라면서 가족 구성원 가운데서 외톨이처럼 느껴졌다.

## 접근하기 쉬우면서도 동시에 어려운

4번인 아이들은 접근하기 쉬우면서도 동시에 접근하기 어렵게 보인다. 이들은 자신들이 다른 아이들과 다르다는 것을 느끼며 산다. 따라서 이 차이를 이용하여 스스로의 공간을 만들려 애쓴다. 그러나 이 차이로 인해 자신들이 정말 원하는 소속감을 얻을 기회를 차버리는 역효과가 난다.

4번이 늘 듣게 되는 상처의 메시지는 다음과 같다. "너에게는 뭔가가 빠져 있어. 그 누구도 너를 이해하지 못해. 너는 절대로 어딘가에 속할 수 없을 거야." 이런 아이들은 대부분의 시간을 외롭고 이해 받지 못한다고 느낀다. 이들은 필사적으로 사람들이 자신들에게 다가오기를 원하지만, 이들이 종종 사용하는 별나고 괴상한 방법 때문에 사람들은 이들을 더욱 이해하기 어려워진다. 그래서 4번이 어떤 사람인지, 어떻게 세상을 바라보는지에 대해 다른 사람들과 소통하지 못하게 된다.

현재는 때때로 견딜 수 없고, 미래는 불안과 염려로 가득 차 있기 때문에 이들은 과거에 대해 많이 생각한다. 이들은 자신의 조각을 어디서 잃어버렸는지, 모든 것이 지금과 어떻게 달라졌을지, 하나님이 왜 자신을 버렸는지에 대해 파악하려 애쓴다. 4번이 160킬로미터 밖을 쳐다보며 깊은 한숨을 내쉬는 모습을 발견하게 된다면, 아마도 머릿속으로 '만약에' 놀이를 하고 있을 가능성이 크다. 당신이 뭐라 부르든 그 작은 두뇌와 마음들은 자라서 밥 딜런이나, 메릴 스트립, 안무가인 마샤 그레이엄, 스웨덴의 영화 감독 잉마르 베리만 같은 사람들이 될 것이다. 그러니 서두르지 말고 "너는 왜 다른 아이들처럼 되지 못하니?"라고 말하지 말라.

## 🐾 4번의 인간관계

4번의 인생 드라마는 관계라는 무대에서 펼쳐진다. 이들은 신경을 많이 써야 하는 친구나 파트너일 수 있다. 이들은 항상 자신이 무가치하다고 느끼기 때문에 이를 극복하고 완성시켜 줄 이상적인 누군가를 찾고 있다.

### 밀고 당기기 댄스 중

4번은 진지하다. 그들은 당신과 그들 사이에 벌어지는 일들을 다루려고 마음속을 파고 들어가기 원한다. 그들이 만약 감정적으로 산꼭대기에 있다면 당신과 함께 있기를 원할 것이다. 그리고 만약 감정적으로 침체되어 있거나 병적일 정도로 자기에게 집착하고 있다면 당신을 불러 자신의 불행을 털어놓을 것이다. 포도주 한 병을 마시면서 당신이 자신을 고쳐 주기를 희망할 것이다.

4번은 사소한 사건이나 상황을 셰익스피어가 지닐 법한 예민한 감각을 과시하는 기회로 활용할 수도 있다. 자신들이 기대하는 최고조의 정서적 경험들이 충족되지 못하면 친구나 배우자를 대상으로 드라마 같은 상황을 연출할 수도 있다. 다음 몇 주 동안 말을 하지 않다가 시나 직접 작곡한 노래, 또는 음성메시지 등을 통해 사과를 전할 수도 있다. 이런 연극적인 요소는 그들에게 '드라마의 여왕'이나 '위기를 극복한 왕'이라는 명성을 안겨 줄 수도 있다. 어떤 사람들에게는 4번의 최고치가 너무 높은 감이 있고, 그들의 최저치가 너무 낮은 감이 있다. 이것은 좀 피곤하게 느껴질 수 있다.

4번은 또한 관계 안에서도 힘든 존재일 수 있다. 왜냐하면 이들은 아이로서 견뎌야 했던 과거를 인식하거나 버려짐을 다시 겪게 될까 봐 염려하기 때문이다. 이런 불안은 헬렌 파머가 '밀고 당기는 댄스'[38]라고 묘사했던 것으로 작용한다. 되돌아보면 특히 우리의 초기 결혼생활에서 무의식으로 이렇게 생각했던 때가 많았던 것 같다. '아마도 난 이 사람을 너무 사랑하는 것 같아.' '아내가 죽게 되면 어쩌지?, 혹은 더 나쁜 경우, 아내가 날 떠나버리면 어쩌지? 난 견딜 수 없을 거야.'

일단 버려질지 모른다는 두려움이 엄습해 올 때면 나는 무의식적으로 앤을 밀어내기 시작했다. 아내의 흠집에 대해 곱씹든지, 막연하게 비판을 한다든지, 우리의 결혼생활에서 누락된 것들에 집착하든지, 더 많은 애정을 주지 못한 것에 대해 탓함으로써 감정적으로 거리를 두었다. 몇 시간 또는 몇 주 후에 정신이 퍼뜩 돌아와서는 그런 생각을 하고 있는 나 자신을 보며 패닉 상태에 빠진다. '오, 아니야. 내가 너무 멀리 갔어. 내가 이 사람을 얼마나 존경하는데, 나는 정말 아내를 잃고 싶지 않아.' 그래서 다시 앤을 내 곁으로 잡아당기기 위해 이렇게 말하곤 했다. "여보, 당신을 정말 사랑해요. 나는 당신 곁에 항상 있을 거요. 당신도 그래 줄 거지?"

밀고 당기는 댄스의 또 다른 변형은 4번이 스스로에게 이렇게 말할 때 일어난다. "만약 내가 올바른 파트너, 제대로 된 테라피스트, 제대로 된 교회나 친구를 찾을 수만 있다면 온전하게 될 텐데."

일단 4번이 이 완벽한 누군가나 무언가를 찾게 되면 이들은 그들(또는 그것들)이 자기 영혼의 구멍(빈 곳)을 메울 수 없다는 것을 충분히 깨닫기 전까지는 계속해서 가까이 당기려 할 것이다. 그러다가 만족을 얻지 못함을 알고는 그들을 밀어낸다. 어쩌면 이들은 아무런 설명이나 이유 없이 얼굴을 보이지 않거나 전화를 받지 않을 것이다. 하지만 그러다가 그 사람이 너무 멀리 가 버리면 그를 원하기 시작할 것이다.

### 도망가지 않고 분리시키는 방법

4번에게 무엇보다 필요한 것은 '도망가지 않고 분리시키는'[39] 방법을 알고 있는 배우자와 친구들이다. 당신은 의견에 꼭 동의하지는 않더라도 이들의 말을 들어 줄 수 있어야 한다. 만약 당신이 4번을 사랑한다면 이들의 굽이치는 감정적 소용돌이에 빨려 들어가지 않도록 자신을 단단히 붙잡아야 한다. 이들과 분리된 채로 있으면서 이들이 자기 일을 할 수 있게 해야 한다. 그들이 무슨 일을 하든, 정말 미친 게 아니라면 이들 곁을 지켜야 한다. 만약 이들을 떠난다면 4번의 가장 나쁜 생각, '나는 구제할 수 없이 결핍된 존재야'라는 두려움을 강화시키게 된다. 4번은 관계 안에서 자신의 느낌이 수용되고 있다는 확신이 필요하다. 그리고 사랑하는 사람들로부터 이들의 우울한 감정이 우울증이 아니라는 이해를 받을 필요가 있다. 4번을 사랑하는 사람들은 이들이 사물의 긍정적인 면과 부정적인 면을 모두 볼 수 있도록 격려함으로써 이들을 도와야 한다.

다른 모든 유형이 다 그렇듯이, 성숙하고 건강하며 자기 인식이 있는 4번은 훌륭한 친구와 동료 및 배우자가 될 수 있다. 이들은 열심히 일하고, 너그러우며 놀라울 정도로 창의적이다. 이들은 이 세계의 초월적인 본성과 아름다움에 대해 당신을 일깨워 줄 것이다. 이전에는 당신의 감정에 대해 감히 시도조차 못했던 방식으로 당신을 안내함으로써 말이다. 이들은 예술가로서 당신이 막연하게 느끼던 것에 대해 명확하게 말해 줄 것이다. 반 고흐의 작품 "론 강의 별이 빛나는 밤"을 감상하거나 슈프얀 스티븐스의 곡 "캐리 앤 로웰"(Carrie and Lowell)이나 프린스의 자줏빛 비(Purple Rain)를 들어 보라. 그러면 4번이 가진 재능에 고마워하게 될 것이다. 이들은 꼭 필요하지만 혼자서는 감히 지나갈 수 없었던 감정의 호수로 사람들을 안내하고 있다.

당신도 알다시피 사람들은 고통 가운데 있을 때 그것을 해결해 주거나 기분을 바꾸려 하지 않는 누군가가 그냥 곁에 있어 주기를 바란다. 당신이 그런 지점에 있다면 4번에게 손을 내밀어 보라. 4번은 다른 유형보다 공감을 잘하는 사람들이다. 이들은 본능적으로 다른 사람들의 고통을 존중하고 입증해 줄 방법을 알고 있다. 이들은 다른 사람들을 돕기 위해서는 그들이 겪고 있는 고통스러운 감정이 무엇이든 그것이 지나갈 때까지 그냥 함께 있어 주는 것 외에는 달리 할 일이 없음을 알고 있다. 따라서 당신의 반려견을 영원히 떠나보내기 위해(어쩔 수 없이 안락사하기 위해) 혼자서 수의사에게 가야 한다면 절대로 2번에게 절대로 전화해서는 안 된다. 2번은 음식과 함께 새 강아지를 안고 나타날 것이다. 4번은 당신을 수의사에게 데려다 주고, 나란히 서서 당신이 반려견과의 마지막 순간을 보내도록 옆에서 붙잡아 줄 것이다. 함께 있어 주는 것 외에는 아무런 일도 하지 않을 것이다. 4번은 반려견의 죽음을 애도하는 기간에도 함께 있어 줄 것이다. 다시 말해 4번은 엄청나게 재미있는 사람일 수도 있다는 것이다. 이들이 세상에서 벌이는 기이한 일들과 아이러니한 감각은 터무니없고 코믹한 순간을 자아내기도 한다.

## 🏃 일터에서의 4번

당신이 상상할 수 있듯이 많은 4번은 예술 분야의 직업에 종사한다. 우리가 사랑하는 배우나 시인, 소설가, 음악가, 댄서, 화가 및 영화 제작자들 가운데는 에니어그램의 4번 유형이 압도적으로 많다. 하지만 4번이 예술 관련된 직업의 길만 독점적으로 선택하는 것은 아니다. 이들은 요리사로부터 요가 강사, 목사, 웹 디자이너에 이르기까지 다양한 직업에 종사할 수 있다. 4번은 고통스런 시간을 보내고 있는 사람들을 편안하게 해 주는 동반자의 역할을 해 주기 때문에 위대한 치료사나 목회 상담가, 영적 감독이 될 수도 있다. 이들의 일이 자신들의 창의력과 감정의 깊이, 독특한 스타일을 표현하기만 한다면 이들은 자신의 분야에서 번창할 것이다.

4번이 평범하거나 일상적인 일을 잘 해낼 것이라는 생각은 하지도 말아라. 먼저 그들은 그런 일이 자신의 감각에 어울리지 않는 하찮은 것이라 느낄 것이다. 4번에게 리포트를 작성한다든지 스프레드시트 등과 같은 세부 사항이 너무 많은 프로젝트를 맡기게 되면 일이 제대로 진행되지 못할 것이다. 만약 택시를 운전하거나 손님을 접대하는 웨이터라면 자신의 예술 감각이나 다른 창조적인 열정을 뒷받침할 수 있는 기회가 될 것이다.

4번의 일은 성취감을 느끼기 위해서라도 더 높은 목적을 지녀야 하고, 자신의 전문 영역을 활용하고 강조할 수 있어야 한다. 그리고 풍부한 상상력과 내적 삶을 자극할 수 있으며, 다른 사람들과 정서적인 관계를 이룩할 수 있게 해야 한다. 이들은 획일적이거나 규제 및 규칙이 많거나 기대가 너무 큰 일은 싫어한다.

이들은 팀 안에서 섞여 버리면 그 재능이 묻히게 되어 늘 뛰어날 수는 없게 된다. 이들은 자신들의 독특한 시선에 대해 인정받기 원한다. 4번의 아이디어에 대해 잘 들어 주고 이해해 주기만 한다면, 비록 당신이 그들의 제안을 이행하지 않는다 해도 그들이 화를 내지는 않을 것이다. 물론 이들이 변덕스러운 것은 맞지만, 당신이 그들에게 뭔가 특별한 일을 주고 그들을 내버려 둔다면 종종 당신의 기대를 능가하는 결과물들을 줄 것이다.

헬렌 파머가 경고한 바에 따르면 업무 평가와 관련해서는 4번에게 다음과 같이 말해서는 안 된다. "왜 당신은 광고 카피를 앤드류처럼 못 쓰는 겁니까?"[40] 만약 당신이 그렇게 한다면 4번은 남은 하루를 당신이 원하는 더 좋은 카피를 쓰는 대신 앤드류를 부러워하며 보내게 될 것이다.

4번이 지도자인 경우, 그들은 직감과 느낌에 근거하여 결정을 내릴 것이다. 데이터 지향적인 사람들은 이것을 보고 기겁할 수 있다. 이들은 자신의 성격에 의해 움직이기 때문에 자신들을 위해 일하는 사람에게 위협이 될 수도 있다. 양립할 수 있는 사람들을 단합시키는 능력과 협동의 분위기를 만들어 내는 이들의 능력은 아주 유용하다. 이들은 다른 사람들 안에 있는 특별한 것들을 자극하고 이끌어 낸다.

안타까운 것은 4번의 밀고 당기는 댄스가 개인적인 관계에서 뿐만 아니라 직장에서도 벌어진다는 것이다. 어떤 날은 당신을 '이 달의 직원'처럼 대우했다가 그 다음날은 마치 신입 사원 취급하듯 곁눈질로 쓱 쳐다볼 수도 있다. 하지만 걱정하지는 마라. 그들은 다시 예전으로 돌아올 것이다. 이것은 밀고 당기는 댄스의 한 부분일 뿐이다.

마지막으로 당신이 만약 4번을 위해 일한다면 진짜가 되어라. 정직하지 않거나 경솔한 사람들은 그들 눈에 보이지 않는다.

## 날개

### 꿈을 현실로 바꿀 수 있다(3번 날개를 가진 4번-4w3)

4번은 능력자(3번)와 관찰자(5번)인 사이에 끼여 있다. 우위를 차지하고 있는 3번 날개를 지닌 4번은 가장 독창적이면서도 뛰어난 사람이 되고 싶어 한다. 이들의 에너지는 경쟁적이고 이미지를 의식하는 3번의 성향을 충분히 가지고 있다. 따라서 다른 4번에 비해 자신의 정서적인 강렬함과 기발한 특이성이 사회적으로 받아들여지도록 자제할 필요성에 대해 더 잘 인식하고 있다. 3번의 에너지가 더해졌기 때문에 다음 두 가지 양상을 띨 수 있다. 첫째, 이들은 좀 더 외향적일 것이고, 그것은 과도하게 극적인 것으로 바뀔 수 있다. 둘째, 그들은 좀 더 생산적이어서 꿈과 아이디어를 현실로 바꿀 수 있다. 이 두 가지 성향은 모두 눈에 띄고 싶은 4번의 바람을 잘 나타내고 있다. 종종 이런 4번은 5번 날개를 지닌 4번에 비해 기분이 더 자주 바뀐다.

### 괴짜 중의 괴짜(5번 날개를 가진 4번-4w5)

5번 날개를 가진 4번은 좀 더 내향적이고 관습을 벗어나 있기 쉽다. 이들은 독특하고 고유한 것에 관심이 아주 많지만 3번 날개를 가진 4번에 비해 대중의 눈에 띄고 싶은 마음은 덜하다. 이들은 조용하게 다름을 추구하며, 종종 별나거나 괴짜의 모습을 띤다. 이들은 혼자 있는 데 더 많은 시간을 보내고, 자신에 대해 이야기하거나 어떤 종류의 행동을 취하지 않고 자기감정을 그대로 내버려 두는 것이 더 편하다는 것을 발견한다.


## 🦋 스트레스와 안전

### 타인에게 확신과 인정을 갈구하다

4번이 스트레스를 받으면 건강하지 않은 2번처럼 보이거나 행동하게 된다. 그렇게 되면 이들은 자신의 필요를 억누르고 다른 사람들에게 과도하게 의존적이 된다. 그들은 관심을 끌기 위해 친구들이나 배우자로부터 엄청난 양의 확신이나 인정을 필요로 하게 된다. 표면적으로는 질투하는 것처럼 보일 것이다.

### 창의적인 아이디어의 발현

4번이 안정감을 느끼게 되면 건강한 1번의 특징들을 띠게 된다. 그들은 더 이상 자신의 창의적인 아이디어에 대해서만 말하지 않고 실제로 그것을 깨닫고 실행할 만큼 충분히 수련하게 된다. 이들은 현재 어떤 일이 일어나고 있는지 더 잘 알게 되며, 더욱 평정심을 가지고 집중하게 된다. 4번이 1번의 긍정적인 면과 연결되게 되면 관계에 있어서 훨씬 더 성공할 수 있다. 그래서 자신에 대해 이야기하거나 행동하지 않고도 자신의 감정을 조용히 느낄 수 있다는 것을 알게 된다. 이것은 4번이 매우 성숙한 자리에 있을 때 벌어지는 일이다.


## ☇ 영적 변화

4번은 삶의 모든 영역에서 자신이 타인과 다르며 구별되었다는 느낌을 갖는다. 그들이 독특하고 특별한 존재가 됨으로써만 자신이 원하는 사랑을 되찾을 수 있다고 믿는 것이 놀랍지 않은가? 정체성에 대한 감각은 결코 안정되어 있지 않다. 자신에게 가장 잘 맞는 양복을 고르기 위해 이것저것 입어 보는 것처럼 정체성에 대한 태도도 이와 비슷하다.

### 감정을 조절하고 안정시키는 법을 배우라

4번은 스스로에게 화를 내어서는 안 된다. 왜냐하면 모든 사람들이 자신의 필요를 충족하기 위해 직관에 반하는 나름대로의 전략을 가지고 있기 때문이다.

그래서 4번은 첫째로, 다음과 같은 명백하고 분명한 소리를 들을 필요가 있다. 빠지거나 누락된 것은 없다. 믿기 어렵겠지만 하나님은 4번을 본질적으로 온전한 모습을 갖추게 하신 후 이곳에 보내셨다. 4번은 모든 사람들과 똑같이 갖춰진 상태로 삶의 문 앞에 도착했다. 하나님의 나라 역시 이들 안에 있다. 이들이 필요로 하는 모든 것은 바로 여기에 있다.

감정형 그룹 가운데 하나인 4번의 영적 건강과 활력을 향한 여정은 이 영역에서 뭔가를 하는 것을 포함하고 있다. 이들은 자신의 감정을 조절하고 안정시키는 법을 반드시 배워야 한다. 처음에는 힘들겠지만 자신의 감정을 과장하거나 그 감정에 빠져 충동적으로 행동하기보다 오히려 자신의 느낌을 관찰하고 감정과 자신을 분리시키는 법을 파악해야 한다. 그러기 위해서는 평정심이라 불리는 침착함을 배양할 필요가 있다. 이것은 기독교 전통에서 종종 간과되고 있는 미덕이다. 평정심은 우리 주변에서 무슨 일이 벌어지든지 상관없이 정서적으로 꾸준하고 안정된 상태를 유지할 줄 아는 능력을 말한다. 우리가 기억할 것은 감정이라는 것이 마치 바다의 표면에서 이는 파도와 같다는 것이다. 그 감정이나 느낌과 자신을 연결 짓거나 동일시하지 말고 그 아래 있는 광활한 바다와 자신을 연결하라. 나는 여태껏 살아오면서 여러 번 스스로에게 이 말을 해야 했는데, 내가 느끼는 감정이 곧 내 존재는 아니다.

4번이 평범하고 중간 사이즈의 감정에 만족할까 봐 걱정할 필요는 없다. 보통의 감정을 느낀다고 해서 4번이 덜 특별한 사람이 되지는 않는다. 일단 고저의 균형을 맞춘 감정의 집을 얻게 되면 실제로 이들은 보다 쉽게 다른 사람들과 관계를 형성하고 그것을 유지할 수 있게 된다. 독특하고 싶은 이들의 욕구는 기도와 명상, 자기 인식을 통해 원숙하고 농익게 된다. 4번에게 가장 중요한 치유의 메시지는 이것이다. "우리는 당신을 보고 있습니다. 당신은 아름답습니다. 부끄러워하지 마세요."

갓난 아기를 바라보고 있는 엄마의 얼굴에서 부드러운 시선을 본 적이 있는가? 이것이 바로 하나님이 4번을 향해 지니고 있는 시선임을 기억해야 한다. 하나님은 이들을 보시고, 들으시고, 이해하신다. 그리고 이들의 정체성은 오직 그분 안에서만 발견될 수 있다. 따라서 그 안에 온전하게 정착해야 한다.

# 4번의 변화를 위한 10가지 방법

1. 자아도취에 빠지지 않도록 조심하라. 다른 사람들이 자신의 고통에 대해 나눌 때 그들의 말을 귀 기울여 듣고, 그것이 당신만의 일이 아님을 깨닫기 바란다.

2. 당신의 감정이 그저 그렇게 느껴질 때 가족이나 친구들과 더불어 드라마를 쓰거나 위기를 부추기지 않도록 조심하라. 이 세상 모든 곳이 무대가 될 수는 없다. 그리고 당신은 셰익스피어가 아니다.

3. 항상 잃어버린 것에 초점을 맞추기보다는 자신이 사랑하는 사람들 안에 현재 존재하고 있는 독특한 것에 대해 감사할 거리를 찾고 표현하도록 특별히 노력하라.

4. 일생 동안 계속되는 수치심과 열등감을 해결하는 동안 스스로에 대해 무조건적인 우정의 선물을 주도록 하라. 이 과정을 절대 포기하지 않기 바란다.

5. 고통의 원인이 무엇인지 알아내고, 그것을 치유하기 위해 할 수 있는 일을 하라.

6. 질투하지 않도록 주의하라. 다른 사람들과 비교하기 시작하면 절대로 빠져 나올 수 없다.

7. 이상적인 관계나 직업, 또는 공동체에 대해 환상을 가지지 말고 그에 대한 갈망에 갇혀 있지 않도록 하라. 대신 가능한 무엇인지 보고 그것이 완수될 때까지 열심히 일하라.

8. 평범하지 않거나 특별한 데서만 아름다움과 의미를 찾지 말라. 평범하고 단순한 것에서 아름다움과 의미를 찾으라.

9. 과거에 있었던 일이 생각나면 음성 메일처럼 잊어버리라. 그것은 당신에게 전혀 새로울 것이 없다.

10. 자신의 느낌을 꾸미거나 그 느낌에 휩쓸리지 않도록 하라. 잭 콘필드의 말처럼 "감정은 끝이 없다."

# 7. 5번 유형 // 관찰자
## 자신의 감정과 현실을 연결하라

나는 내가 존재한다고 생각한다.
고로, 나는 존재한다.
-조지 칼린(GEORGE CARLIN)

## 5번, 나는 이런 사람이다

1. 나는 내 자신을 잘 돌볼 수 있다. 다른 사람들도 똑같이 그렇게 할 수 있다고 생각한다.

2. 늘 큰 소리로 말하는 것은 아니지만 내 머릿속에서는 빈정대고 냉소적인 면이 제법 있다.

3. 나는 종종 다른 사람들과 있을 때 어색한 느낌이 든다.

4. 사람들이 나에 대해 몇 가지 구체적인 질문을 하는 것은 괜찮지만 너무 많은 정보를 바라는 것은 좋아하지 않는다.

5. 나는 혼자 있는 시간이 필요하다.

6. 사람들이 내가 어떻게 느끼는지 알고 싶어 한다고 느끼면 그에 대해 말해 줄 것이다. 일반적으로는 그들이 물어보지 않기를 바란다.

7. 나는 느낌이나 감정보다는 사고가 더 믿을 만하다고 생각한다.

8. 어떤 것에 대해서 내가 어떻게 느끼는지, 어떤 경험을 했는지 알려면 며칠의 시간이 필요하다.

9. 사람들은 낭비하고 있다. 나는 내가 가진 것을 잘 지키는 편 있다.

10. 종종 나 자신이 뭔가에 참여하기보다 관찰하는 입장이라는 것을 보게 된다.

11. 나는 나 자신을 믿는다. 이것은 어떤 것에 대해 잠시 동안 생각한 후에 나만의 결정을 내린다는 것을 의미한다.

12. 나는 사람들이 왜 그냥 어울려 놀려고 같이 모이는지 이해할 수가 없다.

13. 나는 들어주는 사람이다.

14. 나는 시간과 에너지를 어떻게 쓸지 매우 신중해야 한다고 생각한다.

15. 사람들과 너무 오랫동안 있어야 하는 상황이 되면 피곤해진다.

16. 나는 아이였을 때 종종 내가 보이지 않는다고 느껴졌다. 어른이 되어서는 가끔씩 나를 보여 주지 않기로 선택한다.

17. 가끔은 내가 좀 더 관대해져야 한다고 생각한다. 하지만 이것은 내게 힘든 일이다.

18. 그룹 안에서 아무런 정보 없이 있으면 매우 불편하다.

19. 나는 규모가 큰 사교 모임을 좋아하지 않는다. 그보다는 소수의 사람들과 함께 있는 것이 좋다.

20. 물질적인 소유가 있다고 해서 행복함을 느끼지는 않는다.

· **Key Word**

현실적, 사색적, 통찰력, 호기심, 독립심, 풍부한 상상력, 허무주의, 고립

· **5번 유형인 사람들**

스티븐 호킹, 디트리히 본회퍼, 빌 게이츠

## 건강할 때

이들은 사물에 대한 장기적인 전망을 가지고 있다. 이들은 참여와 관찰 사이에서 적절한 균형을 유지하고, 다른 사람들과 편안하게 어울리며, 진정한 중립성이 무엇인지 잘 보여 준다. 건강한 5번은 삶의 여러 영역에서 깊이 있는 지식을 가지고 있을 가능성이 크다. 그리고 자신이 찾아낸 것들을 다른 사람들과 기꺼이 나눌 것이다. 이들은 풍요로운 세상에 살면서 자신들을 전체 사물이나 사람들과 분리된 것이 아니라 전체 환경의 일부로 바라본다.

## 보통일 때

이들은 정신적인 결핍 상태를 고수하는데 이것은 시간이나 공간, 애정을 비축하는 것으로 이어진다. 이들은 외부 세계에 참여하는 것보다 집에서 그것을 관찰하면서 더 많은 것을 느낀다. 보통일 때 5번은 믿음보다는 자신을 더 의지하는 경향을 띤다. 그리고 다른 사람들과 얼마나 많은 시간을 보내고 있는지 신중하게 잰다. 이들은 자신을 무능하다고 느끼게 만드는 무언가와 늘 씨름한다.

## 건강하지 않을 때

이들은 어떤 일에 관해서 그 누구에게도 의존하고 싶어 하지 않는다. 이들은 안전이나 독립성 및 사생활에 집착하는 방어적인 성격을 가지고 있다. 건강하지 못한 5번은 방어로는 충분하지 않다는 믿음에 갇혀 있기 때문에 종종 누군가를 판단하거나 냉소주의, 풍자 등의 사고방식을 표현한다. 가족 모임이나 사회생활을 할 때도 다른 사람들과 떨어져 있다.

## ✺ 아인슈타인 같은 사람들

신학교에서 서로를 처음 알게 된 후 빌과 나는 금세 친해졌다. 빌은 신학박사 학위를 받기 위해 잘 나가던 정신과 의사를 그만둔 친구였다. 우리는 둘 다 플래너리 오코너나 윌리 넬슨, 그리고 G. K. 체스터튼을 좋아하여 이들에 대해 많은 이야기를 나누었다. 그리고 하이킹이나 스쿼시, 플라이 낚시를 하면서 많은 시간을 함께 보냈다. 감사하게도 우리의 아내들도 가까운 친구가 되었다. 빌과 내가 산으로 갈 때마다 그 둘도 함께 만나곤 했다.

빌은 내 인생에서 지금까지 만났던 이들 가운데 가장 뛰어난 사람이다. 그는 아이비리그 대학에서 고전학을 전공했고, 의대를 수석으로 졸업했으며 스위스에서 2년 동안 정신분석학을 공부했다. 호머의 오디세이를 그리스어로 읽을 줄 알 뿐 아니라 예술이나 철학, 고대 역사 및 건축과 같은 다양한 주제에 관해 평균적인 학자 이상의 지식을 가지고 있다.

한번은 멕시칸 식당에서 점심을 주문하는데 빌이 스페인어로 그곳 웨이터와 대화하는 것을 보기도 했다. 그것은 간단한 수준의 회화가 아니라 어느 스페인 작가의 소설을 읽고 좋았다는 등의 꽤나 높은 수준의 대화였다. 당신이 어떤 주제를 꺼낸다 하더라도 빌은 그것에 대해 최소한 조금은 알고 있을 것이다. 아마도 빌의 두뇌는 당신이 유타 사막 어딘가에 있다고 들어봤을 만한 만큼 안전한 서버이다. 그곳에는 넘쳐 나는 정보들이 백업되어 있는 것 같다.

마지막 학기 때 빌과 이야기를 나누면서 빌이 머지않은 시기에 여동생을 방문할 계획이라는 것을 들었다. 빌의 여동생이 일생 동안 심각한 질병으로 고통받았다는 이야기를 듣고는 순간 정신이 멍했다. 여동생이 아프다는 것은 물론이고 그에게 여동생이 있다는 사실조차 몰랐기 때문이다.

그날 이후 나는 우리의 우정에 대해 생각해 보았다. 그리고 불현듯 내가 빌에 대해 모르고 있는 것이 참 많다는 것을 깨닫게 되었다. 우리는 로링포크 강에서 함께 낚시와 하이킹을 하면서 많은 시간을 보냈다. 하지만 그 모든 시간 동안 내가 그에게 나의 살아온 이야기와 몸부림, 기쁨과 절망에 대해 이야기했던 것에 비하면 그는 아주 일부분만 나누었다. 빌은 다른 사람들의 삶에 대해 알고 싶은 마음이 너무 커서 항상 이야기를 듣는 쪽이었다. 그래서 내가 그의 삶에 대해 물어볼 때마다 항상 대화의 초점은 나에게로 돌아오곤 했다.

그 당시에는 에니어그램에 대해서도 잘 몰랐고, 자신의 개인적인 이야기를 잘 하지 않는 것이 5번의 전형적인 특징이라는 것도 알지 못했다.

## ❧ 5번의 중대한 죄

빌과 같은 5번 유형의 사람들은 세상을 거슬리고, 저항하기 힘들며, 자신의 힘이 빠져나가게 하는 곳으로 보고, 경험한다. 세상은 항상 수요가 공급을 앞지르는 곳이며 자신들이 원하거나 주어야 한다고 생각하는 것 이상을 요구한다고 생각한다.

### 소중한 것을 남과 나누길 거부하는 탐욕의 죄

5번은 전형적으로 내향적이며 분석적인 편이다. 이들은 자신들이 삶의 필요를 충족시키기에 충분한 자원이나 에너지를 가지고 있다고 믿지 않는다. 그리고 자신에게 놓인 기대들이 너무 많거나 다른 사람들과 너무 장기간 엮이는 것에 대해 지친다는 느낌을 가진다. 악수를 한다든지 전화 통화나 비즈니스 모임, 사회 활동, 예기치 않은 만남 등 이 모든 것이 다른 사람들보다 더 많은 비용이 드는 것처럼 보인다. 이들은 이 세계 안에서 기능할 충분한 내적 자원이 없는 것을 두려워하기 때문에 자기 마음에서 떼어 버리고 물러나 버림으로써 더 편안함과 자신감을 느끼게 된다. 이들은 다른 사람들과 보내는 시간을 모니터링하고 재충전이 필요할 때마다 마음의 영역으로 도망쳐 버린다. 탐욕이란 말을 자주 쓰지는 않지만 이것은 5번의 치명적인 죄이다. 일반적으로 우리는 탐욕을 돈이나 물질적 이익에 대한 넘치는 욕구라고 생각한다.

하지만 에니어그램에서는 더 많은 것을 가지려는 욕구라기보다는 오히려 이미 가지고 있는 조금의 것이라도 지키고 유지하려는 욕구에 더 가깝게 해석된다. 충분하지 않을까 봐 두려워하는 5번은 자신의 필요를 줄이고 현재와 미래에 자급자족할 수 있는 필수불가결한 것들을 비축한다. 5번에게 이것은 많은 자원을 아끼는 것 뿐 아니라 자신의 시간이나 에너지, 물리적 공간, 개인적인 정보, 고독이나 사생활까지도 포함된다. 5번은 자율성과 자기 충족을 소중하게 여기기 때문에 다른 사람들에게 의존하지 않고 자신을 돌보는 자리에 있기 위해 이러한 것들을 비축한다. 이들은 독립성과 자립성을 상실하는 것을 매우 두려워한다. 말할 것도 없이, 5번은 자신의 소중한 필요들을 다른 이들과 나누기를 꺼려한다.

지식이나 정보, 아이디어, 개념 모델, 전문 지식, 흥미로운 사실 및 사물이 어떻게 작동하는지에 대한 이해를 획득하려는 5번의 과도한 욕망 또한 이 탐욕에 포함된다. 대부분의 사람들은 사랑과 위로, 지지 같이 관계 안에서 찾을 수 있는 것들을 5번은 지식 안에서 발견한다.

5번, 6번, 7번 유형은 두려움 또는 사고형 그룹(머리형 그룹)이다. 이 그룹은 예측할 수 없는 이 세계 안에서 안전한 피난처를 찾고 자신이 뭔가를 통제할 수 있다는 느낌을 가지려는 독특한 전략을 가지고 있다. 5번은 이해하려는 갈망에 의해 움직이게 된다. 이들에게는 지식을 쌓고 정보를 습득하려는 것이 단지 흥미로운 노력이 아니라 생존의 열쇠와 같다. 5번은 흔히 평범하지 않거나 도전적인 주제에 관해 평생 동안 정보를 탐색하는 일에 착수함으로써 자신들이 정서적이고 영적인 위험으로부터 안전하게 떨어져 살 수 있다고 믿는다. 알버트 아인슈타인이나 올리버 색스, 데이비드 린치 감독은 모두 평범한 길에서 출발하여 소수의 사람들이 연구한 아이디어나 주제를 개척하고 탐구한 좋은 예이다. 자부심을 쌓기 위해(그리고 가끔은 다른 사람들보다 우월하다고 느끼기 위해), 그리고 다른 이들로부터 자신을 격리하기 위해 연구의 틈새시장에서 전문가가 되는 것보다 더 좋은 방법이 어디 있겠는가?

5번은 미니멀리스트이다. 이들은 간단한 것만 필요로 하며 너무 많은 것을 원하지도 않는다. 이들은 마음속으로 사람들이 더 많이 가지게 될수록 그것에 대해 생각하고 유지하고 다시 채우는 데 너무 많은 에너지가 들 것이라고 생각한다. 안타깝게도 삶을 단순화시키고 경제적으로 간결하게 하려는 이들의 바람은 외적인 모습으로 그대로 드러날 수 있다는 것이다. 이들은 패션쇼에서는 절대로 우승할 수 없다.

하지만 결국 5번의 이런 태도는 탐욕으로 이어진다. 이들은 감정적으로 말하자면 너무 많은 것을 비축하게 된다. 사생활과 자기 노출에 대한 지나친 두려움은 고립으로 이어진다. 이들은 "지식을 가진 자가 힘을 가지게 된다"라는 오래된 격언을 믿기 때문에 지나치게 많은 지식을 선호하게 되고 정작 자신들에게는 아주 필수적인 것들만 가지고 있는 것을 바란다. 이보다 더 나쁜 것은 사랑이나 애정까지도 아까워하여 이들의 돌봄과 격려가 가장 필요한 사람들에게조차 인색하게 대하거나 주는 것을 보류한다는 것이다.

## ✺ 5번에 대한 모든 것

5번은 이해하기가 약간 까다로울 수 있지만 이들을 한 데 묶을 수 있는 몇 가지 일반적인 특징들이 있다.

### 관찰을 좋아한다

이들은 외로운 사람처럼 보일 수 있으며 때로는 정말 그렇다. 이들은 종종 정서적으로 멀리 떨어져 있음으로써, 또는 전적으로 함께하지 않거나 몸만 집에 있고 생각은 딴 데 있음으로써, 또는 냉담한 모습을 보임으로써, 또 때로는 지적으로 오만한 모습을 통해 사람들을 공격한다. 이것은 부분적으로는 5번이 삶 속으로 뛰어들어 참여하는 것보다는 멀리 떨어져서 그것을 관찰하기 때문이다. 지식을 습득하는 것과 더불어 곁에서 지켜보는 것은 이들의 첫 번째 방어선이 된다. 무슨 일이 벌어지고 있는지 관찰하고 이해할 수 있다면 아마도 자신이 핵심 멤버가 되었다고 느끼거나 준비되었다고 생각할 것이며 갑자기 어떤 일이 일어날지 예상할 수 있을 것이다.

모든 5번 유형이 영리한 것은 아니지만 이들은 모두 관찰력이 있는 사람들이다. 우리는 파티장 주변에서 또는 사교 행사를 빙빙 돌며 군중들을 관찰하고 있는 5번을 볼 수 있을 것이다. 그들은 마치 인류학자처럼 사람들에 대한 정보를 수집하고 분석하고 대체로 어떻게 돌아가고 있는지 살핀다. 하지만 이렇게 관찰하는 성향은 수동적인 것이 아니다. 5번은 적극적으로 보고 있다. 그리고 그 정보를 모아 향후 필요할 때에 그것을 꺼낸다.

이 같은 관찰 성향에도 불구하고 많은 5번은 사교적이다. 어떤 이들은 특별히 지식을 사랑하고, 지적인 호기심이 많은 사람들이나 희귀 도서 사본이나 독일 오페라, 또는 스타 트랙 매니아들과 같이 틈새 주제나 취미에 열정이 있는 이들과 함께 즐기는 것을 좋아한다. 주변부에 있으면서 이렇게 모든 것을 관찰하는 일이 갖는 한 가지 이점은 다른 사람들의 싸움에서 개를 가지고 있다 하더라도(even if they have a dog in other people's fights) 5번은 관찰자로 남을 수 있다는 것이다.

중립에 관해서라면 5번은 스위스와 같다. 내가 만약 인생의 중대한 결정 앞에 직면해 있거나 내 감정이 판단을 흐리게 한다고 생각되면, 내 친구 크리스에게 전화를 한다. 5번 유형인 그는 사실 관계를 잘 살펴보고 모든 각도에서 상황을 따져 본 후, 내가 왜 그 행동을 취해야 하는지 사리에 맞게 공정한 사례를 제시할 것이다. 비록 그것이 내가 듣고 싶어 하지 않거나 다소 삶에 부정적인 영향을 미치더라도 말이다. 5번은 이처럼 중립적일 수 있기 때문에 어떤 사항에 대응하거나 반응하는 일이 거의 없다. 그것은 오히려 응답에 가깝다. 올바르고 참된 청지기라면 이것은 놀라운 은사이다(9번과 마찬가지로 5번도 양쪽 면을 모두 볼 수 있지만 이들은 갈등이 일어나는 것에 대해 염려하지 않기 때문에 당신에 대해 공정하게 처신할 것이다).

### 지식을 수집한다

어떤 종류가 되었건 거의 모든 지식과 정보(심지어 가장 이상한 정보라도)를 통해서 5번은 통제할 수 있다는 느낌과 부적절하다는 자신의 감정에 대한 방어력을 얻게 된다. 또한 5번은 정보나 지식을 수집하는데 그 이유는 자신의 어리석음이나 무식함이 드러나기를 원치 않기 때문이다. 또는 알맞은 답을 가지고 있지 않은 것에 대해 굴욕감을 느끼고 싶지 않아서다. 이들은 자신들이 뭔가를 하지 못하거나 어떤 일에 대해 서투른 느낌을 가지기를 바라지 않는다. 말할 필요도 없겠지만 5번에게는 인터넷의 출현이 최선이자 최악의 상황이 되었다. 이들이 일단 바닥이 없는 웜홀 속으로 떨어지기 시작하면 이런 정보 중독자들은 지식 수집의 무서운 경지에 빠지게 된다. 그리고 그들이 언제 돌아올지, 그들이 가지고 올 새롭고 재미있는 정보들이 어떤 것들일지 알 수 없다. 나는 이것을 어느 날 오후 빌에게 전화를 했다가 알게 되었다.

"우리 집 프린터가 고장 나서 어떻게 고쳐야 할지 인터넷으로 검색하고 있어." 빌이 말했다.

"빌, 얼마나 오랫동안 그러고 있었던 건가?" 내가 한숨을 내쉬며 물었다.

"오전 8시부터." 빌이 대답했다.

나는 시계를 봤다. "지금 몇 신 줄 알아? 오후 5시야. 자네, 프린터 산 곳에 가져가서 수리를 맡겨 볼 생각은 안 해 봤어?"

한 동안 긴 침묵이 이어졌다. "이건 아주 오래 된 잉크젯이야. 벌써 몇 년 전부터 부품 생산이 중단되었거든." 그가 소심하게 말했다.

"자네는 시간당 2백 달러나 벌던 정신과 의사야. 그런데 벼룩시장에도 내놓을 수 없는 프린터를 수리하는 방법을 알아내기 위해 하루를 몽땅 버리고 말았군." 다시금 침묵이 이어졌다.

"맞아. 하지만 그러는 동안 구텐베르그에서 시작해서 오늘날에 이르기까지 인쇄술의 역사에 대해 많은 것을 알게 되었어." 그는 의기양양하게 말했다.

이 이야기가 우습게 들릴지 모르겠지만 5번은 정말로 정보의 고속도로에서 끝장을 본다. 5번의 경우, 컴퓨터와 인터넷은 그들에게 가장 필요한 요소인 사람과의 상호작용을 피하는 또 다른 길을 제공한다.

### 프라이버시를 지켜라

5번이 개인 정보를 보호하는 것은 삶에서 압도당한다고 느끼는 것에 대항하려는 방어 기제이다. 이들은 자신들의 내적 자원이 유한하다고 믿고, 뭔가를 통제할 수 있는 느낌을 추구하기 때문에 직업이나 결혼, 취미, 우정 및 기타 헌신을 자신의 정신적 공간에 따로따로 할당해 둔다. 이렇게 하면 각 에너지를 보다 쉽게 유지 관리할 수 있고, 올바르게 분배하며, 한 번에 한 구역을 처리하는 데 필요한 에너지의 양을 정확하게 결정할 수 있다. 머지않아 이들의 삶은 서로 다른 영역이 서로 조화롭게 협동하지 않음을 발견하게 된다. 이와 비슷하게 5번은 서로에 대해 알지도 만나지도 못하는 사람들과 각각의 구획에서 우정을 유지한다.

몇 년 전 나는 5번 유형인 친구 샘의 장례식에 참석한 적이 있다. 놀랍게도 교회는 사람들로 꽉 들어차 있었다. 앉을 곳을 찾을 수 없어서 뒤쪽에 서 있었는데 내가 엉뚱한 예배에 참석한 것은 아닌지 어리둥절해졌다. 서너 명을 제외하고는 아는 사람을 거의 찾을 수가 없었기 때문이다. 샘과 나는 10년 동안 함께 성경공부를 했고, 정기적으로 어울렸다.

장례 예배가 끝난 자리에서 나는 참석자들 중 일부가 샘이 오랫동안 활발하게 활동했던 천문학 클럽의 회원들이라는 것을 알게 되었다. 또 몇몇은 그가 활동했던 보트 경주 멤버들이었다. 토요일 아침마다 같이 자전거를 탔던 사람들도 다섯 명 있었고, 캘리포니아 주 바하에서 날아 온 조류 관찰 모임의 사람들도 몇 있었다. 천문학이라고? 푸른발얼가니 새는 또 뭐람? 도대체 샘은 어떤 사람이었던 거지?

5번은 자신들의 사생활을 유지하기 위해서 각각의 친구들이나 동료들에게 자신의 일부분만 이야기한다. 그들은 어떤 그룹에게도 자신에 대한 모든 이야기를 하지 않는다. 그들은 당신에게 자신이 참여하고 있는 모든 활동에 대해 말하지 않을 것이다. 그리고 각기 다른 분야에서 사귄 친구들을 서로에게 소개시켜 주지도 않을 것이다. 한번은 5번 유형의 젊은이가 수잔에게 농담처럼 이런 말을 했다. "저는 제가 혼수상태에서 깨어났을 때 제 침대 주위로 제 인생의 각기 다른 영역에서 찾아온 사람들이 모두 서 있게 될까 봐 무서워요. 만약 제가 얼마나 오랫동안 의식을 잃었는지, 그리고 그들이 서로 어떤 이야기를 나눴는지 모르면 어쩌죠?"

### 감정의 지배를 받지 않는다

5번 유형은 모든 유형 중에서도 가장 정서적으로 분리된 성격 유형이다. 이것은 5번이 감정을 갖지 않는다는 것을 의미하는 게 아니라 이들이 자신을 압도할 것 같은 예측 불가능한 감정을 제어하고 싶어 한다는 것을 뜻한다. 5번에게 분리는 이들이 감정을 가질 수 있고 그것을 넘겨 버릴 수 있다는 것을 의미한다. 이들은 하나의 감정을 잊고 다시 다른 감정을 가지고 다시 그것을 잊는다. 5번은 자신들이 이성적인 사색가라고 믿는다. 그리고 나머지 사람들은 비이성적이라고 바라본다. 특히 감정 중심적인 유형인 2번, 3번, 4번을 보면서 내적인 혼란에 어떻게 그처럼 많은 에너지를 낭비할 수 있는지 궁금해 한다.

알다시피 나는 4번 유형이다. 감정에 대해서라면 나는 끈끈이와 같다. 감정이 드러나면 거기에 너무 오래 머무는 편이라 집세를 내야 하는 건 아닌가 싶을 정도이다. 신학교에서 어떤 일 때문에 흥분하게 된다면 나는 참을성 있게 내 이야기를 들어 주는 빌에게 찾아갈 것이다. 하지만 그는 내가 감정적으로 자제할 수 없게 되면 흰 올빼미의 모든 따뜻함과 걱정의 눈길로 나를 바라보며 마치 "언제쯤이면 이 일이 끝날 것 같나?"라고 말하는 것처럼 눈을 깜빡이며 나를 쳐다볼 것이다.

5번은 감정을 처리할 시간이 필요하다. 에니어그램 모임에서 사람들은 자신들의 번호를 설명하는 내용들을 들으며 마침내 알겠다(또는 정반대로 당혹스럽거나 벌거벗겨진 기분이 든다)는 느낌을 가지기 때문에 감정적으로 변한다. 하지만 5번은 그렇지 않다. 이들은 모든 정보를 취합하지만 그것을 며칠 동안 개인적으로 처리하기 전까지는 아무것도 느끼지 않는다. 이들에게 인생은 지식의 샐러드 바 같은 것이다. 줄을 선 후 자신이 원하는 것을 고르고 담은 뒤 집에 가져가서, 그것을 먹는다. 그리고 한 주 동안 소화를 시킨다. 이들은 자신들의 생각과 감정을 처리할 수 있는 곳에 혼자 머물 얼마 동안의 시간이 필요하다.

이러한 지연은 다른 유형의 사람들을 괴롭힐 수 있다. 몇 년 전에 빌과 내가 영화 〈필라델피아〉를 보러 갔을 때 나는 전형적인 4번 유형처럼 반응했다. 영화가 끝나고 조명이 켜졌을 때 나는 아기처럼 울고 있었다. 로비에서 나의 슬픔을 달래 줄 카운슬러를 찾고 있을 때 빌은 예의 그 흰 올빼미 같은 눈으로 나를 바라보았다. 그 당시에는 빌이 약간 냉혹한 사람이라는 생각이 들었다. 하지만 지금은 그가 자기 방식으로 감정을 다룰 수 있는 집에 가야 한다는 것을 안다.

## ✺ 5번의 어린 시절

내가 아는 많은 5번 유형들은 강요하거나 자신들을 억압하는 부모 밑에서 성장했다고 말한다. 또 어떤 사람들은 어린 시절 자신을 돌본 사람들로부터 애정이 결핍되었거나 깊고 의미 있는 상호작용이 없었다고 묘사한다. 5번 유형의 아이들은 민감하고 조용하다. 이 아이들은 위압적인 부모에게서 벗어나거나 숨기 위해 그들 마음의 영역 안에서 피신처를 찾는다. 그리고 자신들의 감정을 보이지 않으려고 애쓴다.

### 질문에 대한 답을 스스로 찾다

어린 시절 5번은 호기심이 많고 상상력이 풍부하며 혼자 있는 것을 편안해 한다. 이들 중 많은 수가 컴퓨터 게임을 하거나 수집하는 것을 즐기는 열렬한 독서광들이다. 5번 유형인 내 친구 댄은 텍사스에 있는 작은 집에서 6명의 소란스러운 형제자매들과 함께 자랐다. 대혼란을 피하기 위해서 그는 아버지의 작업장 절반을 자신의 안식처로 바꾸었다.

"나는 그곳에서 《반지의 제왕》을 읽거나 아버지의 연장들이 어떻게 작동하는지 알아내려고 분해도 하면서 수백 만 시간을 보냈어. 거기가 바로 내 친구들과 함께 컴퓨터 코딩 세계에 첫 발을 디뎠던 역사적인 장소이지. 나의 형제자매들은 시끄럽고 외향적이어서 바깥일에 관심이 많았지. 반면 나는 별로 바라는 게 없었어. 한날은 저녁 식사 때 엄마가 나를 쳐다보며 '잠깐, 너는 누구니?'라고 말하는 거야. 그래도 난 엄마에게 뭐라고 대꾸할 수가 없었어."

5번 유형인 아이들은 대개 조용하고 독립적이다. 이들은 자신을 돌볼 수 없을 때면 불편하다. 그래서 다른 사람들 대신 자신을 붙잡고 지탱하는 법을 배우게 된다. 이들은 대부분의 질문에 대한 답변을 스스로 찾아낸다. 그리고 공유하는 것보다 훨씬 더 많은 정보들을 가지고 있다.

이 아이들은 학교에 대해 착잡한 감정을 가지고 있다. 이들은 똑똑하고 배우는 것을 좋아하며 보통은 좋은 성적을 받는다. 하지만 학교의 사회적인 요구에 관해서는 수용하기 힘들어한다. 이들은 사람들이 자신들과 너무 많은 시간을 보내기 원하거나 또는 그들과 보내는 시간이 너무 부족하다고 느낀다. 이들은 한 명이나 두 명의 친구만으로 만족하기 때문에 혼자서 시간을 보낼 때 편안함을 느낀다. 하지만 감정을 나누는 것에는 익숙하지 않다. 다른 아이들은 개인적인 공간을 필요로 하는 이들을 이해하지 못할 수도 있다.

생각이 많은 이 아이들은 상당한 두려움을 가지고 있기 때문에 종종 실제 모습보다 더 심각한 것처럼 보이기도 한다. 5번 아이들은 즐겁게 놀 수 있는 자리가 많아져야 하는데 이것이 약간 가볍고 어색하게 느껴질 수도 있다. 깊이 들어가 보면 이들은 여리고 동정심이 많으며 사랑과 애정에 더 열려 있지만 상처에도 너무 취약해서 다루기 힘들어 보인다.

우리는 모두 어릴 때 상처가 되는 말을 듣게 된다. 만약 당신이 5번이라면 당신이 받은 상처의 메시지는 아마 능력이나 연결이라는 주제와 관련하여 아마도 이런 말이었을 것이다. "너는 삶과 인간관계의 요구에 대해 그것을 다룰 능력이 없어. 생존하려면 감정적으로 분리되고 감정을 숨겨야 해."

## 🐾 5번의 인간관계

관계에 관해서라면 5번은 모든 유형 중에서 가장 오해를 많이 받을 수 있는 번호이다. 중요한 것은 사회적인 관계 형성이 그들에게 얼마나 부담이 되는지 기억해야 한다는 것이다. 예를 들어 앤과 나는 조지아라는 5번 유형의 친구가 있다. 그녀는 심각한 학습 장애를 가진 아이들을 지도하는 개인 교사이다. 조용하고 친절한 성품을 지닌 조지아는 사람들과 너무 많이 만나게 되면 용량이 바닥난다. 그래서 재충전을 위해 집에 가야 한다. 그녀는 외향적인 7번 유형인 남편과 함께 큰 모임에 참석할 때면 종종 각자 차를 가지고 움직이곤 한다. 항상 남편보다 먼저 집에 오기를 바라기 때문이다. 주말마다 모이는 저녁 모임에서 우리들이 이야기 꽃을 피우는 동안 조지아는 종종 식탁을 치우고는 주방으로 가서 설거지를 하곤 한다. 그것은 조지아만의 방식이라 우리는 그녀를 앉혀서 같이 이야기에 합류하라고 권하지 않는다. 조지아는 냉정한 사람은 아니지만 그녀와 가까워지는 것은 그다지 쉬운 일은 아니다.

## 감정의 독립

모든 5번과 마찬가지로 그녀의 이야기 스타일은 프레젠테이션이나 강의를 하는 식이다. 만약 누군가가 조지아에게 어떻게 느끼는지 묻는다면 그녀는 느낌 대신 자신의 생각을 말해 줄 것이다. 5번은 아주 높고 두꺼운 경계를 가지고 있다. 이것은 마치 3차선 고속도로의 반대편에 서 있는 것 같아서 만약 조지아와 진정한 관계를 맺으려 한다면 도로에 가득 찬 자동차들 사이를 뚫고 크게 소리쳐야 할 것이다.

5번은 당신의 감정적인 드라마에 빨려 들어가고 싶어 하지 않는다. 이것은 그들에게 또 하나의 도전이다. 이들은 냉정한 사람들이 아니다. 오히려 반대로 누군가 자신의 감정에 대해 이야기할 때 들어 주고 옹호해 줄 사람들이다. 하지만 그런 감정에 대해 책임을 지고 싶어 하지는 않는다. 이들은 자신의 감정에 대한 책임을 질 것이며 당신의 감정에 대해서는 당신이 책임을 질 것을 기대할 것이다.

5번은 독립성을 지닐 수 있어야 한다. 이들과 친구 관계에 있는 사람들이 이것이 기호에 대한 문제가 아닌 필수적인 문제임을 이해할 필요가 있다. 5번은 이처럼 독립성과 자급자족을 유지하기 원한다. 따라서 가령 배우자가 5번이라면 토요일 아침 눈을 떴을 때 개를 데리고 어디로 갔는지, 언제 돌아올 것인지 알려 주지도 않은 채 산책을 가 버릴 수도 있다. 몇 시간 후에 다시 나타난 배우자에게 어디에 갔었는지 물어봐야 할 수도 있다. 어쩌면 어디에 갔다 왔는지 말해 주지 않을 수도 있다.

5번과 관계를 맺고 있는 사람들은 그들의 사생활과 홀로 있고 싶은 필요를 인식하고 그것을 존중해 줄 필요가 있다. 대개 5번의 집 안에는 재충전을 위한 혼자만의 공간이 존재한다. 엄청난 오디오 애호가인 5번 유형의 한 친구는 집 지하실에 방을 만들어 놓고 그곳에서 책을 읽고, 담배도 피우고, 존 콜트레인의 레코드 컬렉션도 듣곤 한다. 그의 아내는 그곳을 '은신처'(암자)라고 부른다. 5번은 경제적으로 빠듯해지면 가죽 의자에 몸을 파묻거나 지하실 작업대로 피정을 떠나기도 한다. 이들의 특별한 공간에는 종종 책이나 신문, 수년 간 모은 내셔널지오그래픽 잡지, 그리고 여행 중에 건진 골동품들이 널려 있다. 이리저리 어질러져 있긴 해도 그곳은 그들만의 공간이기 때문에 특별한 이유 없이 그곳을 침범하여 정리라도 한다면 좋은 소리를 듣지 못할 것이다.

5번은 프라이버시를 아주 중요하게 여기기 때문에 속을 잘 드러내지 않는다. 5번은 함께 어울리고 싶고 어딘가에 소속되고 싶지만 먼저 관계를 시작하는 일은 매우 드물다. 그래서 내 친구 아담이 막판에 전화를 걸어서 같이 저녁 식사를 할 수 있냐고 물었을 때 나는 매우 놀랐다. "다른 날이면 얼마든지 좋은데 오늘은 앤의 생일이라서 힘들 것 같은데. 아이들이랑 앤에게 깜짝 파티를 해 줄까 생각하고 있어. 앤이 좋아하는 이탈리안 레스토랑이 있거든요."

나의 설명에 그는 "알았어. 다음에 만나지, 뭐"라고 말하고는 전화를 끊었다. 나중에 나는 우리의 역할이 바뀌었다면 어떤 일이 생겼을지 곰곰이 생각해 보았다. 내가 먼저 아담에게 전화를 걸어서 같이 저녁 식사를 하자고 했다면 그는 뭐라고 말했을까? 갈등을 느꼈을까?

그는 "안 돼"라고 말했을 것이다. 그것으로 끝이다. 왜 갈 수 없는지 (다른 곳에 가야 한다거나, 다른 일을 한다거나, 누구를 만나야 한다거나) 설명해 주지 않았을 것이다. 그것은 프라이버시다. 그는 내가 알아야 할 사실만을 제공할 뿐 그 이상은 말해 주지 않았을 것이다. 이와는 대조적으로 나는 우리 가족의 계획에 대해 '내부자 정보'를 공유했다. 게다가 레스토랑의 주소까지 알려 주었다. 5번은 그것을 모를 수도 있지만 사람들이 이 사소한 삶의 세세한 부분까지 공유한다는 것은 다른 사람들이 자신의 삶에서 일어나는 일에 대해 이야기할 수 있도록 문을 열어 두는 한 방법이다. 아담이 이렇게 말했을 수도 있다. "애들은 잘 지내고 있지? 앤도 여전히 재미있게 일하고 있고? 지난 번 그 레스토랑에서 깔라마리 요리를 시켰다가 식중독에 걸린 기억이 있어. 그 요리는 주문하지 않은 게 좋을 거야."

이것은 아주 일상적인 것처럼 들리겠지만(관계를 위한 씨앗 회사와 같이) 삶에 대해 아주 작은 것까지도 드러내는 사람들이다. 모든 사람들을 궁금하게 만드는 5번은 친구들은 물론이고 파트너들까지도 궁금하게 만들 수 있다. "내가 정말 이 사람을 제대로 알고 있는 걸까? 이 사람을 알 수 있을까?" 꽃들과 비슷하게 관계는 어둠 속에서는 자라지 않는다. 관계는 빛 가운데 자신을 드러냄으로써 활짝 피어난다.

5번 유형을 배우자로 둔 사람들은 가끔씩 수잔과 내게 자신들이 감정적으로 소홀하게 취급당하는 기분이라고 말한다. 5번 유형을 아내로 둔 어떤 사람은 내게 이런 말을 한 적이 있다. "아내와 저는 30년 동안 결혼생활을 했습니다. 우리는 서로 사랑하지만 아내가 너무 독립적이고 정신적으로 기대는 걸 싫어하다 보니 나보다 훨씬 나 없이도 더 잘 적응할 수 있을 겁니다. 내가 아내를 필요로 하는 것보다 아내가 나를 필요로 하지 않는다는 것을 알고 괜찮아질 때까지 시간이 좀 걸렸어요."

5번은 다른 사람들과 함께 있는 것을 원하고 좋아하지만 함께 놀자고 요청하지는 않는다. 5번은 이를테면 생일 파티나, 영화 보기, 자동차 쇼 관람, 자신이 아직 잘 모르는 주제와 같이 왜 모이는지에 대한 이유가 필요하다. 모이는 이유가 단지 그냥 어울려 노는 것이라면 그냥 혼자 있기를 선택할 것이다.

5번을 보다 잘 이해하기 위해 자동차 비유를 들어 보겠다. 하루 종일 사람들과 상호작용하는 데 필요한 연료를 모아 두는 탱크가 있다고 상상해 보라. 5번은 다른 번호에 비해 이 탱크가 작다. 그래서 시간이 흘러감에 따라 이들은 연료가 얼마나 남았는지 더 자주 점검하게 된다. 그리고 점점 연료가 다 떨어져간다는 것을 알게 되면 집으로 가야 할 필요성을 느끼게 된다.

### 자신만의 사랑방식을 가지다

5번과 친구가 되는 데는 놀라운 이점도 있다. 이들은 정서적으로 뭔가를 요구하지 않으며 자신이 사랑하는 사람들에 대해 불가능한 기대치를 가지고 있지 않다. 그리고 일반적으로 주변의 모든 사람들이 무너질 때 조용히 평온을 유지한다. 5번에게는 당신의 가장 어두운 비밀을 말해 주어도 그것을 굳게 지켜 줄 것이다. 마치 목사나 신부처럼 그들에게 무슨 이야기를 하든 '고해성사의 봉인'을 유지해 줄 것이다. 입장이 거꾸로 되었을 때 비밀을 지켜 주는 것이 얼마나 중요한 것인지 너무나 잘 알고 있기 때문이다.

5번은 사랑한다는 말을 거의 하지 않는다. 하지만 말하지 않는다고 해서 사랑하지 않는 것은 아니다. 나는 1년에 약 60일 가량을 수련회나 컨퍼런스에서 강의를 하며 보낸다. 내 친구 빌은 1년에 한두 번 내 웹사이트에 들어와 나의 일정표를 체크하고는 강의하고 있는 도시로 나를 찾아와 만나도 되냐고 묻는다. 비행기를 타야 하는 수고와 내 강의를 예전에 이미 들었음에도 불구하고 그는 나를 만나러 온다. 그것이 그가 사랑을 표현하는 방식이다.

사랑은 위험하고 요구가 많다. 관계가 풍성해지려면 두 사람이 자신의 생각뿐 아니라 감정까지도 스스럼없이 나눌 수 있어야 한다. 이것은 5번에게 쉽지 않은 일이다. 그렇게 하려면 자신의 공간을 공유해야 하고, 혼자만의 시간을 줄여야 하고, 프라이버시를 희생해야 하고, 상대방의 격한 감정에도 대처해야 한다. 이런 일이 생기려면 이들은 어릴 때 이후로 자신의 인생에서 붙잡고 있었던 안전이나 독립성 및 프라이버시의 상당한 부분을 포기해야 한다. 5번이 자신의 감정을 확인하고 그것을 표현하는 법을 배우는 동안 그들의 파트너나 친구들은 인내심을 가지고 이들을 도와야 한다. 5번이 옆 사람에게 맞춰 주려고 비밀을 나누는 위험을 감수하는 것은 결코 작은 일이 아니다. 5번이 당신과 함께 이 여정을 떠안기로 결정했다면 축하해 주라. 이것은 아마도 당신이 생각했던 것보다 더 특별하다는 것이다.

# 🐝 일터에서의 5번

직업 세계에서 5번은 냉철하고 분명하며 개척 정신과 분석적인 두뇌를 가졌다고 평가받는다. 마이크로소프트를 창립한 빌 게이츠로부터 소설가 장 폴 샤르트르에 이르기까지, 물리학자 스티븐 호킹에서 침팬지의 대가 제인 구달에 이르기까지, 5번은 세계에서 가장 위대한 혁신가들이자 사상가들로 잘 알려져 있다.

## 예측 가능할 때 훌륭하게 수행한다

모든 5번 유형이 제조업의 거물이나 노벨상 수상자가 될 수 있는 것은 아니다. 이들은 엔지니어가 될 수도 있고, 과학 연구원, 사서, 교수, 컴퓨터 프로그래머, 또는 심리학자 등이 될 수 있다. 이들은 위기 상황에서 냉정을 잃지 않기 때문에 대규모 병원 응급실의 의사나 전문 응급 구조사가 될 수도 있다. 또한 관찰의 대가이기 때문에 훌륭한 예술가가 될 수도 있다. 저자인 존 디디온, 화가 조지아 오키프, 라디오헤드의 리더 싱어인 톰 요크, 영화배우 안소니 홉킨스는 모두 이 세상에 자신들의 예술적 비전이라는 이정표를 세운 5번 유형들이다.

이들이 어떤 일을 하는지, 또한 얼마나 성공적인지와 상관없이 5번이 일을 할 때 가장 필요로 하는 것은 예측 가능성이다. 만약 이들이 매일 매일 자신들 앞에 놓인 그날의 요구 사항을 안다면 자신의 연료를 다 소비하지 않고도 자신들의 내적 자원을 현명하게 분배하여 일을 처리할 방법을 알 것이다.

이를 위해 5번은 회의를 좋아하지 않는다. 만약 이들이 어쩔 수 없이 회의에 참석해야 한다면 회의가 언제 시작해서 언제 끝나는지, 그곳에 누구가 참석하는지, 그리고 의제는 무엇인지 알고 싶어 할 것이다. 회의가 끝나면 5번은 어서 빨리 그곳에서 나가고 싶을 것이다. 그래서 회의를 주최하는 사람이 "마지막으로 질문할 분은 없나요?"라고 묻거나 누군가 손을 들면 5번은 두 손으로 얼굴을 가리며 이렇게 중얼거릴 것이다. "편지 칼만 있으면 순식간에 끝낼 수 있는데."

리더십의 위치라면 5번은 프로젝트에 너무 집중한 나머지 다른 사람들에게 충분한 주의를 기울이지 않거나 지지를 보내지 못할 것이다. 이들은 프라이버시를 유지하고 자신의 내적 자원을 보호하기 위해서 자신과 다른 사람들 사이에 방어선을 설정한다. 이들은 유리로 된 좋은 사무실 자리를 이미지로 의식하는 3번 유형에게 기꺼이 양보한다. 그러고는 사람들 눈에 띄지 않는 지하실 같은 장소를 찾아낸다. 일하는 동안 방해받는 것을 싫어하기 때문이다. 회사 내에서 꽤 높은 자리에 있다면 행정 보조원과 몇 명의 인턴만 곁에 두고 너무 많은 사람들과 만나거나 이야기하는 것을 피할 것이다.

5번은 오히려 당신이 그들에게 프로젝트를 제공하고 언제까지 해야 하는지 알려 주고 그것을 완수할 수 있도록 하는 게 낫다. 직장에서 가장 뛰어난 실적을 낸 사람에게 주는 전통적인 보상들로는 5번의 동기를 유발시킬 수 없다. 5번은 전형적으로 유물론자들이 아니다. 그리고 3번 유형처럼 승진이나 임금 인상 같은 미끼를 덥석 물지도 않는다. 만약 당신이 일을 잘한 5번의 성과를 알아주고 그에 대한 보상을 하고 싶다면 그들에게 더 많은 자율권을 주라. 그들이 가장 갈망하는 것은 독립성이다. 그것은 팀으로 일할 때도 필요한 것이다. 그들은 일반적으로 그룹의 결정에 대해 인내하지 못한다. 오랜 시간 이어지는 토론이나 자유 연상 아이디어 회의에 참석하여 사람들이 하는 말을 듣는 것을 좋아하지 않는다.

5번은 준비할 시간만 있다면 프레젠테이션을 만들거나 발표를 해야 하는 직책을 성공적으로 수행할 수 있다. 그들은 예기치 않게 어떤 자리에 있게 되거나 즉흥적으로 뭔가를 말하거나 하라는 요청을 받는 것을 좋아하지 않는다. 이들은 사람들이 기대하는 것이 무엇인지, 그리고 어떤 일이 일어나고 있는지 충분히 알고 있다면 훌륭하게 일을 수행할 것이다.


## 🐾 날개


5번은 한편에는 열정적이고 강렬한 4번, 다른 한편에는 충성스럽지만 불안한 6번 사이에 끼여 있다. 4번과 6번이 지닌 특성들 중 어느 한 면이 모두 5번에게 나타날 수 있다.


### 자신의 감정을 사랑하는 이에게 잘 전달한다(4번 날개를 가진 5번-5w4)

이들은 6번 날개를 가진 5번보다 더 창의적이고 민감하며, 공감을 잘할 뿐 아니라 자신에게 몰두해 있다. 독립적이고 종종 별난 5w4번은 자신의 감정에 대해 어떻게 처리할지 모르지만 그룹에서보다는 혼자서 해결하는 편을 선택한다. 배우인 로버트 드 니로나 사진작가인 애니 레버비츠, 물리학자 알버트 아인슈타인을 생각해 보라. 나쁜 친구들은 아니지 않는가?

4번 날개를 가진 5번 유형은 우울함을 경험할 가능이 많다. 4번의 에너지와 깊은 감정과 연결되었기 때문에 이들은 자신에게 더 부드럽고 다른 사람과 정서적으로 덜 경계심을 느낀다. 건강한 5w4번은 사랑하는 사람들에게 자신의 감정을 잘 전달할 수 있다.

### 사람들을 통해 위로를 받는다(6번 날개를 가진 5번-5w6)

4번 날개를 지닌 5번에 비해 6번 날개를 지닌 5번의 삶에서는 두려움이 두드러지게 나타난다. 이들은 5w4번에 비해 더욱 불안하고 조심스러우며 회의적이다. 하지만 5w4번보다 더 사교적이고 충성스럽다. 6번 날개를 가진 5번은 자신의 마음속에서 더 많이 살고 있으며 권위와 현 상태에 대해 의문을 가질 것이다.

6번 날개를 가진 5번은 보다 관계적이기도 하다. 6번의 영향으로 인해 이들은 자신의 두려움에 대해 더 잘 알고 있다. 이 때문에 자신들이 참여하고 있는 다양한 공동체 내의 사람들과 동맹을 맺는 데 관심을 가지게 된다. 그들은 종종 관계에 있어서 어색하고 다른 사람들에 대해 회의적이지만 사람들을 알아가는 것은 이들에게 당혹스러운 일이 아니라 위로가 된다.

## ❧ 스트레스와 안전

### 자신의 필요에만 초점을 맞추다

5번이 스트레스를 받게 되면 본능적으로 그다지 건강하지 않은 7번의 자리로 이동하게 된다. 여기서 그들은 더 많은 것을 그것을 더 단단하게 붙잡게 될 것이다. 이것은 자신들이 느끼는 세상을 더 작고 작게 만들 뿐이다. 이런 일이 벌어지면 이들은 다른 사람들의 필요로부터 주의를 돌려 안전과 독립을 확보하려는 자신들의 필요에만 모든 초점을 맞추게 된다.

스트레스 하에 있는 5번은 경솔하고, 체계적이지 못하며, 작업을 완수하지 못할 정도로 산만하게 바뀐다. 이들은 여전히 자신들의 머릿속에서 살고 있지만 생각이 짧아서 자기 행동에 대한 결과를 유추하지는 못한다. 이 자리에 있는 5번은 무례하고, 거들먹거리며, 일관성이 없는 모습으로 변한다.

### 풍성한 삶을 경험하다

5번이 안전하다고 느끼게 되면 8번의 긍정적인 측면으로 가게 된다. 이것은 그야말로 엄청난 움직임(이동)이다. 이런 일이 발생하면 5번은 대단히 자발적이고, 기탄없이 말하며, 물리적으로도 함께하게 된다. 그 차이가 너무 눈에 띄어서 사람들은 이렇게 말할 것이다. "홀리에게 무슨 일이 생긴 거예요? 갑자기 활기가 넘치고, 자신감이 충만하며, 말이 많아 졌어요."

풍성한 삶을 알고 경험하기 원하는 5번은 자신들이 잃어도 되는 것보다 더 많은 비용을 들이지 않고도 8번의 고상한 측면을 달성할(성취할) 수 있다.

## ✾ 영적 변화

영적인 일에 관해서라면 5번은 나머지 유형들보다 더 많은 이점이 있다. 이들은 자신들의 에고(ego)를 움켜쥐거나 집착하지 않는다. 홀로 있는 것을 좋아하는 이들은 자연스럽게 관상적인 삶을 살 수 있게 된다. 이들은 단순함에 매료되고, 세속적인 것들에 대한 애착이 적다. 설령 있더라도 남들보다 쉽게 버릴 수 있다. 영적 변화의 길에 서 있는 다른 번호의 사람들은 5번이 가진 내적 평안과 초연함을 부러워할 것이다.

### 감정을 실시간으로 연결하는 법을 연습하라

하지만 그것이 너무 과장되어 버리면 초연함은 더 이상 미덕이 될 수 없다. 이들이 상처를 받지 않고 고갈을 방지하기 위해 초연함에 머물게 되면 자신의 감정으로부터 분리될 위험이 있다. 삶에 뛰어들기보다 삶을 관찰하는 것은 이들을 차갑고, 쌀쌀맞고, 관계로부터 멀어지는 사람이 되게 한다. 기독교적 관점에서 보면 그것은 초연함이 아니다. 데이비드 베너는 이에 대해 다음과 같이 말하고 있다. "초연함의 궁극적인 목표는 참여이다. 우리가 자신을 분리시키는 것은 우리의 애착을 다시 불러내어 우리의 가장 깊은 곳에 유입되는 은혜의 흐름에 맞춰 그것을 재조정하기 위해서다. 우리는 그 사랑이 이 세상 사람들을 만지고 치유할 수 있도록 우리 안에서 흘러가게 해야 한다."42 영적으로 성숙하기 위해서 5번은 참여를 위해 분리되는 이 패턴을 배울 필요가 있다.

5번은 자신들의 감정을 실시간으로 연결하는 법을 연습해야 한다. 사람들은 월요일에 크리스마스 인사를 건넸다고 그 기분을 금요일까지 느끼진 않는다. 이 장에서 내가 말한 모든 것이 5번에게 비참한 기분을 느끼게 했을 수도 있다. 나는 그들이 다음 달이 아니라 바로 지금 그 비참한 기분을 느끼기를 권하고 싶다. 일단 그들이 첫 애착의 감정을 마스터하고 그것을 극복하게 되면 그 방법에 대해 다른 사람들에게 가르쳐줄 수도 있을 것이다. 나머지 사람들이 감정에 너무 많이 얽매여 있기 때문이다. 자유로움을 추구하는 5번은 자신의 행동이 얼마나 자주 두려움에 기인하고 있는지 깨달아야 한다.

### 두려움을 이기고 풍성한 삶으로 들어가라

6번과 7번 유형도 마찬가지지만 5번의 중대한 죄는 두려움이다. 이들은 안전에 대한 열망에 따라 움직이게 된다. 이들은 자원이 제한적이라는 것을 알고 있기 때문에 얼마나 많은 정보, 얼마나 많은 애정, 얼마나 많은 에너지, 얼마나 많은 프라이버시, 얼마나 많은 돈을 쓰거나 줄 수 있는지 궁금해 한다. 그리고 자신들을 위해 얼마나 저축해야 할지 생각한다.

만약 이들이 풍요의 사고방식을 가진다면 5번의 삶은 어떻게 달라졌을까? 그들의 사고는 우리가 줄 때 또한 받는다고 말할 것이다. 이것은 곧 복음의 방정식이다. 5번이 인생에서 충분히 돌아갈 수 있을 몫이 있다는 것을 믿는다면 더 많이 줄 수 있게 되지 않을까?

5번은 어느 정도까지는 누군가에게 의존하는 것에 대해 편하게 생각해야 한다. 5번은 자급자족하는 삶에 동기 부여되기 때문에 다른 누군가에게 의존할 필요가 없다. 그럼에도 다른 사람들이 우리를 돌볼 수 있도록 겸손할 필요가 있다. 5번에게는 다른 사람들에게 기대지 않으려고 경험하지 않아도 되는 너무 많은 경계를 설정하여 크나큰 손해를 보게 된다. 이렇게 하면 이들을 돌보며 얻을 수 있는 사람들의 기쁨까지 빼앗는 격이 된다.

# 5번의 변화를 위한 10가지 방법

1. 감정이 자연스럽게 일어나도록 하고, 현재 순간의 느낌을 충분히 경험해 보라. 그런 다음 그 감정이 지나가게 하라.

2. 애정이나 사생활, 지식, 시간, 사랑, 돈, 물질적인 소유, 또는 생각을 축척함으로써 정신적인 결핍을 메꾸려 한다는 것을 인정하라.

3. 다른 사람들 안에서 감정을 이끌어내는 것처럼 보이는 일이 생기면 그 감정을 나중에 처리하려고 하지 말고 그 순간의 감동을 그냥 느끼려고 해 보라.

4. 다른 사람들과 당신의 삶에 대해 더 많이 나누려고 해 보라. 그들이 당신에게서 들은 정보들을 잘못 사용하지 않을 것을 믿으라.

5. 당신의 안전지대에서 나오는 모험을 해 보라. 그리고 당신이 누구인지, 무엇을 가지고 있는지 사람들과 더 많이 공유하라.

6. 모든 것에 대한 답이 반드시 필요한 것은 아님을 기억하도록 하라. 당신은 어리석어 보이지 않는다. 당신은 그냥 사람이다.

7. 친구에게 전화를 걸어 아무 이유 없이 놀자고 제안해 보라.

8. 어느 정도 물질적이거나 경험적인 사치를 누려 보라. 새 매트리스를 사도 좋고, 여행을 떠나도 좋다.

9. 당신과 당신 몸을 연결해 줄 요가나 다른 활동을 시작해 보라. 당신 몸과 머리 사이의 분리를 극복하게 되면 삶이 변화될 것이다.

10. 스스로에 대한 확신이 서지 않을지라도 뒤로 물러나 있기보다 대화에 뛰어들어 보라.

# 8. 6번 유형 // 의리파

두려움을 선택하지 말고 하나님을 선택하라

당신이 최악의 상황에 대비하기만 한다면,
최선의 것을 바라는 것은 아무런 해가 없다.
-스티븐 킹(STEPHEN KING)

## 6번, 나는 이런 사람이다

☐ 1. 나는 항상 최악의 상황을 생각하고 계획을 세운다.

☐ 2. 나는 종종 권위자들을 신뢰하지 않는다.

☐ 3. 사람들은 나더러 충실하고, 이해심이 있으며, 재미있고, 동정심이 많다고 말한다.

☐ 4. 대부분의 친구들은 나처럼 걱정이 많지 않다.

☐ 5. 나는 위기 상황에서 재빨리 행동한다. 하지만 모든 것이 안정되어 있을 때면 무너지고
　　　 만다.

☐ 6. 파트너와 내가 관계 안에서 정말 잘하고 있을 때 그것이 망가지면 어떻게 될까 궁금해
　　　 하는 내 자신을 발견한다.

☐ 7. 내가 올바른 결정을 내렸다고 확신하게 되는 일은 거의 없다.

☐ 8. 나는 인생에서 선택해야 하는 순간에 두려움에 영향을 많이 받았음을 알고 있다.

☐ 9. 나는 예측할 수 없는 상황에 빠져 있는 나 자신을 마주하게 되기를 바라지 않는다.

☐ 10. 내가 걱정하고 있는 일들에 대한 생각을 멈추기가 어렵다.

☐ 11. 나는 일반적으로 극단적인 것에 대해 불편한 마음이 있다.

☐ 12. 나는 보통 할 일이 많아서 일을 다 끝내는 것이 힘들다.

☐ 13. 나를 좋아해 주는 사람들과 함께 있을 때 가장 편안함을 느낀다.

☐ 14. 사람들은 내가 가끔씩 지나치게 비관적이라고 말한다.

☐ 15. 나는 뭔가를 시작하는 데 느리다. 그리고 일단 시작하면 잘못되지는 않을까 끊임없이
　　　　염려한다.

□ 16. 나는 의례적인 말을 많이 하는 사람들을 신뢰하지 않는다.

□ 17. 이것은 일종의 질서를 유지하는 데 도움이 된다.

□ 18. 나는 일을 잘한다는 말을 듣고 싶다. 하지만 사장이 내게 책임을 더하면 예민해진다.

□ 19. 사람들을 정말로 신뢰하게 되기까지는 꽤 오랜 시간이 걸린다.

□ 20. 나는 새롭거나 알려지지 않은 것에 대해서 회의적이다.

· **Key Word**

안전 중시, 충성, 문제 해결사, 우유부단, 자기 부정, 의심

· **6번 유형인 사람들**

엘런 드제너러스, 존 스튜어트, 프로도 배긴스

**건강할 때**

건강한 6번은 자기 삶의 경험을 신뢰하는 법을 배웠다. 이들은 대부분의 상황에서 뭔가 확실하거나 잘 들어맞는 해법이 있을 수 없으며 예측 가능하지도 않다는 것을 잘 알고 있다. 이들은 생산적이고, 논리적인 사상가들이어서 언제나 항상 공통의 이익을 위해 가장 좋은 것이 무엇인지 생각하고 그것을 중심으로 생각이나 행동을 조직한다. 건강한 6번은 충성스럽고, 정직하며, 믿음직스럽다. 이들은 명민한 판사들과 같다. 이들은 결국 모든 일이 잘 될 것이라는 것을 믿을 수 있게 된다.

**보통일 때**

이들은 거의 모든 것에 대해 질문한다. 그리고 머릿속으로 최악의 시나리오를 쓰는 것에서 벗어나기 위해 몸부림친다. 이들은 권위에 지나치게 집중하고 있으며, 한편으로는 종속적이면서 다른 한편으로는 반항적일 수 있다. 이들은 세계가 안전하지 않은 곳임을 알고 전투나 비행으로 대응한다. 평균 수준의 6번은 자신의 모든 불안을 관리하면서 교육이나 교회, 정부, 가족, 사회봉사 단체 등에 헌신한다.

**건강하지 않을 때**

이들은 모든 구석에서 위험을 발견한다. 이들은 세상이 불공평하고 대부분의 사람들이 자신이 말하는 바와 다른 사람이라서 믿을 수 없다고 생각한다. 이런 두려움은 편집증으로 발전하기도 한다. 자신을 신뢰할 수 없기 때문에 권위 있는 사람들을 따라하거나 전문가들이 자신을 대신해서 결정을 내리기를 바란다. 건강하지 못한 6번은 다른 사람들의 잘못을 찾아내고, 투사(투영)라는 정신적 메커니즘과 관련된 패턴에 빠지는 경향이 있다.


## ﻌ 안전을 향한 열망


조슈아 피븐과 데이비드 보르게닉트는 《위기탈출 생존교과서》라는 책을 냈다. 이 책은 일상과 다른 끔찍한 상황에서 어떻게 대처할지에 대해서 유머러스하면서도 실제적인 지침을 제공하고 있다. 책 광고에는 '위험한 시대를 위한 필수 동반자'라는 문구까지 있다. 무서우면서도 재미있는 이 책은 기관 절개술을 행하는 방법, 폭탄을 식별하는 방법, 비행기를 착륙시키는 방법, 낙하산이 펴지지 않을 때 살아남는 방법, 성난 황소를 다루는 방법, 건물에서 쓰레기통 위로 뛰어내리는 방법, 살인 벌떼를 피하는 방법 등이 적혀 있다. 이 책이 처음 출간되었을 때 누군가 나에게 이 책을 선물해 주었다. 나는 어깨를 으쓱하며 "이게 뭐야, 시시하게"라며 말했었다. 하지만 이 책은 자그마치 천만 부나 팔렸다.

지금은 그 누구보다 부자가 된 저자들은 과연 누구에게 감사의 말을 전해야 할까? 아마도 에니어그램의 6번 유형에서부터 시작하는 게 좋을 것 같다. 책 판매량의 절반 이상은 분명 6번 유형이 샀을 것이기 때문이다.

6번은 세상은 언제든지 재앙이 닥칠 수 있는 위험한 곳이라고 생각한다. 겉모습은 속임수다. 사람들은 숨겨진 의도를 가지고 있다. 이들은 일어날 수 있는 위협에서 눈을 떼지 못한다. 그리고 머리로는 최악의 상황이 벌어졌을 때 어떻게 할지 리허설을 한다. 6번이 잠재적인 재앙을 상상하고 그에 대한 계획을 세우는 것은 예측할 수 없는 세상에서 안전한 느낌이나 통제력, 확실성을 유지하기 위한 하나의 방법이다. 이들은 끊임없이 "만약 ~하면 어떡하지?" 또는 "~할 때는 내가 뭘 해야 하지?"라고 묻는다.

나는 6번이 이 책을 '삶이 갑자기 악화되었을 때 생존하기 위한 가이드'라고 묘사하는 것을 이해할 수 없다. 6번은 분명 이 책을 두 권씩 주문했을 것이다. 하나는 읽기 위한 것이고 나머지 하나는 만약의 사태를 대비하여 여벌로 챙겨 두기 위함이다.

인생에 대해, 사람에 대해 더 많이 알아갈수록 나는 6번 유형을 더 사랑하고 감사하게 된다. '의리파'라 불리는 6번은 에니어그램에서 가장 충실하고 신뢰할 만한 사람들이다(6번은 때로 악마의 변호인, 일부러 반대 입장을 취하는 사람, 질문자, 회의론자, 경찰관, 수호자라고도 불린다). 이들은 우리를 주시하고 있다. 그리고 우리의 가치들을 보호하고 지킨다. 이들은 세상을 하나로 묶어 주는 접착제와 같다. 많은 에니어그램 교사들은 믿을 수 있고, 따뜻하며, 재미있고, 자기만족을 할 줄 아는 이들이 세계 인구의 절반 이상을 차지한다고 믿는다. 우리 도시와 마을에는 이처럼 성실하게 삶의 터전을 지키는 시민들로 가득 차 있어서 우리에게 강장제 역할을 하고 있다.

## ⟡ 6번의 중대한 죄

지금쯤은 다음에 어떤 것이 나올지 예상할 것이라 생각된다. 6번 유형은 훌륭하지만 그들에게도 경계해야 할 어두운 면이 있다. 6번의 치명적인 죄는 두려움이다. 이들은 안전감을 느끼려는 뿌리 깊은 욕구 때문에 고통받는다.

### 안전감을 느끼려는 뿌리 깊은 욕구가 불안감을 준다

비록 두려움이 6번을 끌어당기는 죄라고 하긴 했지만 이들이 실제로 경험하는 감정은 불안감이다. 공포는 우리가 분명하고도 즉각적인 위험에 처했을 때 일어난다. 이를 테면 하키 골키퍼 마스크를 쓴 남자가 당신 집 문을 걸어차거나 머리 위로 전기톱을 휘두르면서 당신을 쫓아다닐 때처럼 말이다.

이와는 대조적으로 불안은 현실적으로 일어나지 않을 일이나, 잠재적인 위협, 또는 잘 모르기 때문에 생기는 모호하면서도 걷잡을 수 없는 감정이다. 이것은 상상 속에서 하키 골키퍼 마스크를 쓴 사람이 전기톱을 가진 채 당신을 쫓아오는 장면을 떠올릴 때 느끼는 감정이다. 두려움은 이렇게 말한다. "실제로 뭔가 잘못된 일이 벌어지고 있어."

반면 불안함은 훨씬 더 예측에 가깝다. "그런 일이 벌어지면 어쩌지? 만약~ 한다면, 만약~ 한다면?" 그것은 캠페인 슬로건일 뿐이다.

6번은 삶이 순조로울 때조차 불안이 커지는 것을 경험한다. 어떤 일이 벌어져 모든 것이 엉망이 될지 모르기 때문이다. 오늘 안정적으로 보이는 관계나 일자리라도 내일은 없어지거나 증발해 버릴 수 있다. 스티븐 라이트의 말처럼 말이다. "모든 것이 잘되고 있는 것처럼 보인다면 당신은 분명히 뭔가를 간과한 것이다."[43]

나의 어린 시절은 걱정 많은 6번으로 채워져 있었다. 초등 1학년 때 담임이었던 메리 엘리자베스 선생님은 분명 6번 유형이었다. 그분은 적어도 하루에 한 번은 수업을 잠시 중단하고는 불쑥 우울한 질문을 던지셨다. "얘들아, 누가 너희들 머리에 총을 겨누면서 '죽지 않으려면 신앙을 부인해'라고 말한다면 어떻게 하겠니?"

요즘 세상에 만약 누가 8세 아이들에게 그런 질문을 했다면 어린이 보호 서비스 센터에 신고를 했을 것이다. 메리 선생님 때문에 나는 살면서 늘 그 질문을 생각하곤 했다. 자라면서 우리 형제자매들은 '외상 후 스트레스 증후군'을 앓고 있는 보모의 돌봄을 받았다. 그분은 우리에게 일어날 수 있는 일에 대한 세상의 모든 걱정으로 똘똘 뭉쳐 있었다. 가위를 들고 뛰지 마라, 그러다 동생을 찌를 수도 있다. 찌그러진 캔 안에 있는 것은 먹지 마라, 살모넬라균 때문에 죽을 수 있다. 천둥이 칠 때 목욕을 하면 감전될 수 있다. 전자레인지에 너무 가깝게 서 있으면 네 사촌 마티처럼 될 것이다. 우리 보모는 동네의 '험한' 지역을 운전할 때면, 혹시나 자동차를 탈취하는 사람이 있을까 봐 우리에게 창문을 올리고 모든 자동차 문을 잠그도록 했다.

모든 유머는 제쳐 두고라도 6번이 가진 '두려움'이라는 중대한 죄는 매우 실제적이고 그들에게 심각한 영향을 끼친다. 그것은 6번에게는 힘든 시간이다. 우리가 숨 쉬고 있는 공기는 불안으로 가득 차 있다. 유감스럽게도 당신과 나는 그 사실을 일찍부터 알아내지 못했다. 지구에 살고 있는 35억의 주민들(플러스마이너스 2억)이 두려움에 의해 쉽게 움직이고, 안전과 확실성에 대한 깊은 필요를 느낀다는 것을 말이다.

하지만 정치인들과 뉴스 앵커들, 마케팅 전문가나 강압적인 설교자, 기타 부도덕한 사기꾼들은 그 사실을 잘 알고 있었다. 선거에서 표를 얻기 위해, 시청률을 높이고 돈을 벌기 위해, 주택 보안 시스템을 팔기 위해, 이 같은 공포를 퍼트리는 선동가들과 학자들, 광고 담당자들은 의도적으로 잘 연구된 두려움이라는 전술을 사용하여 우리를 먹이로 삼는다. 하지만 이들이 목표로 삼는 대상은 특히 6번과 같은 사람들이다. 우리는 모두 두려움이 우리 삶을 접수하지 못하도록 배웠지만 6번은 특히나 더 그럴 필요가 있다. 역사가 보여 주고 있듯이 안전에 대한 우려나 두려움을 기초로 의사 결정을 하는 사람들은 이 불안함 때문에 나쁜 일이 생기기도 한다.

# ✿ 6번에 대한 모든 것

## 질서나 규칙을 지킨다

6번은 안전과 일관성에 대한 강한 욕구가 있다. 이들은 질서나 계획, 규칙에 대해 높이 평가한다. 그리고 명확한 법칙과 지침이 제공될 때 얻을 수 있는 편안함과 예측 가능성을 좋아한다. 1번 유형처럼 이들도 이케아에 전화를 해서 새로 산 식탁 세트에 필요한 여분의 볼트를 주문한다. 하지만 1번처럼 완벽함을 추구해서가 아니라 명절 때 혹여 식탁이 망가지지는 않을까 두려워하기 때문이다. 이들은 식탁이 무너져 할아버지가 다리를 다치고 뜨거운 물이 쏟아져 3도 화상을 입게 되어 구급차에 실려 가는 상황까지 떠올린다. 이들의 상상은 끝이 없다.

## 하나로 묶는 탁월함이 있다

6번은 공동체를 중요하게 생각한다. 이들은 말씀을 통해 공급을 받지 못하거나, 광고가 너무 길거나, 교회가 너무 크거나(또는 너무 작거나), 음악이 너무 ~~하거나, 목사가 강단에서 말하는 모든 것에 동의하지 않을 때라도 교회를 떠나지 않을 것이다. 6번은 에니어그램에서 가장 충성스러운 유형이다. 그들은 헌신된 멤버여서 한 공동체에 한 번 헌신하면 그곳에 말뚝을 박고, 동의하지 않는 부분이 있더라도 그곳을 포기하지 않을 것이다.

6번은 보통 처음에는 사람들을 경계하고 의심이 많지만 일단 한번 그들의 신뢰를 얻은 후에는 평생 동안 함께할 것이다. 6번은 사랑하는 사람들과 연결되어 있다고 느끼기 원한다. 이들은 매일 당신이 무엇을 하는지, 안전하게 잘 지내고 있는지 알고 싶어서 전화로 확인을 하는 엄마들과 같다. 6번은 우리를 하나로 묶어 주는 탁월한 능력을 가지고 있다. 이들의 가족과 집, 책임을 지고 아이들을 양육하는 것, 결혼생활의 중요성을 믿는다. 그리고 어느 면에서 안전에 대한 요구가 매우 높기 때문에 자신들의 가치에 근거하여 결정을 한다.

### 질문으로 가득한 삶, 결정장애의 삶

6번은 의심과 질문들로 가득 차 있다. 결정을 내려야 할 때가 되면 그들은 과도한 정보 때문에 분석을 하지 못해 자신의 생각을 믿을 수 없기 때문에 친구나 동료, 가족 구성원이나 전문가들에게 조언을 구한다. 이들은 마음을 정한 후에도 다시 바꾼다. 마음이 이쪽 방향으로 갔다가 다른 쪽으로 갔다가 하는 것을 느낀다. 이들은 모호한 말을 하거나 불분명한 태도를 취한다. 이랬다저랬다 하는 태도는 다른 사람들을 미치게 만든다. 야고보 사도의 말대로이다. "의심하는 자는 마치 바람에 밀려 요동하는 바다 물결 같으니"(약 1:6).

문제의 일부는 6번이 모든 것의 양면을 본다는 것이다. 만약 당신이 6번이라면 지금 이 책을 읽으면서, '맞아, 당신의 요지는 이해하지만 다른 면에서 본다면…'이라든가 '이안이 수잔이 이것에 대해 아주 많이 생각한 것처럼 보이지만, 다른 가능성을 보자면…'이라고 생각할 것이다. 6번은 다른 사람들이 자신들처럼 두려워하며 사는 게 아니라는 사실을 발견하고는 놀란다. 하지만 곧바로 자기 의심과 자책이라는 투쟁 가운데 있는 자신을 발견할 뿐이다. 뭔가를 결정해야 할 때 6번은 자동차 전조등 앞에서 꼼짝 못하는 사슴처럼 얼어붙어서 어느 방향으로 가야 할지 모른다.

### 공포증과 역공포증

6번 유형에는 두 가지 종류의 사람들이 있다. 두 부류 모두 두려움을 다루지만 안전이나 권위자와 맺는 관계에서는 다른 양상을 보인다. 한 부류는 충성도가 매우 높아서 자신들의 전적인 관심을 권위자에게 쏟는다. 그래야 안전할 수 있다고 생각하기 때문이다. 항상 권위자에게 충실한 이 6번은 통치자들을 기쁘게 해 주려 하고 그들에게 복종한다. 이들은 자신의 상사에게 경의를 표하며 그들을 만족시키기 위해 최선을 다하려 노력한다. 권위를 자기 안전을 담보해 주는 근원이라고 보기 때문이다. 우리는 이 사람들을 공포증을 가진 6번이라고 부른다.

또 하나의 부류는 권위에 초점을 두는 건 같지만 그들에게 동의하거나 순응적이지는 않다. 이 사람들은 권위를 가진 사람들을 경계한다. 이들은 눈속임을 하거나 사기를 칠 경우를 대비하며 항상 예의주시하고 있다. 역공포증을 가진 6번이라 불리는 이 사람들은 냄새를 맡게 되면 즉각 공격할 것이다. 이들은 인지된 위협을 피하거나 누르는 대신 의도적으로 그것을 자극하고 공격함으로써 안전을 추구한다. 이들의 안전은 두려움에 항복하지 않고 그 근원을 정복함으로써 얻어진다.

실제로 대부분의 6번은 공포증과 역공포증이 섞여 있는데 이것은 그들이 지닌 우유부단하고 의심스러운 기질을 잘 보여 주는 것이다. 공포증을 가진 6번은 뒤로 물러나 도망치고, 역공포증을 가진 6번은 자신들의 두려움이 무엇이든지 간에 그것을 정복하여 패배시키려 한다. 대부분의 6번은 이 두 극단 사이를 왔다 갔다 한다. 처칠의 말을 빌리자면 그들은 "당신의 발밑이나 당신의 목구멍에 있다."

공포증을 가진 6번이든, 역공포증을 가진 6번이든 결론은 두려움이며 모든 6번의 초점은 권위에 있다.

## ❧ 6번의 어린 시절

6번의 어린 시절은 일찍부터 걱정으로 가득하다. 이들은 다음과 같은 메시지를 꼭 붙들고 있는 벨크로와 같다. "밥 먹고 30분 동안은 수영하면 안 돼. 안 그러면 경련이 일어나서 익사할 수도 있어." "낯선 사람과는 절대로 이야기를 하면 안 돼."

**예측 가능한 삶이 주는 안정감**

나는 자라면서 모든 종류의 경고들을 듣고 살았지만 그다지 새겨듣지 않았다. 하지만 이 아이들은 세상이 안전한 곳이 아니라는 것과 책임을 맡은 어른들이 항상 신뢰할 만한 사람들은 아니라는 것을 알게 된다. 그래서 그들에게 순종하거나 반항함으로써 대응한다. 그들은 어디를 가든지 누가 책임자인지 알며, 그들에게 시선을 집중시킨다.

이 아이들은 신중하고 침착하게 삶에 반응한다. 이들은 6미터 호수에 뛰어들기 전에 우선 한두 명의 아이들이 뛰어드는 모습을 지켜볼 것이다. 자신들의 환경을 믿을 수 없는 아이들은 스스로도 믿기 힘들기 때문에 주저할 것이다. 자신감이 부족한 아이들은 일반적으로 격려를 잘 받아들이지 못한다. 그래서 자신을 더 안전하게 만들어 주고 더 깊은 차원에서 스스로를 신뢰하도록 해 주는 그 메시지를 놓치게 된다.

교사와 코치들은 6번 유형의 아이들을 좋아한다. 자신들의 말을 잘 경청하고 따르기 때문이다. 충실하기 때문에 친구들을 하나로 묶어 주는 역할도 한다. 이들 중 소수는 스포트라이트를 받기 원하지만 대부분은 전체와 잘 조화되고자 한다. 이들은 전체 무리에 속하는 것을 좋아한다. 그래서 팀 스포츠나 학교 활동에 참여하고 싶어 한다. 이들은 예측이 가능한 일상적인 것에서 편안함을 느낀다. 그리고 삶을 이해하기 위해 우리가 의지하는 공동체를 하나로 묶어 주는 사람들로 성장하게 된다.

다는 아니지만 많은 6번 유형의 아이들은 자라면서 자신들이 불안정한 상황에 처해 있다는 것을 발견한다. 그들은 자신의 환경을 신뢰할 수 없기 때문에 자신을 의심하고 용기와 조언을 해 줄 다른 사람들을 의지하게 된다.

내 친구 랜스의 아버지는 종종 엄청난 화를 내곤 했다. 매일 밤 랜스와 그의 형은 창문 너머로 아버지가 차에서 내리는 것을 지켜보곤 했다. 아버지가 차 문을 얼마나 세게 닫는지 보면 그날의 기분이 어떤지 알 수 있었기 때문이다. 랜스와 같은 6번 아이들은 작은 단서를 통해 위험이나 위협을 감지한다.[44] 그리고 누가 상처를 줄지 예측하는 것을 배움으로써 안전을 도모한다.

영적으로 건강하며 자신을 잘 알고 있는 6번은 훌륭한 친구나 파트너가 될 수 있다. 지나칠 정도로 충실한 6번은 "죽음이 우리를 갈라놓을 때까지"라고 말하며 자신의 충성심을 드러낸다. 재치가 있고 매력적인 6번의 경우 자신의 불안을 이용하여 매우 재미있는 사람이 될 수도 있다.

래리 데이비드 같은 6번은 자신들의 과도한 불안감이나 불안정함, 그리고 최악의 상황을 자기 비하의 이야기 소재로 삼아 친구들을 며칠 동안 웃게 만들 수도 있다. 공포증을 가진 6번의 이야기를 듣고 싶다면 자신의 운을 자기 의심으로 다룬 우디 앨런의 초기 스탠딩 개그들을 들어 보라. 그리고 역공포증을 가진 6번을 보려면 모든 사람과 사물에 적극적으로 의문을 제기하는 조지 칼린을 보라.


## ⚘ 6번의 인간관계

하지만 공포를 덧입힌 렌즈를 통해 세상을 바라보는 6번의 방식은 이들의 관계를 엉망으로 만들 수 있다. 이것은 함께 있는 것을 어렵게 만들고, 특히 관계가 시작될 때 더욱 그렇다. 안전과 확실성이 요구되는 사람들은 경계 태세를 유지할 것이다.

### 관계의 의심으로 가득한 사람들
그들은 당신이 무엇을 생각하고 있는지 추측하려고 애쓸 것이다. 정서적으로 기습당할 것을 두려워하고 과거에 받았던 상처로 인해서 이들은 상대방이 자신을 배신하거나 버리지는 않을지 계속해서 단서들을 찾고 있을 것이다. 6번은 당신에게 다음과 같은 질문을 던지며 관계에 재를 뿌릴 수도 있다. "우리 두 사람, 여전히 좋은 거지?" "어느 날 갑자기 당신이 문득 나를 더 이상 사랑하지 않기로 한다면 어쩌지?"

그들은 어떤 때는 당신을 밀어내고, 또 어떤 때는 당신에게 매달리면서 당신을 헷갈리게 할 것이다. 6번은 의심이 많기 때문에 당신 역시 의심이 많을 거라고 가정한다. 이 때문에 계속 질문을 던지는 것이다. 이것은 그들이 원하는 바로 그것(더 큰 헌신과 안전)을 이루지 못하게 막는 역할을 한다. 이렇게 징징거리게 되면 사랑하는 사람들은 더 멀리 달아나기 때문이다.

의심으로 힘들어 하는 6번에게는 이들을 향한 당신의 헌신을 상기시켜 주는 것이 많은 도움이 된다. 당신과의 관계에 대해서 의심하는 6번을 절대로 탓하거나 버리거나 놀리지 말라. 그러면 그들의 불안감이 증폭되어 아무런 효과가 없을 것이다. 조용히 설득하고 믿어 주는 것이 핵심이다.

6번이 당신과의 관계에 대해 신뢰를 주기 시작하더라도 그들 안에는 여전히 씨름해야 할 위험하고 변화무쌍한 세상이 존재하고 있다. 때로는 항상 재앙을 생각하고 그것에 대비하는 사람들과 함께하는 것이 힘들 수 있다. 만약 그들이 끔찍한 상상을 멈추고 휴식을 취할 수 있다면 얼마나 좋을까? 6번이 최악의 경우를 생각하는 일에 몰두하기 시작하면 그들이 일어날 거라고 생각하는 부정적인 사건의 고리를 따라 단계별로 생각해 볼 것을 권해 보라. 각 단계에서 잠시 멈춰 이렇게 물어 보라. "맞아, 일이 그렇게 될 수도 있어. 그러면 그 다음에는 어떤 일이 생길까, 그럴 때는 누가 도움을 줄 수 있을까?"

잠시 후 두 가지 경우가 발생할 것이다. 하나는 그들이 생각한 악몽 같은 시나리오가 너무나 비합리적이고 이치에 맞지 않아서 함께 웃게 될 것이다. 또 하나는 그들이 걱정하는 일이 정말 미래에 일어날 것 같아서 두려움에 떨며 자신의 내적, 외적 자원들을 가지고 그것에 대처하려고 할 것이다. 기억하라. 그들이 생각하는 최악의 시나리오를 절대로 무시해서는 안 된다. 오히려 잘 관리해야 한다. 만약 그들을 비관론자라고 부른다면 그들은 자신들을 현실론자라고 주장할 것이다.

6번은 항상 어떤 일에 대해서 왔다 갔다 하는 성향이 있다. 이 때문에 상대방은 분통이 터질 수도 있다. 이들은 결정을 내리고, 그 다음에 이럴까 저럴까 고민한다. 또 결정하고 다시 갈등한다. 마침내 결정을 내렸다고 생각했을 때 한밤중에 당신을 깨워 마음을 바꾸었다고 말할 것이다.

이 모든 모호한 태도의 근원은 무엇일까? 이들은 자신의 내부에 있는 안내 시스템에 연결되는 법이나 그것을 신뢰하는 법을 배운 적이 없다. 그리고 종종 좋은 결정을 내릴 수 있는 자신의 능력을 의심한다. 보통 그들은 과거의 성공을 잊어버린다. 때로는 이들을 사랑하는 사람들이 좋은 경험들을 상기시켜 줄 필요가 있다. 그들이 결정을 내리고 끝까지 우겼던 것이 결과적으로 얼마나 좋았는지, 또는 원했던 것보다 결과가 안 나왔을 때 그것을 어떻게 했는지 말이다. 현세에서는 그 누구도 완벽한 성공을 거두지 못한다. 6번에 대한 경이로운 소식은 그들이 관계에서 기병이라는 것이다. 시간과 믿음이 주어지면 이들은 파트너와의 관계에서 만성적으로 의심하고 질문하는 것을 뛰어넘어 그 이상의 자리까지 나아가게 된다. 이런 일이 벌어지면 세상에서 가장 재미있고, 견실하며, 전혀 힘들지 않은 동반자가 될 것이다.

## ✈ 일터에서의 6번

몇 년 전 나는 6번 유형인 댄과 함께 일했다. 그는 여러 가지 면에서 나를 구해 준 사람이었다. 그 당시 나는 젊었고 과할 정도로 자기 확신에 차 있는 목사였다. 나의 운전대 뒤에는 빠르게 성장하고 있는 교회가 있었다. 좋은 6번인 그는 나를 잘 파악하고 있었다. 그가 보기에는 재앙을 초래할 가능성이 있는 결정을 내가 내리려고 했을 때 그는 걱정하는 모습으로 곁에 다가와 나를 잡아당기며 이렇게 말했다. "우리를 이 방향으로 이끌고 가면 어떤 일이 생길지 생각해 봤어요?"

댄은 종종 나를 괴롭혔다. 자신의 의심을 표현하고 나의 훌륭한 아이디어들에 대해 질문을 했다. 이것은 전진하려는 나의 행보에 제동을 걸고 나의 퍼레이드에 재를 뿌리는 것 같은 기분을 느꼈다. 하지만 어떤 경우 그가 의문을 제기하지 않았더라면 나는 우리의 신생 교회를 엉뚱한 곳으로 몰고 갔을 것이다.

## 충성스런 회의론자들

6번은 날카롭고 분석적인 사고를 가진 문제 해결사들이다. 이들은 특히 다른 사람들이 할 수 없다고 말할 때 회사나 실패한 프로그램을 부활시키려고 노력하는 약체 팀에 있는 것을 좋아한다. 9회 말 주자가 3루에 있을 때 6번이 타석에 들어선다면 투수는 긴장해야 할 것이다. 이들은 100대 1로 활약하는 방식을 즐긴다. 막상 일이 닥치면 이들은 마치 마술처럼 승리를 이끌어 내는 것으로 악명 높다.

우리는 6번으로부터 많은 것들을 배울 수 있다. 대부분은 너무 빨리 생각하고 움직인다. 무모한 것이 아니라면 우리는 신속하게 결정을 내린다. 하지만 우리가 기꺼이 기다릴 수 있고 선택할 수 있는 다른 가능성들에 대해 생각한다면 분명하면서도 현명한 최선이 있을 것이다. 이들은 궁극적으로 선의의 비판자 노릇을 하기 때문에 일하는 곳이라면 어디나 그 문제에 대해 토론할 분위기를 만든다. 모든 사업에는 충성스런 회의론자들이 필요하다. 그들은 두려움 없이 까다로운 질문을 던지고 계획안의 결함을 지적하는 이들이다. 지나치게 격앙되어 있고, 위험에 대해 내성을 가진 사람들은 그들의 원대한 아이디어에 대해 의문을 제기하고 바람을 빼 버리는 6번을 좋아하지 않을 것이다. 하지만 누군가는 우려의 목소리를 낼 수 있어야 한다!

나는 가끔씩 얼마나 많은 6번들이 용감하게 손을 들어서 대통령을 당황하게 하는 질문을 던져 왔을까 궁금해질 때가 있다. 전쟁의 정책을 추구하는 것이 예상치 못한 결과를 초래할지 충분히 생각해 봤냐는 식의 질문들이다. 우리는 맑은 눈을 가진 이런 6번들에게 감사의 빚을 지고 있다.

6번 유형의 직원들은 당신에게 많은 질문을 할 것이다. 당신에게 맞서기 위해서가 아니라 자신들이 해야 할 일을 이해하고, 일이 잘못될 경우를 대비하여 큰 그림을 보고 있는 사람이 있는지 확인하기 위해서다. 만약 당신이 새로운 일을 시작하려고 계획하고 있다면 6번의 지원이 필요할 것이다. 그들이 던지는 모든 의심과 불안에 귀를 기울여 보라. 6번 유형이 이슈들을 생각하고 공식적인 질문을 만들려면 시간이 필요하다. 따라서 회의 의제를 미리 게시하는 것이 좋다. 물론 이 모든 질문에 답하고 사실 관계를 확인하게 되면 팀의 업무가 지연될 수 있다. 하지만 6번이 자신의 우려를 표명할 수 있도록 해 주고 그들의 질문에 대해 충분히 답한다면 충성스러운 6번 유형은 지구 끝까지라도 당신을 따라갈 것이다. 만약 그렇지 않다면 당신은 단독 비행을 하고 있는 것이다.

6번은 성공에 대해서도 복잡한 감정을 느낀다. 성공이 관심만 끌 수 있다는 것을 알기 때문에 승리 직전에 미룰 수도 있다. 6번은 스포트라이트를 받을 때 따라오는 노출을 좋아하지 않는다. 그렇게 되면 공격에 취약해질 수 있기 때문이다. 또한 6번은 경쟁이 치열한 상황에서는 번영하지 못한다. 동료들과 맞붙게 되기 때문이다. 동료를 희생시키면서 승리하는 것은 '의리파'라는 이들의 이름과 어울리지 않는다.

6번은 뭔가에 대해 '생각하는 것'이 그것을 '하는 것'과 동일하고 믿는 이상한 경향이 있다.[45] 이것은 이들이 직장에 있을 때 더 분명하게 나타난다. 따라서 6번에게 당신이 준 프로젝트를 잘 수행하고 있는지 물으면 그것에 대해 계획이나 생각만 하고 있어도 그렇다고 대답을 것이다.

이들에게는 생각과 행동이 똑같은 것이다. 일을 할 때는 6번이 어느 정도 일을 진행하고 있는지 정말 알고 싶다면 더 구체적인 질문을 던져야 한다.

6번은 매우 양심적이기 때문에 너무 많은 일을 떠안는 경향이 있다. 이로 인해 그들은 스트레스를 받거나, 억울한 마음, 비관적인 기분을 가질 수 있다. 모든 것이 너무 압도적으로 부과되면 이들은 과민 반응을 일으킬 수도 있다. 이것은 다른 사람들을 겁먹게 하거나 파문을 일으킬 수 있다. 이런 일이 발생하면 작업을 관리 가능한 단계로 나누어서 그들이 더 많은 것을 위임할 수 있도록 격려해야 한다.


## ✴ 날개

### 지나친 분석과 과잉 정보(5번 날개를 가진 6번-6w5)

이들은 보다 내성적이고, 지적이며, 조심스럽고, 자제력이 있으며, 권위를 가진 사람들에게 충성함으로써 안전을 추구하기 쉽다. 이들은 잘 정의된 신념 체계와 자신들의 가치를 공유하는 그룹에 이끌린다. 가끔은 멀어졌거나 냉담해졌다고 오해할 수도 있는 6w5번은 단지 자신의 프라이버시를 보호하고 혼자만의 활동이나 취미를 추구하는 경향이 있다. 5번 날개를 가진 6번은 혼자만의 시간이 필요하기 때문에 이런 것들은 그들의 불안에 공헌하는 것들에 대한 보다 넓은 관점을 제공해 줄 수 있다. 하지만 이들은 지나치게 심사숙고하고 비생산적인 생각을 하기 때문에 그 반대의 경우도 맞다. 행동은 하지 않고 뭔가에 대해 지나치게 분석만 해서 정보 과잉으로 판단을 하지 못하는 것이다.

### 적당히 모험적이며 적당히 불안한(7번 날개를 가진 6번-6w7)

이들은 유쾌하고 놀라운 사람들이다. 7번(열정가)이 가진 장난기에 비추어 볼 때 이들은 재미있고, 생기 넘치며, 모험적인 면이 있다. 이들은 비록 조금이긴 하지만 기꺼이 위험을 무릅쓴다. 따라서 더 많은 옵션을 수용하기 위해 6번의 경계가 확장된다. 하지만 7번 날개를 가진 6번은 불안감을 완전히 떨쳐 버리지는 못한다. 그러므로 모험이 불운으로 바뀌게 될 경우를 대비해서 차선책을 마련한다. 이들은 5번 날개를 지닌 6번에 비해 훨씬 더 외향적이고, 자신이 사랑하는 사람들을 위해 기꺼이 희생한다.

## ✿ 스트레스와 안전

### 일 중독자가 될 수 있다

6번이 스트레스를 받게 되면 3번의 부정적인 측면으로 이동하게 된다. 그래서 물질적인 성공을 추구하거나 스스로 더 안전한 느낌을 가지기 위해 자원을 비축하는 일 중독자가 될 수 있다. 이 공간에 있는 6번은 자신에 대한 거짓된 모습을 보여 주는 경향이 있다. 그리고 자신의 불안감을 떨쳐 버리고 다른 사람들에게 모두 가지고 있다는 인상을 주기 위해 자기 역량에 대한 이미지를 투사하는 경향도 있다. 그들은 자신들이 잘할 수 있다고 생각되는 일이 아니면 어떤 일도 시도하려 하지 않을 것이다. 이것은 다시 말해 이미 자신이 부족하기 때문에 필요한 위험을 기꺼이 감수하려 하지 않는다는 의미이다.

### 여러 각도에서 삶을 본다

6번이 안전하다고 느낄 때는 9번의 긍정적인 면으로 나아가게 된다. 이들은 자신들의 환경에서 일어날 수 있는 잠재적인 위협에 대해 덜 반응하는 경향을 가진다. 9번이 지닌 평정심의 영향을 받기 때문에 편안한 6번은 재앙에 대해 계획을 짜는 일을 멈추고, 전반적인 삶에 대해 걱정이 줄어든다. 이 공간에서는 더 경쾌하고, 유연하며, 공감을 잘할 뿐 아니라 에너지가 넘친다.

이들은 사람들을 더 잘 수용하고 하나의 앵글이 아닌 여러 각도에서 삶을 바라보게 된다. 그리고 외부의 권위적인 인물이나 단체, 또는 신념 체계에 의지하여 자신의 삶을 해석하기보다는 자신의 직감을 믿는 경향이 높아지게 된다. 6번이 9번의 긍정적인 면과 연결되면 자신을 더 많이 신뢰하고 덜 혹사하게 되어 모든 일이 잘될 것이라는 믿음을 가질 수 있게 된다.

## 🦎 영적 변화

영적 성장을 향한 길에서 6번은 긴장 관계에 있는 두 가지 갈등을 견뎌내야 한다. 우리가 살고 있는 이 문화가 한편으로 안전하다는 것과 다른 한편으로는 완전히 안전한 느낌을 가지고 살 수는 없다는 것이다.

### 삶에 대한 두려움의 패턴을 바꾸라

이 세상 어디에서 우리가 안전함을 느낄 수 있겠는가? CNN을 켤 때마다 우리는 상황실에 앉아 있는 뉴스 앵커가 전하는 '뉴스 속보'들을 끊임없이 접하게 된다. 그는 60초 만에 우리를 놀라게 하는 새로운 뉴스를 전한다. 내가 어렸을 때는 뉴스 속보라는 것이 누군가 핵폭탄 스위치를 누르려 한다는 것을 의미했다. 지금은 킴 카다시안이 협박당하는 것도 뉴스 속보가 된다. 우리의 보험 광고 역시 뼈만 앙상한 한 남자가 교차로에 서 있는 모습과 함께 이런 경고를 던지는 식이다. "문제는 쉬는 법이 없습니다. 당신의 보험도 마찬가지여야 합니다."

나는 내가 은퇴한 후에 어떤 일이 벌어질지 생각조차 하고 싶지 않다. 4번 유형인 나로서는 이런 문제들이 나를 성가시게 하기 때문에 6번이 어떻게 느낄지 상상조차 할 수 없다. 6번은 이런 두려운 메시지나 임박한 재앙을 내면화하기 쉽다. 그래서 근심과 염려가 자기 삶에 엄습하기 전에 이런 패턴과 생각을 다시 한 번 인식하는 것이 매우 중요하다.

## 궁극적으로 '믿음'이 필요하다

6번은 스스로에 대해 덜 의심할 뿐 아니라 더 많이 신뢰하도록 격려를 받을 필요가 있다. 이들은 자신이 알고 있는 것보다 더 강하고 지략 또한 뛰어나다. 다만 잘못된 방법으로 변화하려고 했을 뿐이다. 이들은 용기가 두려움에 대한 해독제일 것이라고 생각하지만 일을 할 만큼 충분히 분발한 것처럼 보이지는 않을 것이다. 그래서 그것은 분명 해답이 될수 없다. 이들이 개발시켜야 하는 것은 '믿음'이다. 이것은 확실성을 필요로 하지 않는다는 점에서 용기와 사뭇 다르다. 6번은 자신보다 더 큰 무언가나 누군가를 믿고 신뢰할 것을 요구한다. 그들은 항상 그들 위에 있을 것이고, 결코 떠나지 않을 것이다. 대신 항상 거기에서 위기에 처한 이들을 지원해 줄 것이다.

6번은 궁극적으로 자신들이 안전하다는 영적 진리를 기억할 필요가 있다. 그렇다고 해서 이들이 재앙이나 재난으로부터 마술같이 보호된다는 의미는 아니다. 다만 영원한 관점에서 볼 때 이 이야기가 잘 마무리된다는 것이다. 이 메시지가 그들의 뼛속 깊은 곳까지 새겨지려면 하나님이 통제하시는 부분과 그렇지 않은 부분이 있다는 것을 인정하고, 무엇을 따를지 결정해야 할 것이다. 모든 일이 계획한 대로 굴러가지 않는다 하더라도 결국 잘 될 것이다.

## 6번의 변화를 위한 10가지 방법

1. 규칙적으로 향심기도를 하거나 묵상을 하는 일은 모든 유형에게 필수적인 것이지만 6번에게는 특히나 중요하다.

2. 권위자와의 관계가 건강하지 못한 쪽으로 흐르려는 것을 항상 주의하라.

3. 자신감과 내적 안내 시스템에 대한 신뢰를 키우기 위해서 일기를 쓰도록 하라. 좋은 결정을 하고 그 열매를 만끽했던 때와 나쁜 결정을 해서 힘들었던 일들을 기록해 보라.

4. 칭찬 뒤에 숨겨진 의도나 동기를 의심하지 말고 있는 그대로 받아들이는 연습을 하라.

5. 선의의 비판자 역할을 하거나 다른 사람들의 아이디어나 계획에 잠재적인 결함이 있다는 것을 지적할 때 잘못 뿐 아니라 그것이 가진 긍정적인 차원도 인정하라.

6. 24시간 뉴스 방송이나 불필요한 걱정과 불안을 부추기는 책 또는 영화를 보는 시간을 줄여 보도록 하라. 이것은 당신의 비관적인 관점을 더 강화시킬 뿐이다.

7. 누군가와 관계를 처음 맺을 때 파트너의 행동이나 헌신에 대해 의심스러운 생각과 느낌이 올라오지 않는지 확인해 보라.

8. 정당한 두려움과 걷잡을 수 없는 불안의 차이점을 구별하는 법을 배우라. 합리적인 두려움은 나름의 가치가 있다.

9. 줄리안 노리치의 아름다운 기도를 반복해서 읽고 외우라. "모두 다 잘 될 겁니다. 모든 일이 잘 될 겁니다. 모든 종류의 일들이 잘 될 것입니다."[46]

10. 두려움이라는 중대한 죄와 상반되는 덕은 용기가 아니라 믿음이다. 이것은 선물이다. 믿음을 위해 기도하라.

# 9. 7번 유형 // 열정가

순간의 재미를 추구하지 말고 과거의 상처와 마주 대하라

그냥 행복한 일들을 생각해 봐.

네 가슴이 날개를 펼치고 날아오를 거야!

-피터 팬(Peter Pan)

## 7번, 나는 이런 사람이다

☐ 1. 나는 항상 모험의 마지막 순간까지 남게 되는 첫 번째 사람이다.

☐ 2. 나는 단점에 대해서 낙천적인 사람이다.

☐ 3. 나는 어떤 일에 대해서 힘들고 급하게 헌신하는 것을 좋아하지 않는다.

☐ 4. 나는 내가 없어질까 두렵다.

☐ 5. 기대는 인생의 가장 좋은 부분이다.

☐ 6. 나와 가까운 사람들은 내가 논쟁적이고 잘난 척을 한다고 말한다.

☐ 7. 다양성과 자발성은 삶의 양념과 같다고 생각한다.

☐ 8. 가끔은 얼른 미래가 오기를 바라는 마음 때문에 내일을 기다리기 힘들다.

☐ 9. 일을 끝내는 것은 내게 어려운 일이다. 프로젝트가 끝나갈 때쯤이면 그 다음 일을 생각하기 시작한다. 그러고 나면 너무 신이 나서 때로는 계속 밀고 나간다.

☐ 10. 나는 보통 무거운 대화나 대립을 피하는 편이다.

☐ 11. 내가 관심을 두고 있는 사람들이 힘든 시간을 보내면 상황의 밝은 면을 보라고 격려한다.

☐ 12. 다른 사람들은 내가 확신에 차 있다고 생각하지만 나 또한 많은 의구심들을 가지고 있다.

☐ 13. 나는 인기가 많고 친구들도 많다.

☐ 14. 일이 꽤 오랫동안 너무 심각하게 돌아가면 나는 종종 재미있는 이야기나 농담을 들려주면서 사람들을 밝게 해 줄 방법을 찾게 된다.

☐ 15. 나는 결별을 좋아하지 않는다. 그래서 대개는 상대가 먼저 헤어지자고 할 때까지 기다린다.

☐ 16. 나는 똑같은 일상에 대해 빨리 지겨워하는 편이며 새로운 것을 시도하고 싶어 한다.

☐ 17. 약간의 노력만 있으면 거의 모든 일이 더 재미있고 즐거워질 수 있다.

☐ 18. 사람들은 실제보다 더 많이 걱정하면서 사는 것 같다는 생각이 든다.

☐ 19. 인생은 사람들이 상상하는 것보다 더 좋은 것이다. 그것은 당신이 스스로에게 어떻게 설명하느냐에 따라 달라진다.

☐ 20. 나는 사람들이 나에 대해 뭔가를 기대하는 것을 좋아하지 않는다.

**· Key Word**

낙천적, 대변인, 외향적, 긍정적, 다재다능, 자발적, 실천적, 충동적

**· 7번 유형인 사람들**

로빈 윌리엄스, 울프강 아마데우스 모차르트

**건강할 때**

이들은 종종 "적을수록 더 좋다"는 것을 안다. 이들은 행복을 만들기 위해 그들이 투자한 에너지에 대해 잘 알고 있다. 그리고 기쁨이 오직 은 혜나 선물로 주어지는 것임도 안다. 이들은 인간 정서의 모든 반경을 껴안을 수 있으며 그들이 원하는 대로의 삶이 아니라 있는 그대로의 삶을 받아들일 수 있는 능력이 커지게 된다. 이들은 고통과 실망을 단지 피하는 것이 아니라 자신들의 삶에 반영할 수 있게 된다. 열정가들이 건강한 공간에 있으면 그들은 재미있고 모험적일 뿐 아니라 영적으로도 든든하고 실제적이며 탄력적이다.

**보통일 때**

이들은 슬프거나 제한적인 것, 또는 실패로 인식될 수 있는 거의 모든 것을 재구성한다. 그리고 가장 부정적인 사건조차도 긍정적인 방식으로 다시 바꾸어 설명한다. 이들은 자신들의 기대가 거의 실현되지 않는 현실에서 슬픔을 찾고 미래 속에서 대부분의 행복을 찾는다. 보통의 7번은 안전함을 느끼고, 그룹에서 자신의 자리를 주장한다. 이들이 인기가 많긴 하지만 헌신이나 프로젝트를 마무리하는 데에 대해서는 큰 어려움을 겪게 된다. 그래서 종종 한 가지 일에서 다음 일로 건너뛰기도 한다.

**건강하지 않을 때**

이들은 자기 자신과 환경을 부적절하게 본다. 그리고 자신들을 딱하다고 느끼며 불공정한 처사를 당했다고 믿는다. 그들은 어떤 대가를 치르고서라도 고통을 피한다. 이것은 무책임한 행동으로 이어지며 즉각적인 만족을 얻으려는 성향을 강화시킨다. 건강하지 못한 7번은 종종 무모하며 잃을 수 있는 것보다 더 많은 위험을 감수하려 한다. 그리고 다른 어떤 번호보다 중독되기 쉽다.

## ❧ 자기 잘못을 코미디로 바꾸는 피터 팬

어느 토요일에 아내 앤은 나에게 얼른 유기농 식품을 파는 홀 푸드에 가서 저녁거리에 필요한 몇 가지 물건을 사다 줄 수 있는지 물었다. 그리고 8살 된 에이단도 함께 갔으면 좋겠다고 덧붙였다. 나는 절대로 구두쇠가 아니지만 홀 푸드에서 식재료를 사는 것은 티파니에서 잔디 깎는 장비를 사는 것만큼이나 경제적으로 부담스러운 일이라고 생각한다. 건강에 관심이 많은 아내는 항상 우리 아이들이 농약이 들어 있지 않은 음식을 먹어야 한다고 주장했다. 그리고 이것은 우리 둘 사이의 논쟁의 핵심이기도 했다. 이것은 정말 문제 될 것이 없었다. 나는 15년 동안 매일 아침에 과자를 아이들의 점심 도시락 가방에 몰래 넣어 주곤 했다. 그 아이들이 남들처럼 평범한 어린 시절을 보내길 바라면서 말이다. 아내는 아직까지도 아이들이 왜 자기보다 아빠인 나를 더 좋아하는지 눈치 채지 못하고 있다. 하지만 나의 이런 불만에도 불구하고 나는 에이단을 데리고 홀 푸드로 향했다.

우리 동네의 홀 푸드 마켓에 들어섰을 때 가장 먼저 눈에 들어온 것은 멋지게 진열해 놓은 사과들이었다. 거기에는 허니크리스피 사과와 갈라 사과를 완벽하게 쌓아 올린 거대한 사과 피라미드가 있다. 쌓인 모습이 정말 인상적이고 예술적이어서 조각가 앤디 골드워시가 디자인한 것은 아닐까 궁금할 정도이다. 여느 남자 아이들과 마찬가지로 에이단이 그날 가장 먼저 한 일은 그것을 향해 돌진한 것이다. "그 사과는 만지면 안 돼!" 나는 큰 소리로 외쳤다.

놀란 에이단은 곧장 사과 진열대에서 뒤로 물러섰다. 그리고 나는 아몬드 우유가 어디에 있는지 찾기 시작했다. 그런데 5초도 안 되어서 둔탁한 '쿵' 소리가 나더니 곧 이어 더 낮은 톤의 쿵쿵 소리가 들려왔다. 그것은 흡사 캠핑 텐트 위로 테니스공들이 떨어지는 소리와 같았다. 같이 있던 고객들의 '헉' 하는 소리와 함께 고함치는 소리가 뒤섞였다. 사람들을 헤치고 가보니 에이단이 바닥에 엎드려 굴러다니는 사과를 필사적으로 잡으려 애쓰고 있었다. 아빠가 오기 전에 그것을 다시 원래대로 쌓을 수 있다고 생각한 모양이다.

에이단은 겁에 질려 있었다. 내가 다가가자 마치 진노하는 하나님의 손에 잡힌 죄인처럼 충격을 받은 표정이었다. 하지만 그러고 나서는 마치 사형 집행을 받으려다 최후의 순간에 유예된 사람처럼 씩 웃더니 벌떡 일어섰다. 그리고 춤을 추기 시작했다.

내가 말하는 춤이라는 건 1962년 아폴로 극장에서 제임스 브라운이 보여 주었던 동작을 말한다. 나는 천진난만한 표정으로 이리저리 움직이는 에이단을 지켜보았다. 여덟 살짜리가 어디서 그런 걸 배운 것인지? 마치 사과 무더기 속에서 "산다는 건 좋은 거야"라고 적힌 티셔츠를 입은 채 낄낄거리고 있는 어린아이 같았다. 하지만 그런다고 해서 아버지의 분노를 진정시킬 만한 것은 거의 없었다. 에이단이 작은 엉덩이를 내밀고 몸을 비비 꼬는 모습을 보면서 나는 다른 사람들처럼 웃음을 참을 수가 없었다. 어떻게 그런 아이를 나무랄 수 있겠는가? 그 짧은 삶에서 에이단은 자기 잘못을 코미디로 바꾸고 말았다.

지금은 갓 입학한 대학생이 된 그는 홀 푸드에 갈 때마다 사과 진열대 앞에서 문 워크를 하며 그때의 일을 떠올리게 한다. 그때의 일을 생각하면 지금도 웃음이 나온다. 그는 에니어그램에서 전형적인 7번 유형이다.

## ⚹ 7번의 중대한 죄

나는 7번이 되고 싶다. 건강한 7번은 에니어그램에서 내가 가장 선호하는 유형이다. 7번은 삶에 대한 무한한 사랑과 기쁨을 구현한다. 이들은 대부분 아침에 일어나면 마치 눈 내린 날의 아이들처럼 그날의 삶에 뛰어든다. 반면에 나는 그들처럼 순진하지 않다. 에이단 뿐만 아니라 나의 가장 친한 친구들 중 많은 이들이 에니어그램의 7번 유형이기 때문에 나는 그들의 어두운 면에 대해서 너무나 잘 알고 있다. 에니어그램의 다른 모든 번호가 그러하듯 그들의 성격에서 가장 좋은 것이 가장 나쁜 것이다. 그들이 받은 선물은 그들의 저주이기도 한다.

## 피하고 싶은 욕구들

겉보기에는 생동감 넘치는 7번이지만 한 꺼풀을 벗겨 보면 그들 안에는 고통을 피하고 싶은 욕구들이 드러난다. 아주 강하게 말할 수는 없지만 7번은 불쾌한 감정, 특히 그들의 가장 중심에 새겨진 두려움과 공허의 소용돌이를 느끼고 싶어 하지 않는다. 어느 누구도 두려움이나 슬픔, 따분함, 분노, 실망, 좌절 같은 감정을 느끼는 걸 좋아하지 않는다. 하지만 7번은 이런 감정들을 견딜 수 없어 한다.

폭식이 7번의 치명적인 죄라는 것을 배웠을 때 나는 내가 분명 7번 유형일 것이라고 생각했다. 나와 일주일만 같이 이탈리아에서 지내보면 내가 왜 그렇게 생각했는지 알 수 있을 것이다. 하지만 7번의 경우, 탐식의 죄는 음식을 좋아해서 생기는 문제가 아니다. 그들이 폭식을 하는 이유는 고통이나 상처 입은 기억, 만성적인 박탈감에서 벗어나기 위함이다. 그들은 음식을 먹으면서 긍정적인 경험을 탐하고 좋은 생각을 자극시킨다.

7번은 자극을 원한다. 그들 중 한 명에게 어느 정도면 만족하겠냐고 묻는다면 "조금만 더"라고 대답할 것이다. 그것이 문제다. 그들은 절대로 만족할 줄 모른다. 적어도 7번의 게걸스러운 식욕은 절대로 충족될 수 없다. 정신과 의사이자 작가인 게이버 메이트(Gabor Maté)는 중독자들을 "굶주린 유령"에 비유한다. 그들은 "삐쩍 마른 목, 작은 입, 여윈 팔다리, 크고 부푼 굶주린 배"[47]를 가진 매혹적인 피조물이다. 그것은 귀신 같이 생겼지만 7번의 딜레마를 적절하게 묘사하고 있다. '굶주린 유령'처럼 7번은 자신들의 내적 혼란에 다음과 같은 방법으로 대처한다. 흥미로운 아이디어들을 실컷 만끽하거나, 물질적 소유에 대한 선택권을 획득하거나, 일정표에 여러 가지 활동과 모험을 꽉꽉 채워 넣거나, 신나는 가능성들로 가득한 미래에 대해 공상하거나 무모해 보이지만 원대한 계획을 세움으로써 그 혼란을 잠재운다.

에니어그램 이론에 따르면 식탐과 과음의 반대말은 맨 정신이다. 7번에게 맨 정신은 술을 마시지 않는 것을 의미하지 않는다. 오히려 속도를 낮추고, 현재의 순간을 살며, 자기 절제를 연습하며, 불안한 '원숭이 마음(원숭이가 이 나뭇가지에서 저 나뭇가지로 뛰어다니는 것처럼 이 일에서 저 일로 한시도 쉬지 못하는 분주한 마음-역주)'에서 벗어나 평범한 삶을 영위하는 것이다. 당신도 알다시피 우리와 같은 일반 시민들이 늘 해야 하는 것들 말이다.

### 두려움을 이기는 방법

우리는 모두 고통으로부터 자신을 보호하는 방법을 가지고 있다. 7번의 경우 모든 일을 활발하고 긍정적으로 유지함으로써 자신을 보호한다. 7번이 항상 스스로에게 묻는 질문은 이런 것이다. '지금 이 순간 가능한 즐거운 경험을 많이 채우려면 어떻게 해야 할까?' 그들이 찾는 만족의 근원은 자신들 안이나 현 순간에서는 결코 발견되지 않는다. 그것은 항상 외부에 있고, 먼 미래에나 있다. 항상 이들의 머릿속에는 시도해 보지 않은 어떤 것, 더 해야 할 어떤 것, 새롭게 계획해야 할 공적들이 있다.

이 모든 열광적인(흥분된) 행동은 자신에게 엄습한 불안감과 손실들을 인식하고 통합하기보다 오히려 주의를 돌리기 위한 방법이다. 대부분의 사람들은 유쾌하지 못한 기분이나 진실을 피할 수 없다는 것을 알고 있다. 하지만 7번은 아니다. 그들은 언제까지나 그것을 능가할 수 있다고 믿는다. 리처드 로어가 말했듯이 "7번은 수난의 금요일은 없고 언제나 기쁜 부활절만 있는 삶을 상상하려고 애쓴다."[47]

당신은 이해하기 어렵겠지만 7번은 어느 모로 보나 5번이나 6번만큼 두려움을 느끼는 유형이다. 그들이 서로 다른 점은 두려움에 대항하는 방법의 차이일 뿐이다. 5번은 지식을 통해 두려움을 피하고, 6번은 비관론을 통해서, 마지막으로 7번은 지칠 줄 모르는 낙관주의를 통해서 두려움을 피한다.

만약 당신이 내게 3분의 시간을 주면서 7번의 대처 전략을 설명해 보라고 한다면 나는 "왕과 나"라는 뮤지컬에 나오는 "나는 행복한 노래를 부르지"[48]라는 노래의 몇 소절을 부르는 것으로 이를 대신할 것이다.

두려움이 엄습할 때마다
나는 머리를 꼿꼿이 세우고
행복한 노래를 부르지
그러면 아무도 내가 두려워한다고 의심하지 않을 거야

7번과 함께 있을 때도 마찬가지다. 부정적인 느낌이 들라 치면 그것을 거부해 버리는 7번의 결정 때문에 진정한 자신의 모습은 희생되고 만다. 그들은 다른 사람들 뿐 아니라 자기 자신까지도 속인다. 아무리 많은 소설적 경험을 쌓고 신나는 모험을 즐긴다 하더라도 그 공허감을 채울 수 없을 것이다.


## ✿ 7번에 대한 모든 것


내일을 위해서 살며, 피할 수 없는 오늘의 슬픈 시련에는 눈을 감아 버리는 것은 삶을 살아가는 좋은 방법으로 들릴 수도 있다. 그리고 분명 7번이 가진 꿋꿋한 낙관주의가 선물이 되는 때가 있다. 그러나 때로는 그런 행동들이 자기 자신이나 자신을 사랑하는 사람들에게 문제를 일으 킬 수도 있다.


**고통을 피하고 싶어 한다**

7번은 그들이 고통으로부터 벗어날 수 있다고 생각한다. 한번은 친 구인 줄리엣에게 7번에게 있어서 인생은 어떤 것인지 설명해 달라고 부 탁했다. 그녀는 그중에서 특히 부정적인 감정에 대처하는 방법을 이야기 해 주었다. 그것은 사색을 통해서 가능하다는 것이다. "걱정이나 스트레 스라면 내 마음속에서 생각할 수 있는 것이기 때문에 다루기가 훨씬 더 쉬워요. 반면 실망이나 고통, 슬픔 같은 감정들은 실제로 그것을 느껴야 하는 것이기 때문에 훨씬 더 힘들어요."

줄리엣에게 전문적인 치료를 받은 적이 있냐고 묻자 그녀는 웃으면서 이렇게 말했다. "네, 하지만 카운슬러가 고통스러운 주제들에 근접해서 뭔가를 시도하려 할 때마다 바보처럼 농담이나 웃기는 이야기를 해 버리게 되더라고요. 부정적인 감정이나 주제를 피하려 드는 약한 아이들처럼 말이에요."

7번은 고통이나 자기 성찰을 피하기 위해 그곳을 떠나 버린다. 하지만 이것들은 대부분의 다른 유형보다 훨씬 더 7번의 성장에 꼭 필요한 자기 인식을 하게 해 주는 요소들이다.

하지만 이들이 고통을 피하는 방법들은 정말 재미있다. 앞서 말한 홀 푸드에서의 일화처럼 7번의 첫 번째 방어선 가운데 하나는 그들이 지닌 매력이다. 화가 난 부모나 선생님, 코치들은 장난을 좋아하는 7번 요정들을 훈계하는 것이 거의 불가능하다는 것을 알게 된다. 그들은 어떤 상황에서든지 이 모든 것을 모면하는 말을 할 수 있다. 만약 아담과 하와가 7번 유형이었다면 우리는 여전히 에덴동산에 살고 있었을 것이다.

감정적으로 너무 괴롭거나 극심한 상황이 되면 7번은 약간 긴장을 풀고 싶은 충동을 느낄 것이다. 이들은 가령 추도 연설을 하는 동안 슬쩍 얼굴을 찡그리게 할 농담을 던진다거나, 영화의 슬픈 장면에서 걷잡을 수 없이 웃어댄다거나, 상사가 해고 명단을 발표하는 동안 딸꾹질을 하여 사람들을 산만하게 만드는 사람들이다. 7번이 불안이나 받아들이고 싶지 않은 감정을 다루기 위해 선택하는 방법은 교실에서 광대가 되는 것처럼 인기를 얻을 수 있다. 그러나 그들의 미성숙한 행동과 사람들이 말하는 진실(지적으로 부족하고 정서적 깊이가 없다) 사이를 연계할 수는 없는 것 같다. 그들이 자신의 일을 하지 않는다면 성인이 되어서는 얕은 물에서만 논다는 평판을 받게 될 것이다.

마지막으로 내가 원했던 것은 7번이 없는 세상이다. 그들은 훌륭한 사람들이지만 그것은 인생이 번뇌와 황홀한 순간으로 이루어져 있다는 사실을 직시할 줄 알게 되었을 때 그렇다. 문제는 피터팬으로 머물고 싶어 하는 사람들이 너무 많다는 것이다. 그들은 결코 자라고 싶어 하지 않는다.

### 중독에 취약하다

일주일에 몇 번씩 나는 알코올 중독자 모임에 참석한다. 거기에서 7번 유형들이 한 자리에 모인 모습을 볼 수 있는 것은 아니다. 이처럼 모든 7번이 중독자가 되는 것은 아니다. 하지만 이들의 충동성과 만족을 지연시키지 못하는 성향이 어떤 대가를 치르더라도 고통스러운 감정에서 달아나려는 마음과 결합되면 그들은 에니어그램의 다른 어떤 번호보다 중독적인 성향이 높아질 수 있다. 와인 한 병이나 포르노 한 편, 옥시콘틴(효과가 모르핀과 유사한 진통제) 한 줌, 카드 게임, 아이스크림 한 통, 폭풍 쇼핑만 있으면 쉽고 빠르게 고통에서 벗어날 수 있는데 왜 끔찍하고 무서운 감정의 홍수로 고통 받는가?

"제가 알코올 중독자는 아니지만 파티에 갈 때마다 우울한 대화로 나를 끌어들이고 싶어 하는 이요르(곰돌이 푸에 나오는 당나귀-역주) 같은 사람을 만나면 그와 나 사이에 보호벽을 치기 위해 와인 세 잔을 다 비우고 있는 나 자신을 보게 되었어요." 줄리엣이 말했다. "저는 나를 다운시키는 어떤 사람이나 그 어떤 것도 정말 좋아하지 않아요."

나의 생각에는 7번에 특히나 포르노 중독에 취약한 것 같다. 부정적인 느낌을 무디게 하는 에로틱한 러시를 즐기면서 거기에 덤으로 책임을 지거나 헌신할 필요도 없이 누군가와 친밀한 경험을 하게 된다고 생각해 보라. 7번이 유혹을 받을 만 할 것이다. 도박도 특히나 7번에게는 비슷한 유혹이다. 7번은 본성적으로 낙천적인 사람들이다. 이 때문에 그들은 다음번에는 돈을 벌 수 있다고 확신하거나 돈을 잃어도 다음번에는 운이 바뀔 것이라고 생각한다. 도박은 신나는 가능성과 미래의 행운을 보여주는 것이어서 마음을 끌어당길 뭔가를 찾고 있는 7번에게는 아주 강력한 유혹이 된다. 내가 말했듯이 모든 7번이 중독에 빠지는 것은 아니지만 항상 조심할 필요가 있다.

### 대변인들이다

7번은 '재구성'의 달인들이다. 이들은 눈 깜짝할 사이에 고통스런 느낌을 피해서 나쁜 상황을 긍정적인 것으로 개조할 수 있다. 만약 당신과 내가 똑같은 것을 경험했다면 무척 고통스러웠을 일도 새롭게 바꾸는 것이다. 이런 방어 기제는 즉각적이고 무의식적이며 무척 인상 깊은 것이다.

내 친구 밥은 한때 세계에서 가장 인기 있는 뮤직비디오 제작자 중의 한 사람이었다. 그러다가 그 일이 싫증나고 넌더리가 났다. 반라의 여자가 끔찍한 음악에 맞춰 춤을 추는 4분짜리 비디오를 제작한 후에 그는 두 번 다시 비디오를 만들지 않을 것이라 다짐했다.

최근 점심을 먹으며 밥은 다시 비디오를 찍기로 했다며 자신이 했던 맹세를 몇 달도 못 지키게 되었다고 말했다. 그는 "그냥 돈이 너무 좋아서 비디오 의뢰를 포기할 수 없었어"라고 말했다.

그날 아침 그 작가의 매니저가 전화를 걸어서 그의 자료 영상을 보면서 너무 실망했으며 비디오를 다시 찍기 위해 다른 감독을 고용할 것이라고 말했다. "솔직히 말해서, 일이 이렇게 된 것이 축복 같다는 생각이 들어." 밥이 설명을 이어갔다. "내가 뮤직 비디오 찍는 일을 멀리하고 계속해서 다른 새로운 일을 하라고 하나님이 확인해 주셨다는 마음이 들거든."

밥과 나는 오랜 친구이자 그도 역시 에니어그램에 꽤 정통한 사람이다. 그래서 나는 그에게 그 전화에 대한 반응이 나쁜 일을 좋게 치장하려는 7번의 전형적인 예가 아니냐고 물었다. 그는 내 질문에 대해 이리저리 말을 돌리더니 결국 웃으면서 이렇게 말했다. "나는 항상 밝은 희망으로 가득 찬 사람이잖아."

"그 일을 놓친 것에 대해 네가 어떤 감정을 느끼는지 관심을 가져야해." 내가 말했다.

"네가 한 말에 대해 잘 생각해 볼게." 그는 머리형 인간이 할 수 있는 가장 완벽한 답변을 했다.

7번이 이성적인 면모를 보이기 시작하면 깜짝 놀라게 될 것이다. 그들이 이기적으로 행동했거나, 나쁜 태도를 보인 것에 대해 지적하거나, 또는 멍청한 결정을 내린 것에 대해 주의를 주면, 그들은 바리케이드에 올라가 목숨을 걸고 자신의 입장에 대한 합리적인 이유를 댈 것이다. 그들은 자신이 원하는 일이면 그것이 얼마나 큰 비용이 들던 상관없이 백만 가지 그럴싸한 이유를 생각해 낼 것이다. 정당화를 위한 그들의 장황한 설명은 그들만의 전략에 지나지 않는다. 현명하지 못한 결정을 내린 것에 대해 어리석었거나 이기적인 것이 아니었을까 하는 죄책감을 느끼지 않으려는 것이다.

이들은 영리하고 뭐든 빨리 배우기 때문에 자신의 재능이나 이해력, 성취에 대한 과장된 감각을 부풀릴 수 있다. 그리고 오만하게 될 수 있다. 이들은 토론하는 것을 좋아하는데 매우 또렷한 발음과 발 빠르게 대응하는 민첩성 때문에 토론에서 밀리는 일이 거의 없다. 토론의 주제에 대해서 상대방보다 덜 알고 있을 때조차 그렇다. 그리고 이런 우월감 때문에 어려움을 겪을 수 있다.

7번은 탈출의 달인들이다. 이들은 항상 삶이 따분해지거나, 불편해지거나 무섭게 될 때를 대비하여 거기에서 빠져나올 예비 계획안이 필요하고 그런 것을 준비할 것이다. 한번은 밤에 밥과 같이 영화를 보러 가는 중이었는데 가는 길에 아트 갤러리를 지나게 되었다. 그곳에는 사진 전시회 개막전을 보려고 많은 사람들이 모여 있었다. "완벽하군!" 그가 말했다. "영화가 너무 형편없으면 저기 가서 머리를 식히면 되겠어." 그의 기발한 생각에 정말 놀랄 뿐이었다.

### 어딘가에 매이고 싶어 하지 않는다

이들에겐 유연성이 필요하며 장기간 무언가를 하는 것을 피해야 한다. 또한 옵션이 있는 약속을 해서도 안 된다. 아내와 나는 우리 아이들이 성장할 때 에니어그램을 알지 못했던 것이 너무 후회가 된다는 말을 종종 한다. 에이단이 5학년 때 드러머의 가능성을 보여 주었지만 우리가 학교 밴드에 가입하라고 제안할 때마다 그는 발끈했다. 방과 후에 일주일에 두 번씩 밴드 연습에 참석해야 하는데 그것이 재미있기보다는 자발적인 감금처럼 느껴진 것이다. 앤과 나는 결국 에이단에게 딱 한 번만 시도해 보라고 설득했다. 그 후 에이단의 반응은 우리가 예측한 대로였다. "밴드부는 정말 싫어요." 그는 불평을 쏟아냈다. "감독 선생님은 저더러 다른 학생들처럼 악보대로 스틱을 두드려야 한다고 말씀하셨어요. 저는 그냥 즉흥적으로 하는 게 더 좋아요."

개인적인 경험에 따르면 악보에 적힌 대로 연주하는 것을 좋아하지 않는 게 많은 7번의 패턴이라고 말할 수 있다. 헬렌 파머는 7번이 삶에서 가장 좋은 가능성을 즐긴다고 하여 이들을 '에피쿠로스'(쾌락주의자)[50]라고 부른다. 내 말을 믿을 수 없다면 7번과 같이 저녁을 먹어 보라. 그들은 보통 특별한 무엇인지 가장 먼저 냄새를 맡는 사람이다. "이 신성한 불 냄새, 카레 냄새가 정말 좋지 않나요?" 그들은 얼굴에 행복이 넘치는 표정을 지으며 즐거워할 것이다.

7번이 정말 넋을 잃은 모습을 보고 싶다면 뷔페 스타일의 레스토랑에 데려가 보라. 그들은 줄을 서서 모든 음식을 조금씩이라도 맛을 봐야 직성이 풀리는 사람들이다. 만약 예전에 갔던 식당에 다시 간다면 분명히 지난번에 시켰던 요리를 두 번 시키지는 않을 것이다. 아무리 좋아하는 것이라도 말이다. 뭔가 색다르고 신나는 것을 시도할 수 있는데 왜 같은 음식에 돈을 쓰겠는가?

## 새로운 모험을 위해 산다

7번은 앤디 워홀이 "무언가를 기다린다는 설렘은 많은 흥분과 재미를 준다"라고 말한 의미를 정확히 알고 있다. 이처럼 즐거움을 찾는 사람들은 기다림의 맛을 안다. 그들에게 식사나 파티, 또는 여행의 백미는 그것이 이루어질 때가 아니다. 오히려 그 일이 자신 앞에 도달하기 전까지 기대할 때 느끼는 스릴이다. 이런 이유로 7번은 프라임 립이 담긴 접시가 나타나거나, 파티의 손님이 도착하거나, 또는 실제로 에펠 탑 앞에 서 있을 때 약간의 실망감을 느끼기도 한다. 실재는 어떻게 해도 그들의 기대에 부응할 수 없다. 기다릴 때가 즐거운 것이지, 실제로 욕구가 충족되면 그다지 즐겁지 않은 것이다.

7번은 자신들의 스케줄에 균열이 생기는 것이 싫어서 항상 해야 할 일이 무엇인지 확인한다. "전 무슨 일이 있는지 보기 위해 계속 달력을 들여다보면서 불안해요." 내 친구 줄리엣은 내게 이렇게 털어놓았다.

에이단은 고등학교 2학년 때 이탈리아로 가서 고전을 공부했다. 귀국하기 몇 주 전 그는 우리에게 전화를 걸어 옥스퍼드대학에서 열리는 고전학 관련 여름프로그램이 있다고 말했다. 그는 "그 프로그램은 제가 대학교에 지원할 때 큰 도움이 될 것 같아요. 뿐만 아니라 이곳 이탈리아에서 영국으로 가는 비행기 값도 지금 굉장히 싸요"라고 말했다. 나는 합리화의 챔피언인 에이단이 지금 무엇을 하려는지 정확하게 알았다. 친구들과 작별 인사를 하는 것이 슬프고, 게다가 집으로 돌아와 학업을 이어갈 생각을 하니 싫었던 게다. 그래서 인터넷으로 다른 모험을 찾아다녔던 것이다.

불행하게도 7번은 지금 이 순간에 머무는 것에 대해서는 너무 많은 어려움을 겪고 있다. 그들은 이미 다음 것을 생각하며 계획을 세우고 있기 때문에 지금 이 순간의 모험을 충분히 즐기지 못한다.

## ❧ 7번의 어린 시절

7번은 자신들의 어린 시절에 대해 종종 나무그네를 타거나 헨리 삼촌과 함께 낚시를 하며 보낸 나른한 여름날의 오후, 눈사람을 만들던 겨울, 야외에서 캠핑을 하며 보냈던 날들 등을 떠올린다. 하지만 그 말이 정말인지는 아무도 모른다.

만약 7번이 당신에게 자신의 어린 시절에 대해 마음을 터놓고 이야기할 수 있다면 그들은 좌절감을 느끼고 아무런 지원 없이 버려진 것 같은 느낌을 가졌을 때의 일에 대해 묘사할 것이다. 가령, 엄마 아빠가 곁에 와 앉으며 이혼을 발표하던 날 밤의 기억이나, 중병에 걸린 동생 때문에 수년 간 엄마의 애정이나 관심을 받지 못했던 이야기나, 너무 급하게 이사를 하는 바람에 친구들에게 안녕이란 인사도 못한 채 헤어졌던 시간들, 누군가의 죽음으로 버려진 듯한 기분이 들었던 때와 같은 이야기들이다.

7번은 성장하면서 다음과 같은 상처의 메시지를 듣는다. "너는 혼자란다. 너를 돌봐 주거나 지원해 줄 사람은 여기에 아무도 없어." 이에 대해 7번은 "아무도 도와주지 않는다면 내가 해야 하겠네요"라고 반응한다. 이들은 누군가에게 의존할 필요성을 줄이거나, 일어날 수 있는 모든 재앙을 예측하려 함으로써 이 문제를 다루고 해결했다. 반면 동일한 위기에 대해 어린 7번들이 사용하는 전략은 고통이 없어질 때까지 숨어서 행복한 생각을 하고 고통에서 자유로운 네버랜드를 창조해 낸다.

근본적인 요인과는 관계없이, 7번 아이들은 자신들의 머릿속으로 들어가는 전략을 택한다. 머릿속에서 모험을 계획하고, 마음을 사로잡는 아이디어를 간직하며, 자신이 느끼는 무서운 감정이 자신들을 제압하지 못하도록 분산시키기 위해서 하지 못할 것이 없는 상상의 삶으로 숨는다. 7번 아이들은 단순히 피터팬과 함께 지내며 즐거워하는 것이 아니다. 이들은 정말 마술을 믿는다. 그들은 자기 방이나, 뒷마당, 또는 차 뒷좌석의 상상의 장면 속에 살고 있다. 그리고 다른 아이들과 함께 놀면서 행복해 하고 혼자일 때 만족한다.

7번을 정의하는 것은 호기심이다. 그것은 그들 자신과 세상에 주는 은사 가운데 하나이다. 하지만 끝이 없는 호기심은 문제가 되기도 하다. 규칙이라는 것은 반드시 필요한 것이지만 7번 아이들은 제한하는 것을 견딜 수 없어 한다. 울타리 너머의 잔디밭은 항상 더 푸르게 보이는 법이다. 이들이 어떤 식으로든 제한이나 제지를 받게 되면 이들은 자기 머릿속으로 물러나 그 제한이 해제될 때까지 필요한 모든 신나는 것을 상상할 것이다.

7번 아이들은 성취 지향적이기보다 경험 지향적이다. 이들은 보이스카우트의 신나는 면을 좋아하지만 배지를 얻거나 목표를 향해 나아가는 데는 별로 관심이 없다. 그들이 게을러서가 아니다. 사실 게으름과는 거리가 멀다. 7번은 항상 쉬지 않고 움직인다. 그들은 더 오래 머물러 놀고 싶어 하는 아이들이다. 이들의 세계에서는 매일 매일 무한한 에너지가 샘솟는다. 그리고 결코 멈추고 싶어 하지 않는 것 같다.

어린 7번들은 정서적으로 이미 부정적인 느낌을 부인하는 기술을 배웠다고 할 수 있다. 이 아이들에게는 좋은 기분과 나쁜 기분이 선택할 수 있는 무엇처럼 보인다. 그래서 다른 사람들이 슬퍼하는 모습을 보면서 혼란스러워한다. 이들은 부정적인 것에서 벗어나 무엇이든 긍정적인 쪽으로 나아간다. 그것이 행복한 이야기를 만들기 위해 자신들을 경험을 재구성하는 걸 의미한다 하더라도 말이다. 7번은 어린 시절 초기의 고통과 두려움에서 벗어나는 법을 배운다. 그리고 그 전략을 성인이 되어서도 사용한다.

## ☙ 7번의 인간관계

7번은 결코 지루할 시간이 없다. 다른 어떤 유형보다도 이들에게 자발성이 필요하다. 이들은 다음 번 장난에 대해 말하면서 또 다른 모험을 할 계획을 세우고 당신에게 같이 참여할지 말지 묻는다. 그것이 전혀 새로운 나라의 전통 음식점에서 즐기는 이국적인 밤이든, 스카이다이빙이든지, 박물관에서 열리는 입체파 미술에 관한 강연이든, 오페라의 밤이나 장거리 자동차 여행이든 상관없이 7번은 "조수석은 내가 찜!"이라고 맨 먼저 외치는 사람들이다. 만약 당신이 예고 없이 어딘가로 떠날 준비가 되어 있지 않다면 7번과의 관계가 계속되지 못할 것이다.

7번은 관계에 국한되어 엮이고 싶어 않는다. 이들은 전통적인 헌신을 싫어한다. 7번에게는 '갇힌 것'과 '헌신'이 같은 말인 것처럼 보이고 느껴진다. 헬렌 파머가 관찰한 것처럼 그들은 독립성을 소중하게 여기기 때문에[51] 관계에서의 헌신이 당신이 그들에게 부과한 것이라기보다 오히려 자신들의 생각이라고 믿게 해야 한다. 장기적으로 볼 때 그들 중 얼마는 좋을 때나 힘들 때나 파트너와 함께하는 것을 힘들어하기도 한다.

만약 7번과 예전에 헌신적 관계를 맺었거나 지금 맺고 있다면 그들이 훌륭한 동료라는 것을 잘 알 것이다. 스토리텔링의 화법 때문에 이들이 자신에게 벌어진 어떤 일을 신나게 말하기 시작하면 사람들은 그들 주위로 몰려들어 하나의 그룹이 만들어지기도 한다. 이들은 항상 당신의 내면의 삶에 대해 관심이 많다. 그리고 당신의 인생 이야기를 듣고 싶어 할 것이며 자신들의 흥미진진한 세계로 끌어들이고 싶을 것이다. 하지만 그들이 당신의 삶에 대해 관심을 가지고 매력을 느끼는 이유는 정말 관심이 있어서라기보다는 그들의 탐식의 증상에 지나지 않는다. 그럼에도 불구하고 7번과의 관계는 시간이 지남에 따라 계속 발전해야 할 것이다. 그렇지 않으면 그들이 비상구를 찾기 시작할 것이다.

7번은 갈등 속에서 일어날 수 있는 나쁜 감정을 두려워하여 그것을 부정하려고 한다. 당신은 7번이 뭔가 효과가 없다는 사실을 직시하기 전에 관심을 쏟아야 할지도 모른다. 물론 7번이 당신에게 장기간 헌신을 할지 말지 결정하지 못하는 중요한 순간이 온다.

어떤 7번들은 관계의 끝이 매우 힘들 수도 있다. 이별과 관련하여 슬픔을 극복하거나 억누르는 것이 어렵기 때문이다. 하지만 어떤 7번은 부정적인 느낌이 전혀 없이 헤어질 수 있었다고 말하기도 했다. 이런 감정의 억압으로 인해 일부 7번들은 냉담하거나 공감하는 능력이 부족해 보일 수 있다.

7번은 항상 자신들의 선택권을 열어 놓고 싶어 한다. 만약 당신이 이들에게 금요일 저녁에 같이 식사하지 않겠냐고 물어보면 7번은 나중에 다시 연락하겠노라고 말할 것이다. 어쨌든 누군가가 그들에게 더 흥미로운 무언가를 제안한다면 어떻게 될까?

그래서 7번의 친구들은 한 번 이상 그들에게 버림받은 것 같은 느낌이 들었다고 말한다. 그들은 사회생활을 하면서 과도한 약속을 만드는 경향이 있다. 스케줄이 비어 있을 때 느끼는 지루함을 소름끼칠 정도로 싫어하기 때문이다. 때로는 익숙하고 잘 정립된 관계가 가장 나중 순위로 밀리기도 한다. 새로운 친구들을 만날 때 느끼는 유쾌한 경험을 쫓아가기 때문이다.

사람들은 7번과 함께 활동을 할 때 이들로부터 전염성 강한 열정을 공급받기 때문에 무의식적으로 이들에게 기댄다. 우리는 최근에 이탈리아로 가족 여행을 하면서 이 사실을 알아냈다. 우리는 매일 아침 식사를 하면서 그날 하루의 활동을 계획했다. 하루는 플로렌스에 있을 때인데, 에이단이 아르모 강에서 곤돌라를 타고 싶다고 말했다. 반면 나머지 가족들은 계단을 통해 피렌체 대성당의 정상까지 올라가는 것에 표를 던졌다. 대부분의 7번처럼 에이단은 다른 사람들이 자신의 계획에 호응해 주지 않으면 성미가 고약해지곤 하는데 그날은 어깨를 으쓱하며 함께 가기로 동의했다.

피렌체 대성당의 정상까지는 463개의 매우 가파른 계단이 있다. 평소처럼 상태가 좋았다면 에이단에게 이 정도 여정은 매우 가뿐한 일이었을 것이다. 농담을 던지거나 우리보다 먼저 달려가면서 뒤에 있는 우리에게 빨리 오라고 소리 쳤을 것이다. 하지만 그날은 에이단의 상태가 아이스크림이라기보다는 오트밀에 가까웠다. 에이단은 시무룩한 표정을 짓지도 않았고 복수를 하지도 않았다. 그냥 평소와 달리 그 특유의 열정이나 에너지가 없어 보였다. 에이단이 가진 독특한 열정의 혜택 없이 두오모 정상을 오르는 일은 마치 산소통 없이 에베레스트를 등반하는 느낌이었다.

우리 아이들은 에니어그램에 대해서 잘 알고 있는 편이다. 그래서 그날 밤 저녁 식사를 하면서 그의 열정적인 정신에 우리가 얼마나 많이 의지하고 있는지, 얼마나 많은 유익을 얻고 있었는지에 대해 이야기했다. 에이단이 더 이상 우리 가족의 유머 담당이 될 필요가 없다고 확신했다. 하지만 우리는 거기서 많은 교훈을 얻었다. 다음 날 아침부터는 에이단이 하자고 하는 일이면 피사의 사탑이라도 똑바로 세우러 가자고 의견을 모았다. 에이단이 가버리면 햇빛도 사라짐을 우리는 이제 안다.

7번은 지루함을 참느니 차라리 유리를 씹어 먹을 것이다. 7번이 과하게 활동적이고 지나치게 말이 많아진다면 평소보다 바빠 생각 속을 달리거나 성질이 고약해진다는 것이다. 내 친구 중에 어린 두 아들을 키우는 사람이 있는데 그들은 종종 할 일이 없을 때 날뛰는 경주마처럼 집 주변을 달리곤 한다. 그 아이들을 멈추게 하려면 열 번 정도 심호흡을 하고

"지금 당장 이리로 와라"라는 말을 반복해야 한다. 이와 비슷하게 성인인 7번이 미친 듯이 뛰어다니거나 하나의 프로젝트를 끝내지 않고 다음 프로젝트로 넘어가려 한다면 그들의 친구나 파트너가 이렇게 말해 주어야 한다. "정신 차려."

그들은 다른 사람들의 삶에 매료되는데 이해하기 어렵지만(반직관적으로) 고통 받는 사람들에게 끌린다. 이것은 마치 고통 받는 사람들이 자신이 열망하던 감정적 깊이를 지니고 있다는 것을 본능적으로 알지만 어떻게 개발할지 모르는 것과 같다. 또한 고통이 더 깊이 있는 인생으로 들어가는 유일한 지점이라는 사실을 직면하고 싶지 않을 수도 있다. 보다 명확하게 말하자면 7번은 감정의 어두운 공간으로 들어갈 수는 있지만 그들이 탈출하기 전까지만 머물 수 있다. 많은 7번들은 고통을 피해야 하는 자신의 욕구에 대해 설명할 때 멈칫하며 망설인다. "저는 항상 우울한 영화 음악을 들으면서 혼자만의 시간을 가지거나 제 인생에 대해서 생각하고 있어요"라고 항변한다. 이 말은 사실이다. 때때로 7번은 슬픔의 강물 속에 자신의 발을 담그기를 선택하지만 그것은 항상 자신만의 조건이나 통제 하에 있을 때 해당되는 이야기이다.

## ❧ 일터에서의 7번

7번은 케이블TV의 음식과 여행 프로그램 진행자인 안소니 부르댕의 자리를 꿰찰 기회만 있다면 어떤 일도 불사할 것이다(살인이라도 저지를 것이다). 새로운 문화를 탐험하고, 매혹적인 사람들을 만나며, 생소한 음식을 맛보고, 다음에 어떤 일이 벌어질지 모르는 설렘을 안고 전 세계를 여행하다니, 정말 꿈같은 직업이 아닌가? 그런 일이 자주 일어나지는 않지만 7번은 독립성과 다양한 활동 및 유연성을 담보할 수 있는 분야에서 직업을 찾을 필요가 있다. 이들은 유사한 분야에서 빠르게 진행되는 창의적인 환경이 적합하다.

7번은 꿈을 꾸는 사람이자 개척자이다. 그들에게 화이트보드와 보드마커를 준 뒤 뒤로 물러나 있어 보라. 광범위한 주제에서 정보를 종합하고, 보이지 않는 패턴을 찾아내고, 복잡한 지식 체계 안에서 단편적 사실을 통해 결론을 도출하며, 시스템이 중복되는 부분을 알아채는 이들의 능력을 볼 때 정말 아이디어 제조기라고 해도 무방하다. 여기에 이들의 예리한 분석 기술, 조직이 선호하는 미래를 상상할 수 있는 능력까지 더한다면 당신은 정말 대단한 사람을 확보하고 있는 것이다. 이들은 팀에게 활력을 더해 줄 뿐만 아니라 회사의 사명을 발전시키는 일에 매우 유용한 기여를 할 것이다.

7번은 단기 프로젝트나 신생 기업을 육성하는 일에 관해서라면 록스타와 같다. 이들이 가진 낙천적인 성향과 넘치는 창의력, 톡톡 튀는 에너지는 빠른 속도로 일을 진행시킨다. 하지만 주의할 것도 있다. 7번은 경영자나 관리자가 아니기 때문에 그들에게 창업을 맡길 때는 일을 집행하고 감독할 다른 누군가를 찾아야 할 것이다. 또한 7번은 놀라운 팀 플레이어이다. 그들은 친절하고 대중적이기 때문에 다양성과 함께 일터에 꼭 필요한 자발성을 가져다 준다.

7번은 이것저것을 하라고 시키는 것을 좋아하지 않는다. 그래서 너무 많은 제재를 가하거나 통제하려는 리더를 위해 하는 일은 좀처럼 잘 되지 않는다. 가끔은 자신들이 지닌 매력이나 카리스마로 권위자들을 조종하기도 하지만 장기적인 관점에서는 그렇게 할 수 없다. 이들은 견고함과 유연성이 모두 다 제공되는 환경에서 가장 좋은 결과를 만들어 낸다. 정말로 순조로운 일 진행을 위해서는 이들에게 책임을 물어야 한다. 하지만 재능 있는 7번에게는 운신할 수 있는 폭과 다차원적인 직무 설명, 코스 유지를 위한 격려를 해 주는 것이 가장 좋다. 7번은 너무 많은 책임의 무게를 지우지 않아도 훌륭한 리더를 만들 수 있다. 이들은 종종 전문적인 의사 결정에 어려움을 겪는다. 결국 하나에 대해 예라고 말하는 것은 다른 것에 대해 노라고 말하는 것을 의미한다. 이것은 옵션이 줄어든다는 것이다.

## 🦋 날개

### 재미있고, 즐거우며, 충실하고, 순종적인(6번 날개를 가진 7번-7w6)

이들은 다른 7번에 비해 더 안정되어 있다. 6번의 성실성에 힘입어 프로젝트에 있어서나 사람을 대해서나 하나에서 다음 것으로 이동할 때 더 많은 시간을 준다. 6번 날개를 가진 7번은 민감하고 약간 더 불안하지만 마음을 누그러뜨리기 위해 용케도 매력을 이용한다. 일단 관계에 헌신하게 되면 연결을 유지하며 거기서 어려움을 헤쳐 나갈 수 있는 좋은 기회를 가지고 있다. 이들은 가족과 친구들에게 충실하고 순종적이다. 이들은 재미있고, 즐거우며, 다른 사람들을 잘 받아들인다.

### 쉽게 지루해하나 관계를 지킨다(8번 날개를 가진 7번-7w8)

7w8번은 경쟁적이고 대담하며 공격적이다. 8번의 특징인 허세를 고려했을 때 이들은 자신들의 생각이나 의제와 관련하여 설득력이 있고 독단적이며 보통은 자기 식대로 하는 편이다. 그래도 여전히 권력을 얻는 것보다는 장난스럽고 좋은 시간을 보내는 것이 더 중요하다. 8번 날개를 가진 7번은 쉽게 지루해 하므로 종종 일을 시작해 놓고는 끝을 내지 못한다. 이들은 파트너가 행복하기만 하다면 관계를 유지하는 것을 즐긴다. 불행한 관계 속에서 살아가는 것은 이들에게 아주 큰 좌절감을 준다. 그리고 그 결말은 엄청난 타격을 안겨 준다.


## ❧ 스트레스와 안전

### 흑백논리에 빠지기 쉽다

7번이 스트레스를 받게 되면 건강하지 않은 1번의 완전주의적인 모습을 취하게 된다. 그러면 비관적이고, 다른 사람들을 판단하며 논쟁적인 모습으로 변한다. 그들은 자신의 문제에 대해서 다른 사람에게 탓을 돌리기 시작하고 흑백논리에 빠지게 된다.

## 인생의 의미와 목적을 찾는다

7번이 안전하다고 느끼게 되면 건강한 5번처럼 행동하기 시작한다. 그러면 소모하는 일을 멈추고 다른 사람에게 도움이 되는 일을 하게 된다. 그리고 침묵이나 고독에 더 편안해지고, 더욱 진지하며, 자기 인생의 의미나 목적에 대해 생각하기 시작한다. 1번의 긍정적인 측면에 있는 7번은 다른 7번에 비해 훨씬 더 깊이 있는 차원에서 탐구하고 자신의 두려움에 대해 말하고 직면할 수 있게 된다. 5번의 긍정적인 측면과 연결된 7번은 진정한 의미에서의 만족감을 경험할 수 있게 된다.

## ❧ 영적 변화

우리가 7번 없이 무엇을 하겠는가? 그들은 우리 인생에 삶의 환희를 가져다준다! 어느 누가 7번처럼 아이와 같은 궁금증을 일깨워 주고, 너무 심각해지지 않도록 우리를 구해 주고, 삶의 기적에 대해 감사할 수 있도록 도와주겠는가?

하지만 우리가 고통은 피할 수 없다는 것은 엄연한 사실이다. 영적 변화의 길에서 7번은 자신들의 고통에서 도망치기보다 그것을 받아들이고 관리하는 법을 배워야 한다.

미셸 드 몽테뉴는 "고통을 두려워하는 사람은 이미 두려움으로 고통받고 있다"[52]고 말했다. 다시 말해 고통을 피하려는 7번의 전략은 자신들에게 더 많은 고통을 안겨 줄 뿐이다. 7번이 이 사실을 배우기 전에는 매혹적인 아이디어나, 소설적인 경험, 기분 좋은 느낌을 자아내려는 욕구에 중독된 사람들 같아서 의식적인 자각 밖에서 머무르고 싶어 한다. 이제는 7번이 소비하려는 마음을 거두고 공헌해야 할 때이다. 진정한 행복과 만족은 우리가 필요할 때 억지로 가져오거나 만들어 낼 수 있는 것이 아니다. 그것은 이 세상에 뭔가를 돌려주는 생산적인 삶에 초점을 맞출 때 얻어지는 결과이다. 《묵상의 능력》의 저자인 토머스 머튼이 이야기했듯이 말이다. "긴장과 파괴의 세상에서 필요한 것은 괴로움을 피하고 문제를 회피하는 것이 아니라 자신들의 벌거벗은 현실과 평범함 안에서 그것을 직시함으로써 내적인 삶을 통합하는 것이다."[53]

7번이 믿고 들어야 할 치유의 메시지는 이것이다. "하나님이 당신을 보살펴 주실 것입니다."

행동보다 말이 더 쉽다는 것을 나도 안다. 7번이 고통스런 기억에 맞서고 지금 순간에 일어나는 비참한 감정에 머무를 수 있도록 용기를 가지려면 용기나 결단력, 정직함, 카운슬러나 영적 지도자의 도움, 이해심 있는 친구들이 필요하다. 만약 7번이 이 과정에 협력한다면 그들은 깊은 마음을 품고 진정으로 통합된 사람이 될 것이다.

# 7번의 변화를 위한 10가지 방법

1. 자제력과 절제를 연습하라. 더 많은 것이 더 좋은 것이라고 말하는 러닝머신에서 내려 오라.

2. 당신은 '원숭이 마음'(마음이 안정되지 않고 어수선하며 변덕스러움)으로 고통받고 있다. 하나의 생각이나 주제, 또는 프로젝트에서 다음 것으로 건너뛰는 당신의 경향에서 벗어나기 위해 매일 묵상을 연습하고 개발하라.

3. 정기적으로 홀로 있는 영적 훈련을 개발하고 실천하라.

4. 위축되지 말고 과거를 돌아보고 당신에게 상처를 주었거나 상처를 입힌 사람들의 목록을 작성해 보라. 그런 다음 그들과 당신을 용서하라. 필요하다면 필요한 보상을 하라.

5. 불안이나 슬픔, 좌절, 질투, 또는 실망과 같은 부정적 감정을 느낄 때마다 그 감정들로부터 벗어나기 위해 도망치지 않도록 자신의 등을 토닥거려 주라. 그런 감정들은 당신이 자라기 시작했다는 표시이다!

6. 미래에 대해 환상을 가지기 시작하거나 너무 많은 계획을 세우게 될 때마다 현재의 순간에서 자신을 되찾으라.

7. 과도한 에너지를 태우기 위해 매일 운동을 하라.

8. 당신은 잠재력이 있다는 말을 듣는 것을 좋아하지 않는다. 왜냐하면 그 말이 의미하는 것이 당신이 본격적으로 덤벼야 한다는 압박감과 특별한 재능을 키울 것을 강요한다고 느끼기 때문이다. 그것은 불가피하게 당신의 선택을 제한할 것이다. 하지만 정말로 당신은 잠재력을 가지고 있다. 긴 안목으로 볼 때 어떤 직업이나 인생의 길에 자신을 헌신하고 싶은가? 하나님께서 당신에게 주신 은사를 잘 사용하기 위해 구체적인 방법을 취하라.

9. 일기장을 가져와서 이 질문들에 대한 답을 기록해 보라. "내 인생의 의미는 무엇인가?"

"내가 회피하고 싶은 감정이나 기억들은 무엇인가?" "나의 지성을 보완하기 위해 내가 갈망하는 깊이는 어디인가?" 이 연습을 끝까지 포기하지 말고 이어가도록 하라.

10. 친구나 배우자가 상처를 받았을 때 노력하고 헌신하라. 그들이 고통 가운데 있을 때 인위적으로 기분을 북돋우려고 애쓰지 말고 그들을 위해 그냥 같이 있어 주려고 하라.

The Road Back to You

## Part 3

있는 그대로 사랑하는 마음,
사랑의 여정이 시작되다

1.

# 서로에 대한 공감이 모든 관계를 바꾼다

나에게 있어서 성인이 된다는 것은 나 자신이 된다는 것을 의미한다.

-토머스 머튼(Thomas Merton)

수잔의 친구인 레베카는 심각한 시각장애를 가진 어린이들을 돌보는 간호사이다. 그녀가 하는 일 가운데 하나는 시각장애 진단을 받은 아이의 부모를 지원하는 그룹을 이끄는 것이다. 이들의 대부분은 젊은 엄마들이며 아이의 장애에 대해 혼란스러워하며 상처를 입으며 때로는 화를 낸다. 하지만 레베카는 그들이 인생에서 한 번도 생각해 보지 못했던 어려움에 대처할 수 있도록 도움을 제공하는 역할을 하고 있다.

장애 부모들을 돕는 워크숍에서 레베카가 하는 일은 실용적인 조언도 있지만, 이외에 가장 중요한 것은 아이들의 특수한 장애를 경험할 수 있도록 만든 특수 안경을 부모들에게 건네주는 일이다. 거의 언제나, 그 안경을 통해서 아이의 장애를 체험한 부모는 눈물을 터트리곤 한다. "내 아이가 이렇게 세상을 본다는 사실을 전혀 몰랐어요." 그들은 레베카에게 이야기한다.

부모들은 아이들의 장애를 체험하고 난 이후 다시는 이전의 방식으로 세상을 보거나 경험하지 않는다. 그들은 아이들의 장애 진단에 대해 여전히 화가 날 수 있지만 자녀로 인해 좌절하지는 않는다. 왜냐하면 아이들이 겪는 현실이 얼마나 어려운지 이해하게 되었고 아이들에 대한 동정심이 생겼기 때문이다.

에니어그램이 우리에게 선물하는 것은 이 같은 장애 체험을 하게 해주는 안경과 같은 것이다. 에니어그램은 사람들이 어떤 안경을 착용하고 있는지를 알려 준다. 당신의 남편이 의리파(6번 유형)라면 그는 세상을 위험과 불확실성으로 가득 찬 장소로 여기고 있을 것이다. 이 사실을 알게 되면 그도 아침에 일어나서 모든 일에 경쟁적이고 완벽하려고 안달하는 당신(3번 유형인 능력자)을 이해하게 될 것이다. 에니어그램을 통해서 우리는 서로에 대해 이해하게 되고 동정심을 가질 수 있다. 놀랍지 않은가? 모든 것이 더 이상 개인적이지 않다. 당신은 사랑하는 사람의 행동이 그 사람만의 일대기, 특정한 상처, 삶에 대한 깨어진 시각으로부터 나왔다는 것을 이해하게 된다.

이제 에니어그램의 기초를 이해했으므로 수잔과 나는 두 가지 일이 당신에게 일어났길 바란다. 첫 번째는 다른 사람들과 자신에 대해 더 큰 연민을 생기는 것이다. 우리가 9쌍의 에니어그램 안경을 서로 바꿔서 볼 수 있다면, 우리는 무한히 많은 은혜와 이해를 나누게 될 것이다. 서로에 대한 이런 공감과 연민은 모든 관계의 기초가 된다. 그리고 모든 것을 바꾼다.

에니어그램은 다른 사람들이 보는 방식을 바꿀 수는 없다고 말하지만, 그들의 눈으로 세상을 경험하려고 노력할 수는 있다고 말한다. 그리고 그들이 보는 바에 따라 행동하는 것을 바꾸도록 도와줄 수도 있다. 사람들을 변화시키려는 노력을 그만두고 그냥 그들을 사랑할 때 실제로 변화를 시도하게 된다. 에니어그램은 사람들을 우리가 원하는 모습이 아니라 지금 그대로의 모습으로 사랑하도록 하는 도구이다. 우리가 원하는 모습이면 더 편해지겠지만 말이다.

이 책을 읽은 후에 주변의 사람들이 점점 더 많이 연민의 동그라미에 포함되기를 바란다. 나는 본문에서 엄마가 잠자는 아기를 바라보며 너무 좋아하듯이 하나님도 우리를 부드러운 눈길로 보고 계신다는 것을 사람들이 알았으면 좋겠다고 말했다. 우리가 이 같은 애정으로 자신을 볼 수 있다면, 얼마나 많은 치유가 우리의 영혼에서 일어날 수 있을까?

자기 연민에 대한 이 생각은 또 다른 문제를 제기한다. 에니어그램의 각 유형은 우리를 만든 하나님의 본성과 성격에 관해 가르쳐 준다. 각 번호 안에는 하나님의 마음을 보여 주는 숨겨진 선물이 있다. 따라서 성격에 포함된 결함을 보면서 자신을 비난하려는 유혹을 받을 때마다, 각 유형은 우리가 필요로 하는 하나님의 성품을 향한 여정과 하나님 성품을 받아들이도록 지시하는 표지와 같은 것임을 기억하기를 바란다.

1번 유형은 하나님의 완전함과 세상을 원래의 선하심으로 회복하고자 하는 열망을 보여 준다. 2번 유형은 하나님의 멈출 수 없는 베푸심을 증거하고 있다. 3번 유형은 우리에게 하나님의 영광을 상기시킨다. 4번 유형은 하나님의 창조성과 아버지 되심을 알려 준다. 5번 유형은 하나님의 전지하심을, 6번 유형은 하나님의 확고부동한 사랑과 애정을, 그리고 7번 유형은 하나님의 기쁨과 창조의 기쁨을 보여 준다. 8번 유형은 하나님의 힘과 강렬함을 비추고 있고, 9번 유형은 하나님의 평화에 대한 사랑과 자녀와의 연합에 대한 열망을 반영하고 있다.

문제는 우리가 하나의 성격 유형을 붙잡고 그것만 추구하거나 우상처럼 고집할 때 발생한다. 다시 말하면 우리가 위의 9가지 성격 중 하나를 특권으로 삼을 때, 그것은 추하고 알아볼 수 없는 '죄'로 변질되고 만다.

세상을 개선하려는 1번 유형의 열정은 사랑 받기 위해서 그들이 완벽해야 하고 실수하지 말아야 한다고 믿기 시작할 때 나빠지게 된다. 2번 유형의 헌신적인 사랑은 건강하지 못한 상호의존성으로 변한다. 3번 유형의 영광에 대한 사랑은 끊임없는 칭찬을 추구하는 자기애의 요구로 변형된다. 4번 유형은 과도한 감정에 무제한의 자유를 주어 자기도취에 빠져 든다. 5번 유형은 4번과 거의 반대되는 문제를 가졌는데 모든 인간관계에 내재하는 피할 수 없는 위험으로부터 벗어나 자기 생각 속에 빠진다. 6번 유형은 하나님이 이미 그들을 기다리고 계신다는 것을 믿을 수 없으며, 7번 유형은 우리 영혼을 심오하게 하는 고통에서 회피하여 즐거운 일을 탐하게 된다. 8번 유형이 가진 권리와 도전에 대한 욕구는 약자를 협박하는 데 악영향을 줄 수 있다. 그리고 충돌을 피하려고 하는 9번 유형의 욕망은 그들이 어떤 대가로도 평화를 받아들일 의향이 있음을 의미한다. 이러한 각각의 왜곡 뒤에는 행복을 얻기 위한 잘못된 전략이 있다. 마치 아담과 하와가 선악과를 향해서 손을 내민 것 같이 도를 넘어 버린 것이다. 이는 하나님이 주시는 선물을 훔치는 것과 같다.

에니어그램의 목표 가운데 하나는 마비된 하나님의 성품을 풀어 줌으로써 움켜 쥔 주먹으로는 받을 수 없는 하나님의 다른 성품을 받을 수 있도록 우리의 손을 펴게 하는 것이다. 1번 유형이 완벽을 향한 추구를 완전히 멈출 수는 없겠지만 다른 유형의 성격을 선물로 받기 위해 손을 뗄 수 있다. 6번 유형은 자신의 불안을 상쇄시키면서, 7번 유형의 삶의 기쁨과 8번 유형의 확신의 열매를 맺도록 노력할 수 있다.

우리 모두가 원하는 것은 우리 자신의 성격 유형을 존중하고, 그 안에서 강건함을 추구하며, 다른 번호의 성격 유형에 접근할 수 있다는 것을 인식하는 것이다. 우리가 추구하는 바는 온전함이다. 가톨릭 수도사인 토머스 머튼의 획기적인 작품인 《관상의 새로운 씨앗》(*New Seeds of Contemplation*)에서 그는 다음과 같이 적고 있다. "나에게 있어서 성자가 되는 것이 의미하는 것은 진정한 내 자신이 되는 것이다. 따라서 신성함과 구원의 문제는 사실 내가 누구인지 알아내고 진정한 자아를 발견하는 것이다."

나는 머튼의 이러한 통찰을 이해하는 데 20년이 걸렸다. 지금은 이 말이 무슨 뜻인지 이해한다. 우리가 하나님이 주신 우리의 정체성을 발견하고 되찾을 때 하나님의 영광을 가장 잘 반영하게 되는 것이다. 이 타락한 세상에 태어난 이후 우리와 하나님의 연결은 바로 끊어졌다.

우리는 창조주 하나님과 자신, 우리가 사랑하는 사람들, 그리고 이 곤경에 처한 지구를 공유하는 모든 이에게 '성도'가 되어야 할 빚을 지고 있다. 하나님이 우리를 보내신 사명을 어떻게 이룰 수 있을까?

내가 자기 발견과 자기 성찰을 위해 에니어그램 여정을 시작했을 때 데이브 수사가 나를 위해 기도해 주었듯이 나 또한 존 오도노에(John O'Donohue)의 고독의 축복을 여러분에게 전하려고 한다.


당신이 삶 가운데서 자기 존재를 알아차리고 진정한 힘과 영혼의 빛을 깨닫기를,

당신이 혼자가 아니라는 것과 당신 영혼이 그 빛 안에서 우주의 리듬과 친밀하게 연결되어 있음을 깨닫기를,

나만의 개성을 받아들이고 자신이 남과 다르다는 것을 존중하기를,
자기 영혼이 유일무이하다는 것과 이 땅에 특별한 운명을 가지고 태
어났다는 것, 보이는 삶의 이면에 아름답고 영원한 일이 있다는 것
을 깨닫게 되기를,
하나님이 기쁨과 긍지, 기대감으로 당신을 보시듯 당신도 매순간 같
은 마음을 가지고 자신을 보는 법을 배우길 기도합니다.

아멘. 그렇게 되기를 소망한다.

주

Part 1.

___ **chapter 1**

1. May you recognize: John O'Donohue, "For Solitude," in *To Bless the Space Between Us: A Book of Blessings* (New York: Doubleday, 2008).

___ **chapter 2**

2. "The original, shimmering self": Frederick Buechner, *Telling Secrets* (San Francisco: HarperSanFrancisco, 2000).

3. "Before we can become who we really are": Thomas Merton, *No Man Is an Island* (Boston: Mariner Books, 2000).

4. "pure diamond, blazing with the invisible light": Thomas Merton, *Conjectures of a Guilty Bystander* (New York: Doubleday Religion, 2009).

5. "Sins are fixations": Richard Rohr and Andreas Ebert, *The Enneagram: A Christian Perspective* (New York: Crossroad, 2001).

6. "No one should work with the Enneagram": David G. Benner, *The Gift of Being Yourself: The Sacred Call to Self-Discovery* (Downers Grove, IL: InterVarsity Press, 2004).

7. "there is one quality that trumps all": Anthony K. Tjan, "How Leaders Become Self-Aware," Harvard Business Review, July 19, 2012, https://hbr.org/2012/07/how-leaders-become-self-aware&cm_sp=Article-_-Links-_-End%20of%20Page%20Recirculation.

8. Motorola, the Oakland A's: Jean Seligman and Nadine Joseph, "To Find Self, Take a Number," Newsweek, September 11, 1994, www.newsweek.com/find-self-take-number-188156.

9. "the only person who": James Hollis, *Finding Meaning in the Second Half of Life* (New York: Gotham Books, 2005).

10. "Everyone is screwed up": Anne Lamott, *Small Victories: Spotting Improbable Moments of Grace*

(New York: Riverhead, 2014).

11. "The truth will set you free": David Foster Wallace, *Infinite Jest* (Boston: Little, Brown, 1996).


## Part 2.


### __ chapter 1

12. Eights always want to know who has the power: Helen Palmer, *The Enneagram: Exploring the Nine Psychological Types and Their Inter-Relationships in Love and Life* (Sounds True Audio Learning Course, 2005), 8 CDs or audio download, www.soundstrue.com/store/the-enneagram-3534.html.

13. Father Ronald Rolheiser describes eros: Ronald Rolheiser, *The Holy Longing: The Search for a Christian Spirituality* (New York: Doubleday, 1999).

14. "Embracing our vulnerabilities": Brene Brown, *The Gifts of Imperfection: Let Go of Who You Think You're Supposed to Be and Embrace Who You Are* (Center City, MN: Hazelden, 2010).


### __ chapter 2

15. "sweethearts of the Enneagram": Susan Reynolds, *The Everything Enneagram Book: Identify Your Type, Gain Insight into Your Personality, and Find Success in Life, Love, and Business* (Avon, MA: F+W Media, 2010).

16. "one wild and precious life": Mary Oliver, *New and Selected Poems* (Boston: Beacon Press, 1992).

17. "Further up and further in!" C. S. Lewis, *The Last Battle* (New York: HarperCollins, 2001).

18. Nines can embody the idealism of Ones: Don Richard Riso and Russ Hudson, *The Wisdom of the Enneagram: The Complete Guide to Psychological and Spiritual Growth for the Nine Personality Types* (New York: Bantam, 1999).

19. "The only type the Nine is not like": Ibid.

20. "Being with a Nine": Lynette Sheppard, *The Everyday Enneagram: A Personality Map for Enhancing Your Work, Love, and Life—Every Day* (Petaluma, CA: Nine Points, 2000).

21. Bill Clinton and Newt Gingrich story: American Experience, Clinton, 2012, Program Transcript, www.pbs.org/wgbh/americanexperience/features/transcript/clinton-transcript.

22. When a Nine gets sidetracked: Jaxon-Bear, *From Fixation to Freedom*.

## chapter 3

23. "Before I can live with other folks": Harper Lee, *To Kill a Mockingbird* (Franklin Center, PA: Franklin Library, 1977).

24. "Miss Jean Louise?": Ibid.

25. "With him, life was routine": Ibid.

26. "good in the worst sense of the word": commonly attributed to Mark Twain.

27. "20-ton shield": Brene Brown, *The Gifts of Imperfection: Let Go of Who You Think You're Supposed to Be and Embrace Who You Are* (Center City, MN: Hazelden, 2010).

28. "You're imperfect, and you're wired for struggle": Brene Brown, "The Power of Vulnerability," TEDxHouston, June 2010, www.ted.com/talks/brene_brown_on_vulnerability?language=en.

## chapter 4

29. If Twos are going to learn how to attend to their own needs: Helen Palmer, *The Enneagram: Exploring the Nine Psychological Types and Their Inter-Relationships in Love and Life* (Sounds True Audio Learning Course, 2005), 8 CDs or audio download, www.soundstrue.com/store/the-enneagram-3534.html.

## chapter 5

30. "No man, for any considerable period": Nathaniel Hawthorne, *The Scarlet Letter* (New York: Bloom's Literary Criticism, 2007).

31. sometimes Threes will pretend to be interested: Kathleen V. Hurley and Theodore Elliott Dobson, *What's My Type? Use the Enneagram System of Nine Personality Types to Discover Your Best Self* (San Francisco: HarperSanFrancisco, 1991).

32. "tell the difference between loving me and loving tennis": Andre Agassi, *Open: An Autobiography* (New York: Vintage Books, 2010).

33. a "Three's heart is in their work": Helen Palmer, *The Enneagram in Love and Work: Understanding Your Intimate and Business Relationships* (San Francisco: HarperSanFrancisco,

1995).

34. the saddest number on the Enneagram is an unsuccessful Three: Richard Rohr and Andreas Ebert, *The Enneagram: A Christian Perspective* (New York: Crossroad, 2001).


___ **chapter 6**

35. "ruled by a hidden shame": Richard Rohr and Andreas Ebert, *The Enneagram: A Christian Perspective* (New York: Crossroad, 2001).

36. "irredeemable deficiency": Beatrice M. Chestnut, *The Complete Enneagram: 27 Paths to Greater Self-Knowledge* (Berkeley, CA: She Writes, 2013).

37. "the sense of alienation, their conscious search for identity": Tom Condon, "The Nine Enneagram Styles: Type Fours," Center for Spiritual Resources website, www.thecsr.org/resource-directory/the-nineenneagram-styles-type-fours.

38. a push-pull dance: Helen Palmer, *The Enneagram: Understanding Yourself and the Others in Your Life* (San Francisco: HarperSanFrancisco, 1991).

39. "detach without withdrawing": Ibid.

40. avoid saying things to them like, "Why can't you write copy like Andrew does?": Ibid.


___ **chapter 7**

41. If they're high enough on the corporate ladder: Helen Palmer, *The Enneagram: Exploring the Nine Psychological Types and Their Inter-Relationships in Love and Life* (Sounds True Audio Learning Course, 2005), 8 CDs or audio download, www.soundstrue.com/store/the-enneagram-3534.html.

42. "The ultimate goal of detachment": David G. Benner, "Detachment and Engagement," Dr. David G. Benner (website and blog), September 22, 2012, www.drdavidgbenner.ca/detachment-and-engagement.


___ **chapter 8**

43. "If everything seems to be going well": Steven Wright, Good Reads quotes, www.goodreads.com/quotes/77987-if-everything-seems-tobe-going-well-you-have-obviously.

44. Six kids pick up small cues: Beatrice M. Chestnut, *The Complete Enneagram: 27 Paths to*

*Greater Self-Knowledge* (Berkeley, CA: She Writes, 2013).

45. Sixes have an odd tendency: Helen Palmer, *The Enneagram: Exploring the Nine Psychological Types and Their Inter-Relationships in Love and Life* (Sounds True Audio Learning Course, 2005), 8 CDs or audio download, www.soundstrue.com/store/the-enneagram-3534.html.

46. "All shall be well, and all shall be well": Julian of Norwich, *Revelations of Divine Love*, ed. Grace Warrack (London: Methuen, 1901).


___ chapter 9

47. "scrawny necks, small mouths": Gabor Mate, *In the Realm of Hungry Ghosts: Close Encounters with Addiction* (Berkeley, CA: North Atlantic Books, 2010).

48. "Sevens try to imagine a life where there is no Good Friday": Richard Rohr and Andreas Ebert, *The Enneagram: A Christian Perspective* (New York: Crossroad, 2001).

49. "I Whistle a Happy Tune": Richard Rodgers and Oscar Hammerstein, The King and I, 1951.

50. the Epicures: Helen Palmer, *The Enneagram: Exploring the Nine Psychological Types and Their Inter-Relationships in Love and Life* (Sounds True Audio Learning Course, 2005), 8 CDs or audio download, www.soundstrue.com/store/the-enneagram-3534.html.

51. because they treasure their independence: Ibid.

52. "He who fears he shall suffer": Michel de Montaigne, *The Complete Essays*, trans. and ed. M. A. Screech (New York: Penguin, 1993).

53. "In a world of tension": Thomas Merton, *Cistercian Life* (1974; repr., Our Lady of Holy Spirit Abbey, 2001).